U0579941

INTO THE
PHILOSOPHY

走进哲学丛书

维特根斯坦与
当代哲学的发展

江怡 著

北京师范大学出版集团
BEIJING NORMAL UNIVERSITY PUBLISHING GROUP
北京师范大学出版社

目　录

｜ 一个西方哲学的幽灵

　　一个幽灵，一个哲学的幽灵正在当代西方游荡……无论是在分析哲学中还是在现象学中，甚至是在眼下西方最为时髦的后现代思潮中，我们都可以看到他的身影。他的名字被看作某种象征，某种精神，乃至某种预示，他的哲学被作为任人挖掘的一种宝藏，一种源泉，甚至可能还是一种陷阱。只要研究当代西方哲学，就没有人可以完全摆脱这个幽灵，哪怕是仅仅知道一点当代哲学，也都会对他有所耳闻。这就是维特根斯坦。

　　我曾向不少西方哲学家询问，如果要在当代哲学史中选出一到两位重要哲学家的话，他们会选择谁。几乎所有的哲学家都对我说，无论其他人是谁，都不可能没有维特根斯坦。我在英国访问期间也惊奇地发现，在关于当代哲学家的图书资料中，唯有关于维特根斯坦的书数量最多，这还不包括那些其他领域的涉及维特根斯坦哲学的著作。所有这些给我留下这样一个深刻印象：他就仿佛是一个幽灵，在当代哲学舞台上无处不在，无时不有。用达米特的话说，维特根斯坦哲学是当代哲学中无法跨越的重要台阶。甚至可以说，没有维特根斯坦，当代西方哲学不知道会是一种什么样子，至少我们不会在这里谈到"维特根斯坦现象"，当然也就不会对西方哲学传统本身提出像今天这样多的质疑和挑战。

那么，我们这样说是不是过分夸大了维特根斯坦的影响了呢？是不是有爱屋及乌之嫌呢？曾有哲学家，如英国哲学家格雷林（A. Grayling）等人，就提出了这样的怀疑，甚至认为维特根斯坦这样的人根本不值得后人如此厚待，因为无论是在人品上还是在学术上，维特根斯坦都算不上伟大和崇高。更有哲学家，如我国哲学家邱仁宗等人，将这种把原本并不伟大的人或物说成是伟大的现象就称作"维特根斯坦现象"，这更反映了这些哲学家对维特根斯坦在当代哲学中造成的如此影响所表现出的不满。

当然，反对和不满只是哲学家们对维特根斯坦的态度，这些并没有消减维特根斯坦哲学本身的价值。那么，他的哲学价值何在呢？其实，我们从当代哲学的文献中就已经看到了这种价值的存在，从他哲学幽灵的游荡中就已经感受到这种价值的重要。我们习惯于把对价值的认定看作一种褒扬的方式，却不知价值的存在往往在于对后世的影响，无论是积极的还是消极的。就维特根斯坦而言，他的哲学恰好有着这样的双面效应：从积极的方面来说，分析哲学的产生以及语言哲学的最终形成，都根植于维特根斯坦的《逻辑哲学论》；而从消极方面来说，后现代哲学思潮对哲学的消解以及"哲学终结论"的再度泛起，又都与维特根斯坦的后期哲学有着明显的血缘关系。可以说，维特根斯坦作为 20 世纪最重要的哲学家之一留在了西方哲学史。仅据此一点，我们就无可置疑他的哲学的历史地位。

"维特根斯坦现象"的提出，既是对类似现象的深层反思，更是对维特根斯坦个人的一种具有明显倾向性的评价。如提出者所言，这种现象的确可能存在于西方哲学以及整个人类哲学发展史中，但以维特根斯坦作为这种现象的代表，则反映了提出者的不满甚至愤慨。而对维特根斯坦表现出这种不满和愤慨，应当说是很正常的，因为维特根斯坦本人似乎并没有给他周围的人以及他的同代人留下很好的印象，换言之，他的个人口碑并不太好。对此，我们从他同代人的大量回忆文献中就可以看出。同样，他的一些非常私人的笔记也透露出他个性方面的一些瑕疵。但所有这些与他的哲学对后代的影响相比，则是瑕不掩瑜、不可同日而语的。令人奇怪的是，既然我们并不因为尼采的品行和古怪个性而否认他的哲学的深远影响，那么我们有什么理由对维特根斯坦这样吹毛求疵呢？

说维特根斯坦是个幽灵，并没有掩饰他个性上的瑕疵，而是更为彻底地揭示了他的人格和哲学在我们身上所产生的作用。维特根斯坦的个性瑕疵在他写于 1914—1916 年战场上的笔记中可见一斑。他的个性通常被描绘为一个矛盾体：一方面对他人充满了猜疑和不解，另一方面又渴望得到他人的理解和接纳。但我们从他的非常私人的笔记中却看到了他性格的另一面。说这些笔记是"非常私人的"，是因为它们是以一种非常特殊的方式记录下来的：维特根斯坦采用了倒写字母的方式。当然，他这样做的目的是不想让任何人看到自己的这些内心独白，可这种方法本身却也存在着为他人解读的可能。正如他自己后来所反对的私人语言一样，他的这种记录方法也并不是一种私人语言。其实他非常希望他人能够理解他的这一番苦心，但又总是对他人怀有戒心，所以就采用了独白的方式，把自己的想法像记日记一样记录下来，让笔记本成为与自己对话的"他人"。这种习惯不同于我们通常的记日记。我们的日记总是记录自己每天的思想和工作情况，而维特根斯坦的笔记则是他所有思想的记录，是他与自己对话的形式。据说，他从小就有做笔记的习惯，早在启蒙时期，他就把自己的一些感受记录下来，最初是以日记的方式，后来就变成了随时记录的习惯，无论走到何处，他身上都总是带着一些纸笔，把自己的想法随时记录下来，然后再把这些笔记做个整理，将认为有保留价值的东西重新记在统一的笔记本上。所以，我们后来才会看到，维特根斯坦的最后财富就是他用来装笔记本的几个大箱子，他的后来思想也都是通过这些笔记本得以保留的。

我们从他的笔记中不仅看到了他的思想发展踪迹，而且了解了他真实的内心世界，他对人对物的看法，他对待生活的认识，他处理与他人关系的方式，等等。比如，他在 1914—1916 年的战场笔记中表露出了强烈的对死亡的恐惧心理。对战争的厌恶，对死亡的恐惧，这原本是人之常情，而能够在这种厌恶和恐惧中战胜自我，才被看作是勇敢和坚强。但维特根斯坦天生怯弱，害怕与他人交往，对他人的反应又特别敏感，这些性格特点造成了他与他人之间难以沟通。同时，他优越的家庭背景和从小舒适的生活环境，又使他养成了养尊处优的习惯，因而对任何略微恶劣的环境就会自然产生本能的反感，更不要说他是被投入一个

人类相互残杀的战场，投入被称作人间地狱的死亡边缘。所以，他在
1914 年 8 月 10 日的笔记中这样写道："今天当我醒来时，就如同是一场
梦一样，我好像突然又令人不解地坐在了中学的教室里。就我的地位而
言，这也不无滑稽。我是以几乎令人滑稽的微笑来做那些最为低贱的差
事的。"①他在笔记中反复表达过自己对战争的极度恐惧，同时，为了使
自己能够生存下去，又不得不自己给自己打气，为自己壮胆。但对他来
说，更为糟糕的是，他必须面对那些在他看来最为丑陋、肮脏的"战
友"，面对他们对自己的数落嘲讽甚至"折磨"。所以，他写道："和以前
一样，被战友们折磨得很痛苦。我仍然没有找到一种令人满意的对付他
们的行为方式。我还没有下定决心采取完全被动的态度。这或许是一种
邪恶，因为相对于所有这些人来说我是弱软无力的。如果我进行反抗，
那么我只不过是在徒劳无益地消耗我自己。"②所以，他对外在的环境基
本上采取一种漠然的态度，就是说，采取一种不抵抗的态度。在他看
来，只有这样才能更好地保持自己内心的平静，才能使自己有更多的精
力继续哲学思考。

但维特根斯坦的内心似乎又并不满足于这种不抵抗的现状，因为在
他看来，自由的思想需要外部的环境来保障。没有好的环境，当然无法
进行哲学上的思考，就像他在战船上随时都要听从命令，不可能使自己
有充裕的时间来写下自己的思想。他的许多想法也往往与他的性格一
样，处于矛盾之中。他就曾这样明确地写道："现在在我之内这样两种

---

① 韩林合主编：《维特根斯坦文集第 1 卷：战时笔记（1914—1917）》，115 页，北
京，商务印书馆，2019。
② 同上书，161 页。

状态交替出现：其一是这样的，在其中我漠视外在的命运；其二是这样的，在其中我又渴望外在的自由和安宁，因为我已经厌倦这样的事情了：必须没有自己的意愿地执行任何一项命令。对最近的将来的事情完全没有把握！简言之：存在着这样的时刻，在其中我不能只是生活于现在之中，不能与精神生活在一起。人们应该将生活中的美好的时刻看做恩惠，怀着感激的心情去享受它们。在其它的时候则采取较为漠然的态度。"①这是一种无可奈何的态度，也是一种我们所谓的"阿Q精神"，一种自我安慰的办法。据说，维特根斯坦的这种自我安慰心理不仅存在于他的笔记里，而且体现在他的某些行为中，如对外在的打击采取躲避或经常做白日梦等。这些也使得他在人们的心目中的形象总是自傲孤僻、不可接近。

人们常说，维特根斯坦的性格如同他的哲学一样是个矛盾体，但实际上，我们每个人的性格不也多少存在矛盾之处吗？维特根斯坦性格中的这种矛盾，不过是集中体现了他的个性冲突，而且由于他的哲学名望而被凸显出来罢了。我们没有必要为他的性格瑕疵而在评价他的哲学时由此及彼，也不必因他的为人处事而对他的人格说三道四。正如古留加在评价康德时所说："哲学家一生的标志就是他的那些著作，而哲学家生活中的那些最激动人心的事件就是他的思想。"②我们关心维特根斯坦，也就是关心他的著作，关心他的思想。历史证明，任何试图以哲学家的个性弱点消减他思想光辉的做法，都只能为后人所不齿。

---

① 韩林合主编：《维特根斯坦文集第1卷：战时笔记(1914—1917)》，172页，北京，商务印书馆，2019。

② ［苏］阿尔森·古留加：《康德传》，1页，北京，商务印书馆，1992。

哲学家思想的伟大与他个性上的弱点并不构成矛盾，唯一的麻烦是，他的个性弱点往往由于他思想的伟大而得以彰显，甚至遭到某种程度的夸大。不幸的是，维特根斯坦就是这样一个受害者，以致他"盖棺"约70年，还没有对他形成"定论"。所以他的灵魂不散，所以他的幽灵始终伴随着西方哲学。与他有着同样命运的是海德格尔。虽然海德格尔不是由于个性矛盾，而是被卷入了更大的政治旋涡，但人们对他至今同样无法"盖棺定论"。这是两位在当代西方哲学中都绝对属于"重量级"的哲学家，可却有着那么多说不清道不明的身后之事。海德格尔著述等身，哲学上的地位绝不会因他的政治立场而发生动摇，但维特根斯坦则不同：他的哲学不仅由于他的个性而被大打折扣，而且人们对他的哲学本身似乎也存在着某种"信任危机"。但有一点却是任何人都不会忽视和否定的，这就是我们在开头所说的，他的哲学无处不在，是当代哲学无法逾越的一步。在这种意义上，我就更愿意把这种哲学看作一种训练，一种训导，一种准备工作，一种"指导思想"，指导哲学家们应当如何去做哲学。这样，它就绝不是千万种哲学理论中的一种，也不是宗教意义上的祷文。它更是一个幽灵，一个游荡在西方哲学舞台上的幽灵，在冥冥中引导着西方哲学走向与传统哲学完全不同的道路。

第一部分

维特根斯坦的思想发展

第一章 | 维特根斯坦的个性特征与思想发展

　　维特根斯坦学生时代的家庭教育和个人生活经历造成了他独特的性格特征：渴望友谊而又生性多疑，做事专注但又常常变换主题，喜好独处但又愿意与他人交流，自己生活不拘小节但又厌恶别人喜怒无常。正是这种明显的矛盾心理和复杂性格，导致维特根斯坦一生都不善于与人交往，在与同事或朋友的关系中总是产生不少尴尬和不快，这也是他有许多流言传说的主要原因之一。然而，我们似乎可以从这些性格刻画中看出，所有这些矛盾或复杂其实都来自我们这些常人的视角。就是说，在我们常人看来，维特根斯坦身上体现的这些性格特征，的确是与我们日常的行为准则不符的，所以表现为矛盾和复杂的情形。但我们不要忘记，维特根斯坦绝非世故之人，他在所谓人情世故方面的认识更多地还处在他的理想状态之中，而这恰恰是他毕生追求简单生活和诚实性格这一理想的体现。尽管战争的残酷和人性的堕落也使他感到了世态炎凉，但他从小培养起来的对人要诚实善良、对己要严格朴实的美好品德并没有因此而丧失。

一、唯我与忘我

维特根斯坦的这种性格特征在他的哲学思考和教学讲座中也有明显的表现。据他的学生兼密友马尔康姆（Norman Malcolm）回忆，维特根斯坦在课堂上常常表现得性情急躁，这主要是因为他过于严格地要求自己，总是希望能够在思考某个问题时就立刻把它搞清楚。而当他对某个问题的解答感到不满时，就会对自己的能力产生怀疑，或者把自己当时的急躁情绪发泄到某个向他提出问题的学生身上。所以，他常在讲课当中说"我真傻！"或者"你们的老师糟透了！""我今天实在太笨了！"等自责的话。[1] 有时，他对学生的粗暴态度让人感到非常难堪，因为这些学生大部分都是他的好友或者是在某个学科领域中的佼佼者。但无论是谁都不会去计较维特根斯坦的这种粗暴态度，因为他们知道，他们的老师正在与自己的思想搏斗。他们必须全神贯注地跟随他的思路，思考他提出的问题，努力给出各种可能的解答。所以我们看到，虽然参加讲座的听

---

① ［美］诺尔曼·马尔康姆：《回忆维特根斯坦》，21 页，北京，商务印书馆，1984。

众并不算多，但维特根斯坦这段时间的讲座内容却被较为完整地记录下来了。

把维特根斯坦的每次讲课都称为一次战役并不过分，因为他在每次讲课中都试图要解决一个问题，而且有一种不解决问题誓不罢休的精神。正如马尔康姆所描述的那样，维特根斯坦在课堂上把他的毅力和智力都发挥到了最大的程度，这反映了他追求完美和对问题锲而不舍的个性。所以，每次讲课之后，他都感到筋疲力尽，因为每次讲课对他来说，无论是在智力上还是在体力上都是一次极大的消耗。这种全身心的投入，使维特根斯坦在课堂上进入了一种唯我而又忘我的境界：因为正在与自己进行着思想搏斗而"唯我"，因为专注于某个哲学问题而"忘我"。所以，在维特根斯坦那里，唯我与忘我是一致的：因为唯我而忘我，因为忘我而唯我。由此我们可以理解，为什么维特根斯坦在课堂上表现得时而激动时而沉默，时而为自己编造的例子发笑时而表情又变得异常严肃。① 所有这些表现恰好反映了维特根斯坦此时既唯我又忘我的状态。

维特根斯坦的唯我与忘我不仅突出地表现在他的课堂思考中，而且处处反映在他平时的哲学思考中，甚至反映在他的日常生活中。对维特根斯坦来说，哲学家绝不是一种通常意义上的职业，即哲学思考不是用于谋求生活的手段，而应该是生活的全部内容，是他生活在这个世界上的唯一目的。所以，他的个人生活几乎充满了哲学思考：他对外在的物

---

① ［美］诺尔曼·马尔康姆：《回忆维特根斯坦》，22 页，北京，商务印书馆，1984。

质生活毫无所求，仅以最简单的条件维持必要的生活；他把自己的生命看作是一种思想的承担者，是为了完成某种使命而来到这个世界上的，而不是为了满足物质享受和感觉需要的行尸走肉。

维特根斯坦在物欲上的淡薄，主要是由于他从小成长于富足的资产阶级家庭，丰盈的物质生活使他对金钱和财富视如敝屣。早在剑桥读书时，维特根斯坦就曾多次匿名资助生活拮据的诗人和艺术家。当他在第一次世界大战结束重返故乡维也纳时，他所做的第一件事就是宣布放弃父亲去世后留给他的那份丰厚的遗产。在解释为什么把这些遗产分给自己的其他家庭成员，而不是送给穷人时，他的回答耐人寻味：因为金钱和财富会使人产生贪婪和懒惰，若给了穷人就会害了他们，而对富人来说，他的这些钱就不算什么了。①

从在剑桥读书时起，直到担任三一学院的研究员，维特根斯坦的个人生活都极其简朴。他从不注重穿戴，衣着总是非常随便。据马尔康姆回忆，他在担任教授时，总是穿一件浅灰色的法兰绒裤子，一件开领的法兰绒运动衫，一件紧身的毛夹克或皮夹克。雨天出门时，他喜欢戴一顶粗呢便帽，穿一件浅棕色的雨衣。有时，特别是在第二次世界大战前后，他还喜欢拄一根轻便的手杖散步。他在学院里的住所，陈设也非常简单。房间里既没有安乐椅和台灯，也没有任何图画或照片等摆设，墙上空荡荡的。在起居室里有两把帆布椅和一把普通的椅子，中间还有一个老式的取暖铁炉，卧室里有一张帆布床。窗台上有一盆花，房间里也

---

① Brain McGuinness, *Wittgenstein：A Life，Young Ludwig* 1889—1921. Berkeley, Loc Angeles, London, The University of California Press, 1988, p. 209.

有一两盆花，还有一个用来存放手稿的铁皮保险柜，一张他用来写字的方桌。整个房间里就是这些东西，给人的感觉是主人似乎是临时的房客，并不打算在这里常住。① 事实上，维特根斯坦的一生的确都在漂泊流动之中，他很少在一个地方住上十年以上，而且这种漂泊不定的感觉也正好符合他的性格特征以及他对人生的根本看法：以思想的追求作为自己生活的唯一目标，而无心留恋人世间的物质生活；从不为生活中的繁文缛节所束缚，而以简单的生活方式和率直的生活态度作为自己的人生标准。这些正是维特根斯坦从小培养起来的诚实而又朴实的性格在他个人生活中的自然表露。

无论是在剑桥的研究员们眼中，还是在学生们的心目中，维特根斯坦似乎都是以他怪异的性格和不入时的生活作风而著名的。所谓的怪异，当然是以常人眼光评判的结果，而在维特根斯坦本人那里，却是他内心所想的自然流露，绝无半点儿做作可言。他在生活方式上的不入时，也正反映他对理想生活的追求，即一种更为简单原始的生活方式。在他看来，现代社会生活的复杂性，也表现出人们对自己生活认识上的混乱，而这种混乱的产生，在很大程度上来自人们对日常语言的错误使用，特别是哲学家对语言的误用，更是给人们的思想认识带来极大的危害。所以，维特根斯坦把对这种语言误用的批判看作是自己的使命。

无论是从个人生活还是从学术活动的范围来看，维特根斯坦的生活世界都是相对狭窄的。虽然早在 20 世纪 20 年代，随着《逻辑哲学论》的

----

① ［美］诺尔曼·马尔康姆：《回忆维特根斯坦》，20—21 页，北京，商务印书馆，1984。

出版，维特根斯坦的思想连同他的名字广为人知，在哲学界以及整个西方学术界产生着越来越大的影响，但他却总是感到孤独，渴望真正的理解和友谊。他周围的朋友纷纷离他而去，这更使他感到理解上的困难和对生活的悲观。尽管他在学术圈里名声显赫，但却难觅知音。他对学术圈的冷淡不仅由于知音难觅，更主要的原因在于他不喜欢学术圈内的那种学究气十足、矫揉造作的风气。所以，他很少参加学院组织的学术活动，也极少与学院里的其他研究员交往。他甚至与某些研究员的关系颇为紧张，引得一些同事对他的行为颇有微词，险些影响到他的研究员职位。冯·赖特(George Henrik von Wright)认为，严格地说，维特根斯坦并不具有人们通常理解的那种学者风度，在他那里，既找不到所谓的"冷静的客观态度"，也没有"超然的冥思苦想"。他的气质与典型的学者完全不同，他是把整个身心都倾注到了他所从事的哲学研究之中。① 因为哲学对他来说并不是一种职业，而是他生活的全部，是他生活在这个世界上的唯一动力，也是他一生肩负的历史使命。

　　冯·赖特在评价维特根斯坦的性格特征时，认为他的本质特点是"极端纯正的严肃性和高度的智慧"。② 虽然这种评价给人一种过誉之感，但这的确揭示了维特根斯坦看似复杂而实则单纯的内心世界。维特根斯坦性格上的严肃性，表现在他对任何感兴趣的问题都有一种认真专注的态度，有一种打破砂锅问到底的精神。他对所有问题的讨论从不半途而废，而总是尽力从不同的角度对问题给出令人满意的解答。所以，

---

① ［芬］冯·赖特：《传略》，见［美］诺尔曼·马尔康姆：《回忆维特根斯坦》，16页，北京，商务印书馆，1984。

② 同上。

在维特根斯坦的大量笔记和讲座记录中，我们经常会看到他对同一个问题有不同的说法或在不同的场合谈论相同的问题。同样，这种性格上的严肃性还表现为他对问题有着敏锐的观察力，他能够从常人熟视无睹的平常现象中发现和提出相关的问题，而且这问题后来被证明是非常重要的，如心理感觉的可靠性问题、私人语言的存在问题等。正如冯·赖特所说，维特根斯坦性格上的这种严肃性近乎一种宗教意义上的献身精神，即他把自己的身心都看作是对所追求理想的奉献，他是怀着一颗真正火热的心去思考哲学和研究问题的，这颗火热的心就是他强烈的责任感。但这种责任感不是道德意义上的，而是来自他内心世界的要求和渴望。①

维特根斯坦的"高度智慧"并非人们通常理解的那样在某个或某些方面有着超人的智商，而是说他对问题有着过人的洞察力和准确敏锐的领悟力。这种洞察和领悟当然与他深厚的生活阅历有关，但更重要的是来自他早年严格的数学和逻辑训练，来自他独特的思维方式，来自他对哲学、世界、人生的基本看法。虽然他的哲学思想经历了前后两个时期的变化，但他对哲学、世界和人生的基本看法并没有根本的改变。在他看来，哲学不是理论而是活动，在《逻辑哲学论》中是澄清命题意义的活动，在《哲学研究》中是描述语言用法的活动。所以，我们不能指望从哲学研究中得到任何有价值的东西，相反只有在活动中才能发现哲学的错误和无用。同样，世界并不是由无数的事物构成的，而是由我们可以理解的事实构成的；认识世界不是一个追求某个外在于我们的东西的过

---

① ［芬］冯·赖特：《传略》，见［美］诺尔曼·马尔康姆：《回忆维特根斯坦》，16页，北京，商务印书馆，1984。

程，而是对我们语言的理解和把握的过程。这样，我们就只能通过语言和使用语言的活动认识和把握世界。维特根斯坦对人生有着一套自己独特的看法。虽然他并没有写过关于人生哲学方面的文章，但他的整个哲学（包括他的前后期哲学）其实都是对人生问题的思考，或者说他的哲学动力即他哲学思考的内在动因，恰恰就是对生活的探索、对人生意义的反思。他曾私下对朋友说，他的《逻辑哲学论》应该算是一部伦理学著作；① 而他在《哲学研究》的序言中则把这本书称为一本风景画册，它记录着作者思索人生意义的每一步历程。

二、矛盾性格的混合体

在当代西方哲学家中，维特根斯坦的性格特征与他哲学之间的关系，始终是研究者们热心关注的话题之一，并被作为研究哲学家个人生活对其哲学影响这一问题的典型案例。同时，维特根斯坦的独特性格也往往被看作是进入他哲学思想宝库的一个主要障碍，以至于由于他的性格怪异而造成人们对他哲学思想理解的困难。这样，了解他的性格，自然就成为真正理解他的哲学的第一步，在某种意义上，甚至是非常重要的一步。从以上分析可以看出，维特根斯坦的性格并非人们想象的那样复杂、神秘或怪异，而是一种简单、真诚、朴实风格的自然显露；而所谓

---

① C. G. Luckhardt, *Wittgenstein: Sources and Perspectives*, Loadon, Routledge, 1996, pp. 94-95.

的怪异，不过是由于他的性格不合社会的时尚而已，并无任何病态可言。

从历史上看，任何被后人称为伟大的思想家，似乎都有着异乎常人的特殊性格，如笛卡儿的喜好孤独、斯宾诺莎的谨小慎微、康德的严格作息、黑格尔的忧郁暴戾等。当然，我们不能根据他们的性格判断他们的哲学思想，但不可否认的是，思想家的性格对他们思想的形成的确产生了重要的影响；对某些思想家来说，这种影响的重要性表现在：不了解他们的性格，我们就很难理解他们的思想。维特根斯坦正属于这样的思想家。从以上对维特根斯坦的个性分析中，我们可以把他的个性理解为这样几个方面。

其一，维特根斯坦的性格是矛盾混合体，即他既希望他人理解他的思想又总是怀疑他人对他有所误解，既喜欢孤独隐居又希望与人交往，既反感他人的细小过失而自己又常常不拘小节。他对他人的严格要求来自他对自己的严格要求，他似乎总是对自己有一种强烈的自责，以思想上的严格性和生活上的简单性要求自己。这种自责表现为他总是与自己作对，希望自己能够比实际做得更好。所以，他常常在讲座中或在给朋友的信中抱怨自己"太笨"，甚至怀疑自己是否还有能力继续从事研究工作。这种矛盾心理始终伴随着维特根斯坦的思考和生活，使得他不断地修改自己的思考记录，不断寻求更好地表达自己思想的方式。同时，在生活中，他也对自己情绪多变的性格感到不满，特别是常常为自己对他人的不礼貌态度而在事后感到后悔，并向当事人表示歉意。但每当遇到具体问题时，他又会把这种懊悔置于脑后，对他人的误解或在某个问题上与自己的不同看法做出某种不甚友好的举动，即使对自己最密切的朋友也不例外。

的确，维特根斯坦在与他人争论时表现出的粗暴态度已众人皆知，最有名的例子是他在主持欢迎卡尔·波普尔(Karl Popper)的讨论会上与波普尔争论的情景。当时,波普尔应邀来剑桥做关于哲学的困惑的报告。当波普尔讲到道德问题时,维特根斯坦打断了他的话,说哲学问题其实远比波普尔想象的要复杂得多,因此这个报告并没有解决大家的困惑,相反倒使大家更糊涂了。对此,波普尔反击道,他不过是用维特根斯坦和他的学生们时下所写的一些东西作为哲学困惑的例子罢了。听了这话,维特根斯坦的反应显得异常激烈。他挥舞着当时正好拿在手上的拨火棍向波普尔质问:"那么,请你给我一个符合人们公认的道德规则的例子!"波普尔也不示弱,他反唇相讥道:"不要带着拨火棍威胁访问学者!"维特根斯坦听后勃然大怒,立即摔门而去。但当时在场的罗素马上又把他拉回来,对他叫道:"维特根斯坦,这就是你的错了!"①维特根斯坦还有一次激烈的表现是对他的好友马尔康姆。据马尔康姆回忆,那是在1939年的冬天,摩尔(G. E. Moore)在伦理学学会上宣读了一篇论文。在讨论中,维特根斯坦对摩尔的观点进行了批评。而当时参加讨论的马尔康姆认为,维特根斯坦的批评忽略了摩尔论文中的某些重要看法,所以他插话说,维特根斯坦对摩尔的批评是不公平的。但令马尔康姆吃惊的是,会议刚一结束,维特根斯坦就立即走到他的面前,眼里闪着愤怒的火花,对他说道:"如果你还懂事的话,你就应该知道我从没有对任何人不公平过。这表明你根本没有听懂我的课。"说完,维特根斯坦就扬长而去。②

---

① [英]David Edmonds、John Eidinow:《维特根斯坦的拨火棍:两位大哲学家十分钟争吵的故事》,2页,长春,长春出版社,2003。

② [美]诺尔曼·马尔康姆:《回忆维特根斯坦》,27—28页,北京,商务印书馆,1984。

从维特根斯坦的这些表现可以看出，他脾气暴躁，缺乏足够的耐心。这直接影响到他与别人的正常交流，使人感觉难以沟通。维特根斯坦对自己的这个坏脾气也深感不满，认为自己完全缺乏教师应有的耐心和循循善诱的品质，这很可能会妨碍学生们独立思考的能力。但从维特根斯坦的思维特点来看，他的这些过激表现其实正是他率直性格的自然表露。因为他不能容忍任何虚伪做作，对他不同意的观点看法马上就要表明态度，绝不含糊暧昧或拐弯抹角。这种有些近似孩子般无忌的表达方式，使他得罪了不少朋友和同事，甚至是很密切的朋友和热忱的追随者。此外，虽然他表现出的激烈态度往往是针对他所讨论的问题，但他有时仍然会对与自己争论的对手耿耿于怀。所有这些性格和品质都反映了维特根斯坦人格上的矛盾特征。

其二，若从与哲学思想之间的关系来看，维特根斯坦的性格特征并非简单的个人品质问题，而是他哲学思想的现实表现，或者说，他后期哲学的思想特征在很大程度上是由他的性格决定的：他的哲学正是对他性格特征最好的理论说明。坦率诚实、厌恶虚伪、边想边写、不断改变自己的想法——所有这些性格特征和思想风格都充分体现在维特根斯坦的哲学研究中：他的坦率使他的哲学思考中充满了许多新颖的论述，特别是对过去哲学和以往思想家的评价，往往使人耳目一新，甚至有些振聋发聩。例如，他把自己所处的时代称作"黑暗的时代"，认为他的书可以为智慧的人带来光明；他认为培根的书里充满了矛盾，而康德的书则给人以启示；同时，他还高度评价当代的思想家克尔恺郭尔（S. A. Kierkegaard）、陀斯妥涅夫斯基（Dostoevsky）、托尔斯泰（Tolstoy）、魏宁格（Weininger）等人，而这些人的思想却往往并不为当代英国哲学家所重视。① 维特根斯坦对任何虚伪做作都毫不留情，在他的哲学中表现为对过去一切哲学理论的不满和批判。在他看来，一切哲学理论都是那些所谓的哲学家们错误地使用语言的产物。他还说，哲学家就像一位无能的经理，他不去干自己的工作，而是眼睛盯着他的雇员，想要接替他们的工作，结果有一天发现自己过分承担了他人的工作。② 所以，他认为，以往的一切哲学研究都是无意义的，是大多数思想错误的主要根源；而他的思考之所以仍然使用"哲学"一词，是为了让人们知道这种思考与以往哲学之间的批判关系，同时也表明，他的哲学不过是为了让人们彻底清除以往哲学错误的工具，而不是某种新的理论或思想体系。所有这些思想都向我们表明了这位坦率思想家的彻底性。

维特根斯坦性格特征的另一面是，他从不刻意追求某种理想化的东西，即使这种理想对他来说是非常重要的，如简单的生活方式和独立的思维习惯。他对事物的发展采取顺其自然的态度，并不过分强调事物的重要性。例如，无论是他的隐居生活还是他的思想变化，都不是他追求某种理想的结果，而是他个性的自然表露。维特根斯坦性格上的矛盾性和思想上的多变性，正是由于他随遇而安，不为自己的生活和思想设定任何目标，一切言行都以自己的喜好和对事物的基本判断为标准。因而，他才可能随时根据当时的想法改变原有的某些观点，或者在处理某个问题的态度上时而摇摆不定，时而坚决武断。或许，正是由于他从不追求外在的物质条件或注重与他人的良好关系，所以他才可能对不同意

---

① 江怡：《维特根斯坦：一种后哲学的文化》(第二版)，125—132 页，北京，社会科学文献出版社，1998。

② [英]维特根斯坦：《论文化与价值》，32 页，上海，上海人民出版社，2019。

他观点的或在他看来误解了他观点的任何人立即表示出极端强烈的态度，而从不考虑他人对此可能产生的反应，也不考虑这种态度对他人可能产生的不良影响，诸如此类人际关系方面的问题。尽管他真正的朋友对他的一些不甚友好的态度大多都能理解并从不计较，但他的这种不顾后果的性格仍然得罪了不少当时各个领域非常重要的思想家，虽然他们最终并没有把维特根斯坦的这种态度放在心上。据艾耶尔（A. J. Ayer）记载，由于维特根斯坦反复无常的性格，当时在英国很少有人不怕维特根斯坦。只有罗素、赖尔（G. Ryle）以及斯拉法（P. Sraffa）和拉姆塞（F. P. Ramsey）等几个人可以同他作对，而当时被邀请到剑桥的知名学者似乎也都领教过维特根斯坦的"主人"态度，如波普尔。[①] 这种性格反过来使维特根斯坦的哲学，特别是他的后期哲学思想，在许多重要哲学家那里评价不高，如罗素、赖尔和艾耶尔等人。可见，维特根斯坦的性格特征，也是造成他的思想常常不被人理解，或招致误解的主要原因之一。

三、文如其人

维特根斯坦的言行如一不仅表现在他的性格和思想中，而且突出地表现在他的著作中，表现在他的写作风格中。《逻辑哲学论》的格言式风格曾使人感受到音乐之美，同时，它严密的逻辑结构也使人感受到作者

---

① ［英］艾耶尔：《维特根斯坦》，21—24 页，北京，中国社会科学出版社，1989。

的严谨作风;《哲学研究》的散文体风格,又会使我们想起维特根斯坦毫无规律的生活方式和思无定性的思维方式。这正所谓"文如其人"。

让我们先来看看《逻辑哲学论》。这本书总共只有两万来字,篇幅还不到 80 页,但其中却既有对现实、思维、语言、知识、科学和数学等问题的清晰明确的逻辑分析,又包含了关于世界、自我、伦理、宗教、人生和哲学的深奥神秘的警句箴言,因而被公认为西方哲学史上最精练又最难懂的经典著作之一。全书的结构是由一系列十进位数字编排起来的:每一句话基本上都有一个编号,后一个编号都是对前一个编号的解释和说明,因而每个编号都反映出这句话或这段内容与前面内容的关系;同时,正如维特根斯坦本人在书的第一页脚注中所解释的那样,作为命题编号的这十位数表明了这些命题在逻辑上的不同程度的重要性,表明了他在论述中对它们的不同程度的强调。① 而构成全书最基本的也是最重要的七个主命题,是全书的中心主题。这七个主命题是:(1)这世界就是所发生的一切;(2)所发生的一切,即事实,就是事态的存在;(3)事实的逻辑图像是思想;(4)思想是有意义的命题;(5)命题是基本命题的真值函项;(6)真值函项的一般形式是[P̄, ξ̄, N(ξ̄)],这是命题的一般形式;(7)对凡是不可说的就必须保持沉默。

根据维特根斯坦对这七个主命题的解释和说明,我们可以大致把它们分为这样四个方面:第一,关于世界的逻辑构造的逻辑原子主义思想(第 1、2 主题);第二,关于命题与世界关系的图像论(第 3、4 主题);

——————————

① Ludwig Wittgenstein, *Tractatus Logico-Philosophicus*, trans. by D. F. Pears & B. F. McGuiuess, London, Routledge & Kegan Paul, 1961, p. 5. 依惯例,下文引述本书时皆以缩写 TLP 加命题编码,如 TLP, 2. 01.

第三，关于基本命题的真值函项理论（第 5、6 主题）；第四，关于不可说的神秘之物（第 7 主题）。当然，这种划分并不严格，因为事实上，每个主命题下面所包含的子命题在内容上都是相互关联的，在某些地方甚至是相互对应的。而且，全书的内容相当广泛，涉及许多不同的领域，这是简单地用几个方面所无法概括的。所以，严格地说，我们很难把这些内容明确地区分开来。

再让我们来看看《哲学研究》。严格地说，这是唯一一部维特根斯坦生前同意在他死后出版的著作，该书的手稿也是他完全按照出版要求编排好的，如专门写了序言，并大致按照问题内容编排了条目顺序。这本著作共分为两个部分，第一部分包括 1 篇序言和 693 个条目，大致写于 1936 年至 1945 年，这是维特根斯坦最初同意出版的部分。而该书的第二部分包括 14 篇长短不一的短论，大致写于 1947 年至 1949 年，是由该书的编辑者安斯康姆（G. E. M. Anscombe）和里斯（R. Rhees）编排而成。从全书完成的时间上看，这本书正是写于维特根斯坦后期思想成熟的阶段，事实上横跨了他整个后期思想的发展过程。因而，我们有理由说，《哲学研究》中的思想基本上反映了维特根斯坦后期在许多重要问题上的观点。不仅如此，《哲学研究》中的条目都是维特根斯坦从他后期所写下的大量笔记中精选出来的，并经过他本人的反复修改，因而被他看作能够体现他较为成熟的思想。他后期所写的其他大量笔记以及讲座记录，后来也都被编辑出版，如《关于数学基础的评论》《关于心理学哲学的评论》《片段集》等，但这些著作并不是维特根斯坦本人计划出版的著作。从思想内容上看，以上的这些著作都与《哲学研究》在许多方面有相似或相同之处，因为这些笔记是维特根斯坦为写作《哲学研究》而准备的资料，因此可以说，《哲学研究》是他后期思想的核心著作，而其他这些著作都是围绕《哲学研究》展开的。

《哲学研究》是一部奇特的著作，通常被哲学家们称为用德语所写的最伟大的散文之一，并把它与柏拉图的"对话录"相媲美。但正如我们所提到的，这部著作是由许多只言片语构成的，它与其说像是散文，更不如说是一部箴言录，维特根斯坦本人则把它称为一本相册。他在该书的序言中清楚地描述了他的写作风格："本书中的断想如同我在漫长迂回的旅途中所做的一系列风景素描。相同的或基本相同的观点，往往又从不同的角度进行新的探讨，形成新的素描。其中许多素描可能画得很糟或毫无特色，到处留下拙劣画家的败笔。而当抛弃了这些糟糕的素描，被保留下来的就是一些可以容忍的东西。通过把这些保留下来的素描进行重新排列和删减，我们就可以得到一幅风景的全貌。因此，这本书其实只是一本风景画册。"①

的确，这本书既不是一部包含了系统论证的规范哲学论著，也不是一本如同文学描述那样的散文集。它不仅没有系统的结构，而且没有前后表述连贯的思想。它的思想如同它的条目排列一样，完全相互交错在一起，从某个条目中很难看出它与前后条目之间的思想联系。全书由一些如同信手拈来的片段组成，没有章节，没有主题，没有严格的推理，也没有明确的结论。一切看起来似乎都是漫无边际的，杂乱无章的。维特根斯坦所用的例子也都像是在日常语言使用中随意看到的，如最初学

① Ludwig Wittgenstein, *Philosophical Investigations*, trans. by G. E. M. Anscombe, P. M. S. Hacker and Joachim Schulte, Oxford, Wiley-Blackwell, 2009, pp. 3-4. 依惯例，下文引述此书时皆用缩写 PI 加页码或编号。

习语言的儿童、正在学习算术的学生等，还有不少是他想象出来的例子，如装在匣子里的甲虫、没有摩擦力的万能机、太阳上的时间、处于回忆和期待状态中的狗、似兔似鸭的图像等。所有这些都使得《哲学研究》在常人看来变得扑朔迷离，难于理解。尽管从表面上看，书中的每句话或每个例子都是非常通俗易懂的，并没有晦涩的语句或烦琐的推理，但真正要知道这些话的含义，以及要弄懂维特根斯坦为什么要这样去说，却是非常困难的。他自己也曾对朋友说过："我所说的一切都是烦琐的、容易理解的，但要理解我为什么要这样说，却是非常困难的。"①

不过，《哲学研究》的这种写作特点并不是维特根斯坦故意而为之，而是他的思想自然流露的结果。正如他自己所说："我把这些思想以断想或小段的方式写下来。有时围绕着同一个题目形成了一串很长的连环，有时我却突然改变话题，从一个题目跳到另一个题目。——我的初衷本是想把所有这些汇集在一本书里，而汇集的形式我在不同的时候曾有过不同的构想。但重要的是思考应该按照一种自然秩序不间断地从一个题目向另一个题目发展。经过几次不成功的尝试之后，我认识到，要想把这些结果熔为一个整体是永远不能成功的。我能写得最好的东西永远只能是这些断想。假如我违反这些思想的自然倾向，把它们强行地扭向一个方向，那么这些思想很快便会残废。"（PI. p.3）由此可见，维特根斯坦写作这本书时最初的考虑，完全是从更好地表达自己思想的角度出

---

① G. Hallet, *A Companion to Wittgenstein's Philosophical Investigations*, Ithaca, London, Cornell University Press, 1977, p.9.

发，因而，《哲学研究》一书的写作风格是为了满足他表达思想的需要，而不是他刻意追求某种异端效应的结果。事实上，这本书的写作风格是与他的思想特征融为一体的，如思维方式上的不断跳跃、随时变换思考的角度、从最常见的日常事物和语言用法出发、竭力显示而不是解释我们所看到的现象以及努力还事物或事件的本来面目等。

第二章 | 维特根斯坦与维也纳学派

根据通常的描述，维特根斯坦对维也纳学派思想的形成产生了关键性作用，甚至被看作这个学派的精神领袖，虽然他本人并不能算作其中的一员。这种描述的来源主要是根据维也纳小组对《逻辑哲学论》的阅读以及维特根斯坦与该小组部分成员之间的讨论，当然还有其他一些当事人对维特根斯坦个人影响的论述，如石里克（Friedrich Albert Moritz Schlick）、卡尔纳普（Paul Rudolf Carnap）、艾耶尔等人。然而，最新的发现和研究资料表明，维特根斯坦对维也纳学派的影响被人为地夸大了，或者说，他的思想对这个学派产生的影响事实上并没有我们想象的那样巨大。在本章中，我将从四个方面详细说明这个问题，并在最后阐明这种夸大对我们理解维也纳学派的历史地位带来的后果。

一、两个维也纳小组

根据经典的论述，作为逻辑实证主义发起者的维也纳学派是由石里克于 1924 年在维也纳大学组织的一个哲学讨论小组构成的。[①]的确，以石里克为首的这个维也纳小组是逻辑实证主义哲学的发源地之一，但这并不意味着这个小组完全是由石里克发起的。事实上，早在 20 世纪初维也纳大学就已经存在一个哲学讨论小组，当代奥地利哲学家哈勒（R. Haller）把它称作"第一个维也纳小组"，[②]斯塔德勒（F. Stadler）则称之为"早期小组"（the proto-circle）。[③] 这个小组形成于 1907 年左右，核心成员主要有汉斯·哈恩（Hans Hahn）、菲利普·弗兰克（Philip Frank）、奥托·纽拉特（Otto Neurath）、理查德·冯·米塞斯（R. von Mises）等人，他们后来也成为石里克小组的主要成员。他们定期讨论哲学和科学问题，也讨论政治、历史、宗教等问题。与石里克小组不同，这个早期小组更注重来自奥地利和意大利的科学论和来自法国的约定论思想，而不是像石里克小组那样强调逻辑和认识论问题；早期小组的思想更加强调科学的社会功能，特别是纽拉特的观点在其中起到了重要作用。

虽然石里克小组是早期小组的延续，但早期小组显然不可能受到维

---

① ［英］艾耶尔编：《哲学中的变革》，53 页，上海，上海译文出版社，1985。相关的类似说法广泛地见于其他作者的著作，如［奥］克拉夫特：《维也纳学派》，北京，商务印书馆，1998。

② ［奥］鲁道夫·哈勒：《新实证主义》，57 页，北京，商务印书馆，1998。韩林合把它译为"第一个维也纳学圈"，我认为，"学圈"的说法过于学究，且含义不清。我还是循因惯例，采用"维也纳小组"的译法。

③ Friedrich Stadler, *The Vienna Circle*, *Studies of the Origins*, *Development and Influence of Logical Empiricism*, Wien and New York, Springer, 2001, p. 46.

特根斯坦的任何影响，因为在 1906 年，维特根斯坦才刚刚进入柏林的夏洛滕堡技术学院学习机械工程。更为重要的是，石里克小组在接受维特根斯坦的思想之前，就已经有了自己的哲学主张，特别是来自早期小组的一些基本观念，即以科学研究的方式处理哲学问题以及坚持在经验问题上的约定论主张等。

首先，马赫(E. Mach)的思想对这两个维也纳小组都有决定性的影响。我们知道，马赫是维也纳大学的"归纳科学的历史和理论"教席的首任教授，后来石里克被邀请加入维也纳大学也是接任这个教席。这个历史渊源使得马赫的思想成为早期维也纳小组和石里克小组的哲学正宗。其一，马赫在 20 世纪初的奥地利知识界是一位重要人物，他作为实验物理学家和理论物理学家以及生理学家、心理学家、科学史家和教育家，在整个奥地利都有着广泛的影响。其二，马赫提出的关于科学的历史、社会和进化论观点，对当时的科学研究以及社会改革等都有极大的推动作用，他在自然科学陷入危机之时成功地战胜了机械唯物主义和形而上学的体系哲学，阐述了他关于物理学、生理学和心理学在一元论的科学世界观框架内得到经验统一的观点。其三，马赫试图以科学的世界概念综合不同学科的努力，与他对科学的人文化努力密切地结合在一起，在他的科学世界观中，科学与社会正是在人文实践活动中得到了完美结合。这种关于科学和社会的理想观念，极大地促进了当时奥地利的教育改革和社会进步。[①] 所有这些都使得马赫成为维也纳小组真正意义

---

① Friedrich Stadler, *The Vienna Circle*, *Studies of the Origins*, *Development and Influence of Logical Empiricism*, Wien and New York, Springer, 2001, pp. 109-111.

上的思想领袖。

不仅如此，马赫还直接与早期维也纳小组成员有密切的交流，几乎所有的维也纳小组成员都在不同程度上受到了马赫思想的直接影响。这主要表现在以下几个方面：其一，维也纳小组成员接受了马赫的一些主要观念，如反形而上学的科学世界观、哲学的科学性质、经验主义与约定论的综合以及对早期实证主义的批判等。特别是，弗兰克把马赫的方法论看作逻辑经验主义的关键所在，并辅之以形式逻辑和公理化方法；纽拉特则坚持马赫所强调的经验科学中的形式化和元理论的倾向，同时坚持马赫的反形而上学的经济原则。其二，维也纳小组成员根据马赫的观点创造性地提出了一些后来具有重要影响的理论观点，例如卡尔纳普对世界的逻辑构造以及石里克的普通认识论观点等。他们的一些核心概念完全出自马赫的思想，例如，他们采用马赫的要素论的现象主义语言、在经验的基础上构造科学概念的分层系统，其中的基本概念就是马赫要素之间的逻辑关系；同时，他们还把马赫思想中的一些重要观念应用于社会和政治现实，如 20 世纪 20 年代的左派思想运动。其三，维也纳小组成员提出的一些重要思想也是在批评马赫哲学的基础上建立起来的，例如，石里克最初接受了马赫的现象主义主张，但随后他放弃了这个主张，转而采用物理主义；同样，卡尔纳普也在接受马赫思想的同时批评了他的心理主义，在构造世界的逻辑分析中更多采用了数学的而不是心理学的方法。所有这些都表明，马赫的思想（而不是维特根斯坦的思想）才是维也纳学派哲学的重要思想来源之一。

其次，法国的约定论思想对维也纳学派也产生了深远影响。如今我们都熟悉的蒯因-迪昂论题，最早就来自法国的彭加勒（J. H. Poincaré）

和迪昂(P. Duhem)等人。在进化论的影响下，19世纪末20世纪初的法国科学界逐渐重视对科学史的研究，而迪昂等人更是把对科学史的研究看作科学思想研究的核心部分。法国约定论的主要观点是：第一，在假说系统之外并不存在任何的经验事实可以对两个不同的假说作出何为正确的判断，任何假说只有在其所属的系统内才能得到检验。第二，每个事实描述都依赖于我们借以进行描述的符号和规则装置的清单以及那些促使我们构造出该事实描述的目的。人们只能在一个概念模式之内谈论相对于事实的真假或方便性和舒适性。第三，我们经由知觉、猜测、相信、知道等表露出来的认识态度不可能具有先天的特征。只有在这样的前提下，我们才有可能根据我们更高的目标来变更我们任意的态度。①

　　必须指出，法国约定论的这些观点对维也纳学派思想的形成起到了关键性作用。可以说，正是法国科学家们的工作使得维也纳学派的哲学家更加清楚地认识到了经验与逻辑在科学研究中具有不可替代的同样重要的作用。这里的经验主要是指科学的实验，它被称作"真理的唯一源泉"。由于实验具有这种重要地位，因而我们就必须保证成功的实验应当是可以被普遍适用的，这就要求我们一定预先假定自然的统一性和简单性观念，由此我们才能确保实验的普遍有效性。而其中的简单性则是决定两个等值理论取舍的选择标准。这里的简单性正是逻辑的要求，这同样是马赫的经济思维原则的要求。法国约定论者对经验和逻辑的双重关注，也使得维也纳学派对经验和逻辑关系倍加重视。

---

　　① ［奥］鲁道夫·哈勒：《新实证主义》，60—63页，北京，商务印书馆，1998。

在法国约定论思想中，我们更应当看到迪昂的思想对维也纳学派的重要影响。与其他约定论者不同的是，迪昂更为强调整体论的观点，这一观点由此成为整个 20 世纪科学哲学和分析哲学中整体论的主要思想来源。根据迪昂的观点，"第一，我们不能从一个理论中分离出孤立的假说，以对其进行所谓的关键性试验；第二，理论的真理性的检验不能通过检验单个假说的方式进行，因为只有作为整体的理论方可检验。只有个别的观察命题和属于物理学范围的命题才间或构成了例外。"①根据哈勒的研究，早期的维也纳小组成员都受到了迪昂和其他法国约定论者思想的影响，其中特别是纽拉特的思想直接来源于迪昂和彭加勒的观点，他后来提出的关于科学统一的观点就出自迪昂的整体论思想，而且他提出的多种假说理论也是以迪昂和彭加勒的观点为基础的。由此可以表明，无论是早期的维也纳小组还是后来的石里克小组，他们的思想根源都深深地植根于马赫的经验主义和法国的约定论，而且这一切都是在《逻辑哲学论》出版之前发生的。在这种意义上，我们可以说，维也纳学派的思想根源应当是现代科学论和约定论的经验主义，而不是维特根斯坦的逻辑主义。

二、维也纳小组对《逻辑哲学论》的阅读

由上可见，早在维特根斯坦之前，维也纳小组就已经确定了自己的

---

① ［奥］鲁道夫·哈勒：《新实证主义》，67 页，北京，商务印书馆，1998。

哲学工作性质和范围，在很大程度上，他们的哲学更应当被看作是现代经验主义的延续。然而，卡尔纳普等人曾明确表示，《逻辑哲学论》一书的确为他们带来了新鲜的思想和表达方式，而正是通过对该书的阅读，维也纳学派最终确定了自己的哲学发展方向。那么，事实究竟是怎样的呢？维也纳小组对《逻辑哲学论》的阅读真的改变了他们已经确定的哲学观念吗？而且，这是一种怎样的阅读呢？

我们先来看卡尔纳普是如何描述这段历史的。他在自己的思想自述中有这样一段话曾被反复引述："在维也纳小组中，路德维希·维特根斯坦的著作《逻辑哲学论》中的许多章节都曾被大声地朗读和逐句地讨论过。为了理解该书内容的真正含义，我们经常需要作长时间的思考。有时找不到任何清楚的解释。不过我们仍然领会了不少内容并且进行了热烈的讨论。"[1]从这段话中我们可以读出，对于维也纳小组来说，要理解《逻辑哲学论》"内容的真正含义"非常困难，他们甚至无法对该书的内容给出"任何清楚的解释"。从积极的方面来说，这本书的确对维也纳小组成员产生了很大的影响，他们从中学到了不少东西。但从消极的方面来说，这本书却使得维也纳小组产生了两极分化的局面：一方面是部分成员积极接受维特根斯坦的观点，如石里克、卡尔纳普、魏斯曼（F. Waismann）等人；但另一方面则是部分成员质疑和拒斥维特根斯坦的观点，如纽拉特、费格尔（Herbert Feigl）等人。而对《逻辑哲学论》中的神秘主义观点，纽拉特和卡尔纳普等人则把它看作完全属于形而上学的内容。所以，斯塔德勒指出："维特根斯坦本人及其著作分化了小组成员，完

---

① ［美］卡尔纳普：《卡尔纳普思想自述》，37 页，上海，上海译文出版社，1985。

全否定了异常肯定的立场。"①就是说，在维也纳小组成员积极地接受维特根斯坦观点的同时，维特根斯坦本人似乎对这种接受采取了怀疑的态度。

谈到维特根斯坦对维也纳小组的影响，哈勒的下述说法集中代表了当代西方学术界在这个问题上的基本看法："在处理维特根斯坦对维也纳哲学家们的影响这一问题时，我们不能不注意到如下事实：迄今为止人们并不十分清楚逻辑经验主义早期历史中的这个十分重要的环节；在这个问题上蕴藏着许多危险，人们往往将关于维特根斯坦哲学的易致人迷误的断言原封不动地用在逻辑经验主义哲学上，或者相反，将关于后者的易致人迷误的断言原封不动地用在前者上。在这里，首先我们必须强调指出：没有任何证据表明维特根斯坦自己或者其《逻辑哲学论》在石里克小组的最初建立过程中起了作用；而且在其与石里克首次接触之前的数年中维特根斯坦似乎也没有明确地研究过石里克小组的任何观念。"②由此我们可以得到两个结论：第一，维特根斯坦的影响至少应当区分出对早期维也纳小组和对石里克小组，对早期小组而言，这种影响是不可能出现的；而对石里克小组而言，这种影响也是有限度的，我们不能用维特根斯坦的说法代替石里克小组的思想。第二，维特根斯坦思想的复杂性和神秘性，使得维也纳小组对其的理解始终处于模糊的状态，他们始终没有真正弄懂维特根斯坦的思想，至少在维特根斯坦本人看来是如此。所以，我们如今很难确定，维也纳学派究竟在多大程度上

---

① Friedrich Stadler, *The Vienna Circle*, *Studies of the Origins*, *Development and Influence of Logical Empiricism*, Wien and New York, Springer, 2001, p. 201.

② ［奥］鲁道夫·哈勒：《新实证主义》，112页，北京，商务印书馆，1998。

理解了维特根斯坦的思想。

历史地说，维也纳小组对《逻辑哲学论》的正式阅读开始于 1924 年，虽然有记录说早在这之前哈恩就曾讨论过该书，而且来自哥廷根的数学家雷德麦斯特(K. W. F. Reidemeister)也曾在石里克小组上讲过该书的内容。①所谓的"正式阅读"是指，维也纳小组把该书作为他们共同的阅读书目，并在一起共同讨论该书的内容。我们知道，以石里克为首的维也纳小组活跃于 1923—1924 年，他们每周四晚上的聚会曾一度以《逻辑哲学论》为主要讨论对象。根据费格尔的回忆，正是雷德麦斯特最初提议阅读该书，当时积极附议的是哈恩、石里克和纽拉特。但早在该书最初发表在《自然哲学年鉴》上的时候，费格尔就阅读过该书，虽然当时作为一名年轻学生的他并没有真正理解维特根斯坦的深邃思想。②同样，卡尔纳普最初读到的也是该书在《自然哲学年鉴》上的版本，但他当时并没有花费很大的力气对"其中某些相当模糊的公理加以透彻的理解"，所以他没有能够通读全文。③ 这表明，卡尔纳普当时并没有真正理解《逻辑哲学论》的内容。

值得注意的是，维也纳小组在阅读《逻辑哲学论》的同时，也在阅读卡尔纳普的《世界的逻辑构造》和石里克的《普通认识论》。当时，《世界的逻辑结构》一书还没有正式出版，小组成员阅读的是卡尔纳普提供的打印稿。他们从该书中得到了这样一个基本观念，即逻辑句法是构成世

---

① ［奥］鲁道夫·哈勒：《新实证主义》，112 页，北京，商务印书馆，1998。

② Friedrich Stadler, *The Vienna Circle*, *Studies of the Origins*, *Development and Influence of Logical Empiricism*, Wien and New York, Springer, 2001, p. 202.

③ ［美］卡尔纳普：《卡尔纳普思想自述》，37 页，上海，上海译文出版社，1985。

界的主要方式。石里克的《普通认识论》事实上并没有得到小组所有成员的充分重视，虽然其中一些成员强烈地感到该书与《逻辑哲学论》之间有许多相似之处。例如，费格尔就指出："事实上，在石里克的认识论中就已经预示了《逻辑哲学论》中的某些最关键性的信条。"①费格尔给出的例子包括：关于认识和体验的区分（即维特根斯坦意义上的可说的东西与仅仅显示出来的东西之间的区分），关于概念和命题符号的结构性质，关于真理意义的精致符合论观点，关于有效的演绎推理分析和重言式的性质，具有休谟主义色彩和反康德主义的经验论，对心理主义的拒斥，等等。这些思想在《逻辑哲学论》中都直接地或隐含地表达出来了。《普通认识论》初版于 1918 年出版，1925 年出版第二版，这表明该书中的主要思想都形成于维特根斯坦之前，虽然石里克后来受到了维特根斯坦很大的影响。

由此我们似乎可以清楚地看出，维也纳小组对《逻辑哲学论》的阅读在很大程度上是为了更加清楚地表述他们已经形成的一些哲学观念，因为他们在该书中发现了对这些观念的更好的表达。所以，虽然他们对书中的某些说法和观点并不完全认同，甚至并没有完全理解，但这并不影响他们从中得到有利于他们的内容。换句话说，对《逻辑哲学论》的阅读并没有改变维也纳小组已经形成的哲学观念，也没有为他们增加更多新的思想内容。该书给他们带来的唯一好处是，他们的哲学观念得到了一种更为清晰有力的表达方式。

---

① ［德］M. 石里克：《普通认识论》，5 页，北京，商务印书馆，2005。

三、维也纳小组部分成员与维特根斯坦的讨论

我们知道，能够说明维也纳学派与维特根斯坦之间密切关系的历史事实莫过于该小组的部分成员与维特根斯坦之间持续多年的非正式讨论。这个讨论已经被当事人魏斯曼较为完整地记录下来，并由麦吉尼斯（B. F. McGuinness）编辑出版。①那么，关于维特根斯坦的思想与维也纳学派的哲学之间的关系，我们究竟能够从这些讨论中得到什么样的信息呢？

麦吉尼斯在他为《路德维希·维特根斯坦与维也纳小组》一书撰写的编者说明中，已经清楚地描述了维特根斯坦与石里克、魏斯曼、卡尔纳普和费格尔等人的交往过程。从这个过程中我们可以清楚地看出，维特根斯坦始终处于被动的地位，就是说，他最后能够与维也纳小组的成员进行交流，在很大程度上是被迫的，而不是主动的。这主要出于两个方面的原因：其一，维特根斯坦在完成《逻辑哲学论》之后似乎并不需要再进行任何哲学研究，这在该书的序言中就已经表达得非常清楚："这里所陈述的思想的真理性，在我看来则是无可置疑和断然确定的。因此，我认为，问题已经在根本上彻底解决了。"（TLP，p. 4）的确，维特根斯坦在返回维也纳之后就到了奥地利南部的小学校任教，完全脱离了当时的哲学界；而且，就在拉姆塞前往他的驻地邀请他重返哲学界的时候，他还表示自己在哲学上已经无事可做了。1924 年年底，石里克写信给

---

① 该书被收入由 Suhrkamp 出版社 1969 年出版的八卷本《维特根斯坦著作集》中。中文版被收入由涂纪亮主编的 12 卷本《维特根斯坦全集》第 2 卷中（石家庄，河北教育出版社，2001）。

维特根斯坦，希望能够与他见面，但维特根斯坦似乎并不愿意与他会面。直到 1927 年年初，两人的首次相见才得以实现。虽然维特根斯坦很快就接受了石里克，但他在最初却始终对这个陌生人抱有怀疑和犹豫的心态。其二，维特根斯坦似乎并没有完全意识到自己是否有必要对他人解释自己的著作。这与他当时的思路有很大的关系，因为他在 1926 年之后就开始重新考虑一些哲学问题，但这些考虑与他的前期思想似乎并没有太大的直接关系，就是说，他这时候的思想可以说是全新的。所以，在他看来，似乎没有必要再向他人解释自己《逻辑哲学论》中的思想，更何况其中的一些思想对于他而言已经或正在变得陌生起来了。

当然，在与一些朋友的讨论和交谈中，维特根斯坦逐渐意识到自己前期思想中的一些问题，并开始试图把自己正在思考的问题与《逻辑哲学论》中的思想联系起来，由此可以更清楚地厘清他正在考虑的问题。这就是维特根斯坦最后答应与石里克、魏斯曼、卡尔纳普等人共同讨论的主要原因之一。[①]根据麦吉尼斯的描述，维特根斯坦与维也纳小组的交流开始于 1927 年，但从 1927 年到 1928 年的交流并没有留下太多记录，除了与拉姆塞有关的数学基础问题之外。直到 1929 年年底，维特根斯坦才开始与维也纳小组的成员进行相对稳定的交流和讨论，双方之间的交流和讨论大约持续到 1931 年年底。随后的几年中，维特根斯坦

---

① 我认为还有一个重要原因属于个人心理上的，这就是维特根斯坦需要一种对他的个人崇拜的氛围。石里克反复请求与他会面，在一定程度上助长了他的自负心理；而维也纳小组的主要成员向他请教问题，这更是他作为思想权威的重要标志。因为他知道维也纳小组中的某些成员（如纽拉特）对他的思想持批判态度，所以他坚持不参加小组的正式讨论，而只与小组的个别人交流。这也反映了他更愿意做思想领袖而不愿意接受批判的心态。

始终保持着与石里克、魏斯曼等人的关系，但没有进行固定的学术讨论，石里克 1936 年被杀和魏斯曼 1938 年移居英格兰，使得维特根斯坦与维也纳学派的关系完全中断。

在这里，我们不可能也没有必要详细讨论维特根斯坦与维也纳小组部分成员共同讨论的内容细节。我们更为关心的是，维特根斯坦究竟在多大程度上向他们解释了自己的前期思想，维也纳小组的成员们又在多大程度上理解了他的思想。

根据魏斯曼的纪录，维特根斯坦与维也纳小组成员的交流主要采取两种形式：一种是完全由维特根斯坦本人独白式的解释，另一种则是他对石里克、魏斯曼等人提出的问题的回答。从篇幅上看，前一种形式的内容占绝大部分，而与他对话者似乎只有石里克和魏斯曼两人。从卡尔纳普和小组其他成员的回忆中可以看出，虽然维特根斯坦在 1927 年开始与小组成员接触，但到 1929 年年初，他就基本上结束了与除石里克和魏斯曼之外的其他小组成员之间的联系；而且，在维特根斯坦那里，他与维也纳小组成员的交流是不甚愉快的，所以是他主动结束了与他们的联系。对此，卡尔纳普等人还深感遗憾。如今没有任何历史纪录能够说明为什么他要结束这种联系，但从其他人的回忆中似乎可以看出个中端倪。卡尔纳普在他的自传中这样写道："尽管我们和维特根斯坦在态度和性格方面的分歧是只是在某些方面表现出来，但是我深知，维特根斯坦始终能够感觉到这种分歧的存在；并且与我不同的是，他一直为这种分歧所困扰。"[①] 艾耶尔则认为："断绝关系的原因之一大概是由于维

---

① ［美］卡尔纳普：《卡尔纳普思想自述》，42 页，上海，上海译文出版社，1985。

特根斯坦认为卡尔纳普有剽窃之嫌。他总是害怕别人剽窃或歪曲他的思想，这种畏惧几乎到了近乎病态的程度。"①从我们可以看到的所有材料中得知，维特根斯坦的确在性格上有一些缺陷，他对他人的态度总是过于敏感，总是怀疑别人剽窃了他的思想。正是这种怀疑导致了他与卡尔纳普的断交，也导致了他与魏斯曼的最后分手。②他与石里克和魏斯曼能够进行持续近五年时间（1927—1932）的讨论，其中的原因有两个：其一，石里克的个人魅力使维特根斯坦感到有了可以对话的对象，他认为"石里克是一个水平很高、理解力很好的对话者，是一个很有文化教养的人"。③ 而"石里克本人无论是在哲学观点方面还是在性格方面都深受维特根斯坦的影响"，乃至卡尔纳普抱怨说："在以后的那几年中，我觉得，石里克在我们小组的讨论中有时似乎抛弃了他通常所保持的那种冷静和批评的态度。他在接受维特根斯坦的某些哲学观点和立场时不能通过合理的论证来为这些思想辩护。"④其二，魏斯曼从他们讨论一开始就表明要对《逻辑哲学论》的思想做出解释性的说明，并且在1929年预告出版《逻辑、语言和哲学》，作为即将出版的"科学的世界概念丛书"的第一卷。维特根斯坦非常支持魏斯曼的这个做法，允许他记录整理他们之间的讨论内容，甚至向他提供一些自己的手稿。而且，当维特根斯坦得知魏斯曼将于1930年在一次会议上阐述他的数学哲学思想时，他非常

① ［英］艾耶尔：《维特根斯坦》，12页，北京，中国社会科学出版社，1989。

② 如果石里克不是在1936年突然遇难，我们完全有理由相信，他与维特根斯坦的关系也不会终身保持。

③ Ludwig Wittgenstein and Friedrich Waismann, *Ludwig Wittgenstein und Der Wiener Kreis*, ed. by B. F. McGuinness, Oxford, Blackwell, 1967, p. 5.

④ ［美］卡尔纳普：《卡尔纳普思想自述》，42页，上海，上海译文出版社，1985。

高兴。事实上，他非常希望魏斯曼能够在各种会议场合宣传他的哲学思想。这些情况从另一个方面向我们表明，维特根斯坦内心始终处于一种矛盾的心态：他从内心渴望自己的思想为更多的人所知，但又始终担心自己的思想遭到他人的歪曲或误解。正是这种矛盾心态导致他在与他人相处的时候总是疑心重重，谨小慎微。

尽管魏斯曼对维特根斯坦谈话的纪录不能完全看作是维特根斯坦本人思想的真实表达，但纪录的内容至少可以向我们表明维特根斯坦当时关心的主要问题所在。我们知道，石里克邀请维特根斯坦与维也纳小组成员交流的最初目的是向他们讲解《逻辑哲学论》一书的思想，由此解决一些在他们看来非常困难的问题。但我们从魏斯曼的记录中看到的却是另外一些东西，这些东西与其说是维特根斯坦对他早期思想的解释，不如说是批判。还有一些东西是他早期思想中没有的，而正是这些东西引出了他的后期思想。

关于维特根斯坦对自己前期思想的批评，在魏斯曼的记录中随处可见。例如，关于对象的存在和基本命题的形式，维特根斯坦放弃了《逻辑哲学论》中完全以逻辑构造说明它们的方式，认为"对对象的整体理解就是最紧密地与命题的主谓形式相联系"这种说法是站不住脚的，而"基本命题的逻辑建构与命题的逻辑建构没有丝毫相似之处"。[①] 关于日常语言，他不再坚持必须使用逻辑的语言才能表达清晰的思想，而是认为"我们无须去寻找一种新的语言或者去构造一种符号系统，会话用语就是语言，前提是我们使它摆脱不清晰状态"。[②] 关于维特根斯坦前期思

---

① Ludwig Wittgenstein and Friedrich Waismann, *Ludwig Wittgenstein und Der Wiener Kreis*, ed. by B. F. McGuinness, Oxford, Blackwell, 1967, p. 11.

② *Ibid.*, p. 15.

想中所没有的东西，更是构成了魏斯曼记录中的核心部分。应当说，维
特根斯坦与维也纳小组的讨论并不是向他们解释自己的前期思想，而是
向他们阐发自己最新的思想发展。"从小组成员和维特根斯坦的谈话记
录，或许还有魏斯曼为了解释《逻辑哲学论》而于 1930—1931 年提供给
小组成员以供讨论的那些论题中我们至少能看出维特根斯坦思想变化的
某些个别的特征。"①哈勒甚至假定，源于维也纳小组的某些问题同样刺
激了维特根斯坦的某些新思想。事实上，维特根斯坦本人就曾指出，他
这时的想法"离《逻辑哲学论》的立场已经很远了，'我今天已不赞同该书
里的许许多多表述'"②。由此，麦吉尼斯推断说，维特根斯坦这个时候
的想法似乎并不是他深思熟虑的观点，其中有些观点后来以更为准确的
形式出现在当时正在准备出版的《哲学评论》之中。所以，麦吉尼斯提醒
说："要把这些记录视作维特根斯坦的观点的表达，必须非常谨慎。"③

　　以上证据可以清楚地表明，维特根斯坦在与维也纳小组成员的交流
中并不是在向他们解释自己的早期思想，而是在从事新的哲学思考，所
以，后来的研究者都把《路德维希·维特根斯坦与维也纳小组》一书看作
他思想转变时期的重要著作，而从来没有把它归入《逻辑哲学论》时期。
在这种意义上，我们也很难说石里克、魏斯曼以及费格尔、卡尔纳普等
人真正理解了维特根斯坦向他们传达的新思想。从他们后来的著作和文

① ［奥］鲁道夫·哈勒：《新实证主义》，117 页，北京，商务印书馆，1998。

② Ludwig Wittgenstein and Friedrich Waismann, *Ludwig Wittgenstein und Der Wiener Kreis*, ed. by B. F. McGuinness, Oxford, Blackwell, 1967, p. 13.

③ Friedrich Stadler, *The Vienna Circle*, *Studies of the Origins*, *Development and Influence of Logical Empiricism*, Wien and New York, Springer, 2001, p. 19.

章中我们看到，他们从维特根斯坦那里得到的更多的是这样一些观念，如对逻辑和逻辑命题的解释（逻辑陈述的本质仅仅在于其形式和结构）、关于经验命题的观点（被我们描述为实在的一切都可以是其他的样子）、关于哲学的本性和任务的看法（哲学的目的是对思想的逻辑澄清，哲学的本质在于对语言的批判）。[①] 显然，这些观念都是《逻辑哲学论》中早已阐述过的，而不是维特根斯坦在与他们讨论时阐述的新观念。实际上，只要仔细阅读一下魏斯曼留下的记录，我们就会发现，维特根斯坦在其中讨论的话题远远超出了《逻辑哲学论》，很多内容后来出现在了他的《哲学评论》《哲学语法》以及《哲学研究》等著作中，例如，对空转的轮子的论述、对疼痛感觉的分析、对颜色的分析、游戏与规则的概念、对语句的理解等。由此可见，维也纳学派并没有从与维特根斯坦的交流中获得他们所想要的东西。

四、维也纳学派的宣言

在维也纳学派的发展历史中，1929 年发表的《科学的世界概念：维也纳学派》具有重要的历史意义，因为它被看作维也纳小组倡导的哲学正式成为一种哲学流派的重要标志。由于它具有如此重要的地位，因此我们就有必要考察一下维特根斯坦的思想在其中究竟起到了多大的作用，或者说，维也纳学派究竟如何看待维特根斯坦的思想在他们的哲学

---

① ［奥］鲁道夫·哈勒：《新实证主义》，118—125 页，北京，商务印书馆，1998。

中的位置。

我们先来看一下这个宣言产生的过程。如今已经有很多资料表明，这个宣言的产生与1928年成立的"马赫学会"有着密切的关系。根据哈勒的记载，在纽拉特以及奥地利的无神论者联合会成员的倡议下，1928年维也纳成立了一个旨在传播精确科学知识的学会，这就是"恩斯特·马赫普通自然科学教育学会"（后简称为"马赫学会"），石里克当选学会主席，哈恩、纽拉特、卡尔纳普等人当选学会理事。马赫学会和柏林经验哲学学会共同承担编辑《认识》杂志，该学会的目标是"将科学的活动当作是其努力的中心，它力图将不同学科的代表联合起来，以便克服暂时还存在于它们之间的那种紧张状态，当然首先也是为了达到统一的启蒙目的。"[1]由此可见，马赫学会的建立是为了实现维也纳学派"统一科学"的理想，而这一理想则与维特根斯坦的思想相去甚远。这个学会成立不久，石里克接到了来自波恩大学的教授聘书。为了挽留石里克，马赫学会的理事会在1929年4月2日专门向石里克和所有理事成员传阅了一封带有私人色彩的信件，强烈表示对他离开维也纳所带来损失的担心。石里克最终还是留在了维也纳，由此，纽拉特和卡尔纳普等人（主要是纽拉特）就产生了为石里克撰写一个感激性文献的想法。这就是这个宣言诞生的历史背景。

据称，该宣言最初是由纽拉特起草，后由卡尔纳普修订，费格尔也参与了修订任务。但无论如何，我们从发表的这个宣言中仍然可以清楚地看出纽拉特思想的明显特征。或许正是由于这个原因，维特根斯坦对

---

① ［奥］鲁道夫·哈勒：《新实证主义》，85页，北京，商务印书馆，1998。

这个做法颇有微词。①他在 1929 年 7 月写给魏斯曼的信中，"告诫维也纳学派的人们，不要借这个机会而糟蹋自己的名声，……不要'通过大话而使石里克和维也纳学派变得滑稽可笑'"②。这里需要说明的是，事实上，维也纳学派正是由于这个宣言才真正为外部世界所知道，也才有了自己的所谓"名声"；因而，这里显然并不存在"糟蹋自己的名声"的问题。而且，我们从宣言的内容中也可以看出，这个宣言并没有包含所谓的"大话"，相反，它所谈论的问题都非常具体，从中得到的结论性断言也都有理有据。更进一步地说，维特根斯坦在说这些话之前并没有读到该宣言，他不过是通过魏斯曼的转达才知道存在这样一个宣言而已；而且，该宣言是在他写信给魏斯曼一个月之后才正式公开的，所以，他对该宣言的详细内容其实并不知晓。所以，维特根斯坦对这个宣言的态度并不能说明任何问题，而只能说明他对维也纳学派把石里克作为精神领袖的做法感到不满。

我们再来看一下这个宣言的内容，看看维特根斯坦的思想对维也纳学派的影响究竟有多大。首先，宣言强调了科学的世界概念产生的历史背景，其中提到的主要思想来源不是维特根斯坦而是马赫，除此之外，更多地提到的是奥地利思想和科学传统影响下的科学家和思想家。维特根斯坦的名字仅仅出现在最后列举的代表科学史和哲学史主要倾向的名单中，他只是被看作"逻辑斯蒂及其对现实的应用"中的最后代表。其次，在谈到以石里克为首的学派时，宣言强调了学派的反形而上学主张

---

① 这主要是因为纽拉特是维也纳小组中对他的思想最为激烈的反对者。
② [奥]鲁道夫·哈勒：《新实证主义》，87—88 页，北京，商务印书馆，1998。

以及对社会现实的极大关注，而提到维特根斯坦的地方仅仅是在反形而上学的结果上，即引用了《逻辑哲学论》中最后一句话的一部分"凡是可说的都可以说清楚"。但这里有两点值得注意：第一，维特根斯坦的原话包括了两个部分，其一是可说的东西是可以用逻辑的语言说清楚的，其二是对不可说的东西必须保持沉默。而在他看来，第二部分的思想比第一部分更为重要，宣言恰好抹去了第二部分的内容，这就使得维特根斯坦的原话变成了一个反形而上学的口号，这显然与他的原意是不符的。第二，维也纳学派始终认为维特根斯坦在反形而上学的同时并没有完全摆脱形而上学，并把这看作是维特根斯坦的思想与他们的哲学观念之间的重要分歧之一。① 所以，宣言在这里引用维特根斯坦的原话以说明他们的反形而上学态度，这恰好是与他们的看法相违背的。

在论述"科学的世界概念"时，宣言强调了逻辑分析方法在区分现代经验主义与传统经验主义以及拒斥形而上学中的关键作用，但它仅仅把维特根斯坦（以及罗素）的工作看作是对形而上学迷雾的逻辑澄清，而不是拒斥形而上学工作的全部。事实上，在维也纳学派看来，他们的科学的世界概念应当包括两个部分的内容：其一是经验主义的和实证主义的，即强调"只有来自经验的知识，这种知识是建立在直接所予的基础之上的"；其二是"以一定的方法即逻辑分析的应用为标志的"，其目标是"通过将逻辑分析应用于经验材料达到统一科学"②。显然，这两个部分的内容都与维特根斯坦的哲学旨趣大相径庭：《逻辑哲学论》从来没有

---

① ［美］卡尔纳普：《卡尔纳普思想自述》，45 页，上海，上海译文出版社，1985。
② 陈启伟主编：《现代西方哲学论著选读》，443 页，北京，北京大学出版社，1992。

强调过来自经验的知识，相反，强调的是先天的逻辑对知识的重要作用；维特根斯坦也从来没有想过要把逻辑分析应用于经验材料，而是把逻辑分析看作哲学的本质。这些都清楚地表明，这个宣言并没有真正理解维特根斯坦的思想，或者说，宣言的作者们并没有强烈的意识要把维特根斯坦的思想作为宣言的灵魂。

最后，有趣的是，在讨论"问题的领域"时，宣言甚至没有把维特根斯坦的思想作为其中任何一个领域的主导思想，而仅在论"算术基础"时才提到维特根斯坦的名字，认为他关于化解逻辑学研究中三种主要倾向（逻辑主义、形式主义、直觉主义）之间对立的想法，对解决这个问题"具有深远意义"，因为他与罗素共同提出了维也纳学派也赞同的观点，即数学具有同语反复的性质。此外，宣言中论述的其他领域的基础问题，都是维特根斯坦很少涉及或完全没有考虑的内容，这些内容大多出于纽拉特的个人兴趣，而并非完全为维也纳小组的其他成员所认可。

但是，我们仍然可以注意到，在宣言的最后部分"回顾与展望"中，阐明的这种新的科学世界概念的本质，恰好是来自《逻辑哲学论》，而作者们在这里却完全没有提到维特根斯坦的名字。例如，宣言中的"它并不提出特殊的'哲学命题'，而仅仅澄清命题"，来自《逻辑哲学论》（TLP，4.112）中的"哲学的成果不是一些'哲学命题'，而是命题的澄清"；同样，"作为并列于或超越于各门经验科学的一种基础科学或普遍科学的哲学是没有的"，部分地来自《逻辑哲学论》（TLP，4.111）中的"'哲学'一词所指的东西，应该位于各门自然科学之上或者之下，而不是同它们并列"。由此我们可以看到维也纳学派受到维特根斯坦思想影响的明显痕迹。但尽管如此，这种影响在维也纳学派那里仍然是有保留的，或者说并没有我们通常认为的那样巨大和深远，其主要原因就在于，维也纳学派的哲学毕竟是一种经验主义的现代形式，而《逻辑哲学论》中的哲学则是一种以逻辑的方式建立起来的形而上学。

五、影响及后果

通过以上四个方面的分析，我们可以看出，维也纳学派事实上并不像我们想象的那样受到维特根斯坦思想的"巨大影响"（卡尔纳普语）。应当说，这两种哲学之间的差别还是非常明显的，以至于卡尔纳普在其自传中强调指出："如果断言整个维也纳小组的哲学就是维特根斯坦的哲学，那是不正确的。"[1]哈勒也指出："认为维也纳小组的思想完全是由维特根斯坦的学说决定的，这种意见并不正确。"[2]

既然如此，我们为什么还会产生这样的印象，以为维也纳学派深受维特根斯坦的"巨大影响"呢？这主要是由于艾耶尔等人对维也纳学派的介绍。艾耶尔于1936年发表的《语言、真理与逻辑》被看作是首次向英语世界介绍维也纳学派思想的重要著作，其中他反复引用《逻辑哲学论》中的许多观点，并把维特根斯坦视为逻辑实证主义的同路人。在他于1956年编辑的《哲学中的革命》中，艾耶尔更是把《逻辑哲学论》称作维也纳学派的典范。虽然卡尔纳普在他的自传中提醒人们注意维也纳学派

---

① ［美］卡尔纳普：《卡尔纳普思想自述》，37页，上海，上海译文出版社，1985。
② ［奥］鲁道夫·哈勒：《新实证主义》，117页，北京，商务印书馆，1998。

的哲学与维特根斯坦思想之间的区别，但他对维特根斯坦思想的重点推崇，更多使人们产生了这样的印象，即维也纳学派的思想是在他们阅读《逻辑哲学论》之后形成的。艾耶尔就曾这样写道："不管维特根斯坦多么不欢迎把他与逻辑实证主义联系起来，它作为哲学的一个发展，《逻辑哲学论》是负有某种历史责任的。"①这样，《逻辑哲学论》就与维也纳学派密切地联系起来了。

然而，这种想象中的密切联系带来的后果却是很严重的。首先，它严重地贬低了《逻辑哲学论》的哲学重要性，削弱了该书的形而上学意义。由于出自不同的哲学理念，维也纳学派对《逻辑哲学论》的解释更多地是从逻辑和数学的角度出发，把它看作提供一种有效的反形而上学的工具；同时，他们还对该书中表达的形而上学采取或者回避不谈或者直接反对的态度。由于《逻辑哲学论》一书最初正是通过维也纳学派的大力宣传而在西方哲学界广泛流传，因此他们对该书的解读就具有了某种权威性质，也就更多地误导了人们对该书的理解。其次，维也纳学派的真实思想也因此遭到了很大程度的扭曲。我们知道，维也纳学派的主要思想来源是马赫的经验主义以及自然科学中的实证主义，《逻辑哲学论》为他们提供的主要是反对形而上学的逻辑分析工具以及对哲学性质的重新理解。在这种意义上，《逻辑哲学论》在维也纳学派的思想形成中并没有起到关键性作用。然而，根据我们所认为的两者之间的密切联系，维也纳学派的思想很大程度上都是在维特根斯坦的影响下形成的，这就歪曲了维也纳学派思想形成的真实情况，同时也误导了我们对维也纳学派思

---

① ［英］艾耶尔：《维特根斯坦》，226 页，北京，中国社会科学出版社，1989。

想的真实理解。

最为严重的一个后果是，由于艾耶尔等人把维也纳学派思想与《逻辑哲学论》紧密地联系起来，因而，人们对《逻辑哲学论》的负面评价也就转嫁到了对维也纳学派哲学的真正理解之上；同时，随着分析哲学内部的发展，维也纳学派的观点逐渐为牛津日常语言哲学和美国逻辑实用主义所取代，而《逻辑哲学论》的真正价值却逐渐为人们所淡忘，甚至出现了以《哲学研究》的思想去解释《逻辑哲学论》的所谓"新维特根斯坦学派"。所有这些都表明，任何试图把维也纳学派的思想与《逻辑哲学论》紧密地联系起来的做法，对其中任何一方都只能带来损害，因为他们在哲学旨趣上是完全不同的。

综上所述，我们完全可以得出以下结论，一方面，维也纳学派从维特根斯坦那里受到的影响远没有我们想象的那样巨大，在某种程度上，《逻辑哲学论》中的（至少）某些观点被维也纳学派"合理地应用于"解释他们自己的哲学主张，但同时，他们却抛弃了其中对维特根斯坦来说最为重要的内容。另一方面，维也纳学派哲学本身也由于其与《逻辑哲学论》的紧密关系而遭到了误解和责难，这些都在维也纳学派的历史上留下了令人遗憾的记录。进入 21 世纪以来，西方哲学界出现了一种重新评价维也纳学派以及逻辑实证主义哲学的倾向。在《科学的世界概念：维也纳学派》发表 92 年之际，还原近一个世纪前发生的真实历史，对于我们重新认识维也纳学派的哲学和《逻辑哲学论》的价值，就显得非常重要。

第三章

维特根斯坦论颜色

2015 年年初，英国著名的哲学杂志《心》发表了维特根斯坦的学生鲁斯·里斯于 1939—1950 年与维特根斯坦的哲学谈话。[①]其中，维特根斯坦关于颜色的评论引起了我的极大关注。虽然早在 1977 年维特根斯坦的另一学生安斯康姆就编辑出版了维特根斯坦的《论颜色》一书，后来也有不少学者对维特根斯坦关于颜色的思想做了讨论，但人们对维特根斯坦这一思想的理解似乎依然存在许多误区。主要问题集中在以

[①] L. Wittgenstein & Rush Rhees，"Wittgenstein's Conversation with Rush Rhees (1939—1950)：From the Notes of Rush Rhees," ed. by Gabriel Citron, *Mind*, vol. 124, 493, January 2015. 中文译文首发于《世界哲学》2017 年第 1、2 期，江怡、代海强、蒋世强、李香莲译，后收入江怡、马耶夏克主编的《心理现象与心灵概念》，175—239 页，北京，中国社会科学出版社，2020。

下三个方面：第一，维特根斯坦为什么要讨论颜色问题？第二，维特根斯坦是否有一个颜色理论？第三，他对颜色的观点与他的其他思想之间是什么关系？我试图在这里对以上几个问题做出自己的回答，由此澄清目前研究者们对维特根斯坦关于颜色思想的误解。

一、维特根斯坦为什么要讨论颜色问题

从维特根斯坦的著作中可以看出，对颜色的关注贯穿于他的整个思想发展过程。但在不同阶段，他对颜色的论述针对的是不同的问题，即使都是在讨论颜色，关注的侧重点也有所不同。

早在《逻辑哲学论》中，维特根斯坦就明确指出"对象是无色的"。这句话曾使许多研究者感到困惑。例如，安斯康姆认为，维特根斯坦这里讨论的是对象的一种特征。而国内学者韩林合则认为，维特根斯坦是要表明，构成世界的主要成分是事实，而不是对象，因而对象是无色的。然而，这些解释都没有真正理解维特根斯坦这句话的真实意思。根据这句话在《逻辑哲学论》中的上下文，维特根斯坦这里关心的并非颜色本身，也不是关心对象是否有颜色，而是借用颜色这个特征，说明对象无法成为构成世界的主要成分，但却是我们用于解释事实的主要成分。由于对象构成了事实的基本成分，而事实就是关于对象的逻辑描述，因此，对象在事实的构成中就成为变项，对象名称在命题中就是变量。由于对象不过是变项，因此，对象可以具有各种颜色，而这就意味着对象是无色的，每当我们谈到某个具体对象的时候，它一定是有颜色的，但

如果只是从逻辑上讨论对象，对象就不可能具有任何颜色。因为一旦确定了对象的颜色，我们也就确定了某个具体的对象。因此，"对象是无色的"这句话只能是从逻辑上说的，而不是从经验上说的。

对这句话的这种逻辑解释，我们可以从《逻辑哲学论》中得到验证："因为两个颜色在一个视域中处于相同位置是不可能的，是逻辑上不可能的，因为这是为颜色的逻辑结构所排除的。"（TLP，6.3751）这被称作"颜色排除问题"。这个问题表明，颜色的逻辑结构规定了在一个视域中无法出现两个不同的颜色，如同一个对象无法同时出现在不同的空间中一样。这是逻辑上的规定，也是我们对颜色性质的常识性理解。在一个视域中，我们看到的一定是某个颜色，当我们谈论这个颜色的时候，不会把这个颜色与其他的颜色混淆起来。如果说两个颜色同时出现在相同的地方，比如，把红色和黄色看作相同的颜色，显然是违反常识的。可以看出，在这个时期，维特根斯坦对颜色的理解是纯逻辑的，而不是经验的。这与他在中期和后期的思想有很大的不同。甚至可以说，他在这里虽然谈论的是颜色，但心中所想的并非颜色，而是颜色背后的逻辑结构。

在维特根斯坦与维也纳小组成员的讨论中，他曾多次提到颜色问题。根据魏斯曼的记录，1929 年 12 月 25 日，在石里克的家中，在谈到物理学和现象学的关系时，维特根斯坦以颜色系统为例，说明了物理学与现象学关心的是不同的问题。他说："物理学要确定的是规则性，而不涉及可能的东西。因此，物理学并不描述现象学事态的结构。现象学总是涉及可能性，也即涉及意义，而不涉及真假。"①随后，他试图用颜

---

① 涂纪亮主编：《维特根斯坦全集》第 2 卷，31 页，石家庄，河北教育出版社，2003。

色系统说明与现实相比较的是一个命题系统，而不是个别的命题。"如果我说，视域里的某某点是蓝色的，那么我知道该点不是绿色的，不是红色的，不是灰色的，等等。我一次就设定了整体的颜色刻度。这也是一个点不能有不同颜色的理由。一旦我对现实颁布（设定）一命题系统，那么（就如在空间对象一样）这就等于说，只存在一个事态，再无其他事态。"①显然，这个观点与《逻辑哲学论》中讨论颜色的观点是一致的。随后，当石里克询问，颜色系统究竟是逻辑的还是经验的东西，维特根斯坦明确地回答，这不可能是经验的，而一定是"先验地存在于空间的句法中"。他反问道："为了认识颜色系统，人们必须经历多少种颜色？这一问题有意义吗？没有任何意义！"②因此，关于颜色系统的说明一定是一种逻辑句法的说明，而不是经验的说明。1930 年 1 月 5 日，还是在石里克家里，维特根斯坦再次谈到颜色问题。在谈到肯定命题和否定命题的时候，他说："我不是看见红的，而是看见'杜鹃花是红的'。在这个意义上，我也看到了'杜鹃花不是蓝的'。结论并非只是与看见的东西联结，而且我在看中直接就知道了结论。"③所以，颜色在这里并非主要问题对象，无论看到的是什么东西，都与谈论这个东西的语言形式有关，而与看到的东西无关。对此，维特根斯坦还特别提到记忆中的蓝色，认为我们通常错误地以为这种记忆是与我们当下看到的颜色形成比较才被唤起的，但实际上这里并没有任何比较，因为这完全取决于我们使用颜色词的方式。"因此，红颜色是以颜色系统为前提。或者如果红完全是

---

① 涂纪亮主编：《维特根斯坦全集》第 2 卷，32 页，石家庄，河北教育出版社，2003。

② 同上书，34 页。

③ 同上书，52 页。

指别的东西，那么它也就不具有称呼颜色的意义。于是，人们也就不能谈论它。"①可见，维特根斯坦在这里反复讨论的颜色，并非是一种特殊的现象或事物的特征，而只是作为一个例证，用于说明命题的表达方式而已。

然而，在 1951 年留下的《论颜色》中，维特根斯坦对颜色的讨论却完全不同于之前的方式。这是因为，首先，这个时候的维特根斯坦已经彻底转变了自己的哲学研究方式，从对命题形式的关注转向了对语言使用方式的关注，一切都从观察语言游戏出发，成为他思考哲学问题的基本立场。其次，维特根斯坦在这里对颜色的讨论，的确是在关注颜色问题，而不是把颜色作为例证；但他同时也在用颜色问题讨论他物，不过所言之物并非命题的表达方式，而是我们日常语言的使用方式。最后，维特根斯坦对颜色问题的持续关注，是受到了当时阅读文献的直接影响，他在 20 世纪 40 年代一直阅读歌德关于颜色的著作，对歌德讨论颜色的方式产生了浓厚兴趣，进而把颜色问题作为自己反复讨论的话题。国外有学者认为，《论颜色》并没有在颜色问题上取得实质性的进展，充其量只具有文献学的意义；国内则有学者认为，维特根斯坦讨论颜色问题的主要原因是为了进一步探究"感觉经验"（尤其是"视觉"）难题。② 但根据我的研究，维特根斯坦在这里讨论颜色问题既不是从文献学上关注歌德，也不是为了探究"感觉经验"问题，而是要澄清我们日常语言中对颜色词的使用问题。

----

① 涂纪亮主编：《维特根斯坦全集》第 2 卷，54 页，石家庄，河北教育出版社，2003。

② 姜宇辉：《存在"透明"的"白色"吗？——晚期维特根斯坦探索颜色之谜的哲学深意》，载《华东师范大学学报》，2013(4)。

　　首先，维特根斯坦明确表示，我们对颜色词的使用与对其他语词的使用一样，都属于语言游戏活动，但这种语言游戏由于涉及我们的视觉，因而似乎显示出不同的特点。他说："一种语言游戏：报道说某一个物体是否比另一个物体更亮一些或更暗一些。——但现在有一个相关的语言游戏：陈述某些形状的颜色亮度的关系。……这两个语言游戏中的命题形式是一样的：'X比Y更亮些'。但在第一种语言游戏中，它是外在的关系，命题是有时间的，而在第二种语言游戏中，它是内在的关系，命题是没有时间的。"①在这里，维特根斯坦试图说明，我们对颜色词的使用不同于其他的语言游戏，因为一般的游戏总是发生在时间之中的，是由游戏的具体场景和时间规定的，但颜色词的使用看上去更像是一种逻辑规则的要求，即使我们在使用颜色词的时候，一定是在某种特定的时间或空间中，但我们对颜色词的理解（当然也包括对它的使用），却是可以脱离这种特定时间或空间的。这就会造成一种直观的印象，即我们可以不用考虑时间因素而使用颜色词。逻辑上说，如果这样的情况可以成立的话，我们似乎就可以得出结论，总会有一些语词的使用可以不用考虑时间。然而，这样的结论却完全违反了我们对语言游戏的理解，因为语言游戏总是发生在具体的时间之中，没有超出了时间之外的语言游戏。所以，我们对颜色词的使用并非像上述引文中所说的那样，是一种内在关系，没有时间性的命题。相反，当我们把颜色词看作是内在的和无时间的，这本身就是一种语言游戏，是我们用"内在的"和"无

---

　　① L. Wittgenstein, *Remarks on Colour*, ed. by G. E. M. Anscombe, trans. by Linda L. McAlister and Margarete Schättle, Oxford, Basil Blackwell, 1977，Ⅰ，1. 该书简写为 RC，后为部分和节数，余同。

时间的"这些词去解释颜色词的使用方式，而不是说颜色词本身就是内在的和无时间的。使用颜色词的这种特点使得我们注意到，类似颜色词这样的特殊语词的用法，并不是这些语词本身造成的，也不是由于我们对这些语词的理解造成的，而完全是由于我们对这些语词的特殊使用造成的。认识到了这一点，我们就可以消除在某些特殊语词用法上的误区。

其次，维特根斯坦认为，颜色词问题不仅反映了我们在这些词的使用上存在误区，而且反映了我们通过使用这些词而体现出的本质主义观念。他反复指出，我们在使用颜色词的时候往往会对某个具体的颜色提出问题，询问是否确定存在某个颜色。当我们用某个颜色词来描述颜色的时候，我们总是试图把颜色与颜色词联系起来，由此说明可以用这个颜色词去指称这个颜色。然而，维特根斯坦指出，即使我们用某个颜色词指称了某个颜色，这也并不意味着我们的目的是在各种颜色中指出某个颜色，而仅仅是表明我们了解这个颜色词的用法。不仅如此，维特根斯坦还进一步指出，当我们说出某个颜色词的时候，我们并没有断定某个颜色的存在，而不过是在使用这个颜色词来表达我们对某个颜色的理解。这样，对于我们使用颜色词而言，就不存在某个普遍的标准用于判断我们对颜色词的使用是否正确，因此，在颜色词问题上的本质主义（即认为存在一种用于判定颜色的标准）就是错误的。他设想存在一个完全没有颜色词的民族，他们根本没有与我们一样的颜色观念，却可能拥有与我们一样的颜色词，但他们对这些词的理解和使用显然是与我们不同的。而且，要把他们的颜色词翻译为我们的语言，也显然是极其困难的。由此，维特根斯坦认为："毕竟，对何谓颜色并没有共同接受的标准，除非它是我们的一种颜色。"（RC，Ⅱ，13-14）显然，维特根斯坦对颜色词的讨论，是为了消除我们在颜色词上的本质主义观念。

最后，维特根斯坦对颜色词用法的分析，试图为我们提供一种现象学的描述，说明我们对语言游戏的描述总是一种现象描述，既不给予解释也不加以发挥。在他看来，我们通常在哲学中总是试图询问，为了使得某个哲学问题得以解决我们应当如何来看待这个问题，这就迫使我们力图使那些概念变得具有某种条理，但如此这般却使得我们的问题偏离了自身的方向。例如，物理学对颜色的分析就是用光谱解释颜色的分布，而哲学的分析是把颜色解释为某些具体明确的颜色词，如"红色""黄色""绿色""蓝色"等。维特根斯坦认为，这种做法实际上是把我们引向了一个错误的方向，使我们误以为的确存在由这些颜色词所指称的颜色。这涉及如何理解逻辑与经验的区分问题。在经验上，我们可以感觉到不同颜色的存在并且说出它们，但在逻辑上，我们则满足于用不同的颜色词去规定这些颜色。然而，我们对颜色词的使用却是在逻辑与经验之间。他说："难道我不会承认句子通常是在逻辑与经验之间的边界线上使用吗，所以它们的意义会来回变化，一会儿是规范的表达，一会儿被看作是经验的表达？因为，区别逻辑命题与经验命题的不是'思想'（一种伴随的心理现象），而是用法（围绕在其周围的东西）。"（RC，Ⅲ，19）显然，维特根斯坦似乎是在用颜色词的使用作为例子，说明我们通常对某些语词的使用并不是在寻求某种确定的概念或指称某个确定的对象，而不过是在完成一种呈现事物为其本来样子的活动。这种活动可以被看作一种现象学的描述，其中包含了大量对不确定事物的描述。他说："在哲学中，我们要学习在每一情形中关于一个主题究竟要说什么，这还不够，我们还需要学习人们对此必须如何去说。我们总是不得不从学习处理这个主题的方法开始。或者，我再说一遍：在一切严肃的问题中，不确定性总是要达至问题的最后根基。"(RC，Ⅲ，43-44)可见，维特根斯坦在这里讨论颜色词，是为了说明处理颜色词的方式只能采用现象学的描述，这是对颜色词的具体使用的描述，而不是对颜色词的使用规则的说明。

从以上分析中可以看出，维特根斯坦讨论颜色问题，是为了消除我们在某些特殊语词使用上的误区，这些特殊语词主要是指与使用者的主观经验和判断有密切关系的语词，而颜色词正是这类语词的典型代表。他用现象学的描述方法说明，对这样的语词，我们无法用本质主义的方法加以规定；我们只能观察它们的实际使用，描述与它们相关的一切周遭因素，由此了解它们不确定的意义。可以说，这种观察和描述正是维特根斯坦在其后期哲学中提倡的研究方法。

二、维特根斯坦是否有一个颜色理论

由于维特根斯坦对颜色问题有大量的论述，阐发了一些关于颜色的重要思想，这似乎给我们造成这样一个印象，似乎维特根斯坦提出了一种关于颜色的理论，或者说，他的这些论述构成了一种独特的颜色理论。然而，事实上，维特根斯坦并没有提出这样一种理论，他的论述也并不构成这样一种理论，因为他所有关于颜色的论述都是围绕着语言的用法展开的。

在《逻辑哲学论》中，维特根斯坦对颜色问题的讨论基本上是在逻辑的范围之内展开的，处理的是对象性质问题。全书共有六处讨论了颜色概念，并使用了"颜色空间"概念，都是为了说明对象的存在是不依赖于任何具体颜色的，所以，"对象是无色的"（TLP，2.0232），颜色不过是"对象的形式"（TLP，2.0251），"空间图像可以描绘一切空间中的东西，有颜色的东西等"（TLP，2.171）。由此可见，维特根斯坦在这里讨论颜色问题的目的完全是借由关于对象问题的讨论，把颜色归属于对象的性质，一种并非由对象自身决定的性质。在他与维也纳学派成员的讨论中，颜色概念也不是他关心的核心。如上所述，在维特根斯坦那里，颜色问题不过是他借以说明命题表达方式的一个例证而已。显然，在维特根斯坦的早期思想中，他并没有提出关于颜色问题的理论，他对颜色问题的论述也构不成一种专门的颜色理论。

同样，在《论颜色》中，维特根斯坦也没有提出任何一种颜色理论。他明确地说："我们并不想确立一种颜色理论（既不是一种生理学的理论，也不是一种心理学的理论），而是提出一种关于颜色概念的逻辑。这实现了人们通常对一个理论所错误希望的东西。"（RC，Ⅰ，22）根据维特根斯坦的思路，当我们谈论颜色的时候，我们总是希望把某个颜色解释为某个对象的性质，用颜色来规定对象或描述对象；如果我们不能设想某个颜色，似乎也只是因为我们不知道我们可以设想的对象是什么。然而，如同我们在电影院里观看电影一样，我们不会把银幕上的颜色看作是银幕背后的东西所反射的，而是将其看作银幕接受某个光而形成的影像。这意味着，我们不会把颜色看作我们所要谈论的对象，而只是把它看作我们用于描述我们所谈论的东西的方式。所以，当我们谈论某个颜色的时候，我们不是在确定某个颜色的存在，而是在讨论与这个颜色相关的其他东西，或者是说，我们是在用谈论颜色的方式描述我们所观察的事物。

在《论颜色》中，维特根斯坦还专门讨论了歌德的颜色观点，说明歌德的观点也并没有构成真正的颜色理论。他说："歌德关于光谱颜色构成的理论并没有被证明是一种令人满意的理论，它甚至完全不是一种理论。它并没有预测任何东西。它不过是我们在詹姆斯（W. James）心理学中所看到的那种模糊的大致框架。并不存在什么实验数据可以决定赞同或反对这个理论。赞同歌德的人相信歌德正确地看到了颜色的性质。而这里的性质并非从实验中得到的，而是存在于颜色概念之中。对歌德来说无法反驳的是：黑暗无法带来光明——正如越来越多的阴影并不产生光明。这可以表达为：我们可以把紫色称作红-白-蓝色，或把棕色称作黑-红-黄色——但我们无法把白色称作黄-红-绿-蓝色，或类似的颜色。光谱实验的东西既不会肯定也不会否定这一点。然而，如果说'只要观察自然中的颜色，你就会看到它就是这样的'，也是错的。因为观察并不会教会我们任何关于颜色概念的东西。我无法想象歌德的关于颜色特征和颜色构成的评论对画家会有什么益处，它们对装饰家也没有什么益处。眼睛血红的颜色作为一种壁挂的颜色可能会有极好的效果。人们在谈论颜色的性质时，总是想到它被使用的某一种特征方式。如果有一种关于颜色协调的理论，它或许在一开始就要把颜色区分为不同的组，禁止某些混合或结合，而允许另一些的组合或结合。而且，就协调而言，它的规则一定是没有得到任何证明的。"（RC，Ⅰ，70-74）

从这一大段论述中我们可以看出，在维特根斯坦看来，一种颜色理论应当具备这样几个条件：第一，它必须具备一定的预测能力，能够对颜色的出现预先给出一种明确的解释；第二，它必须是从实验中获得可靠的数据，由此可以判断一个理论究竟是可以赞同还是应该反对；反之，仅仅通过概念分析无法构成一种真正的颜色理论；第三，观察并不会提供任何可靠的颜色理论，我们无法从观察中得到关于颜色的任何知识；第四，一种颜色理论的规则一定是无须证明的，至少是由这个理论本身预设的。根据这些条件，显然，歌德的颜色观点并非是一种真正的颜色理论，因为它既不符合这些条件，也对我们关于颜色的理解以及运用毫无益处。同样根据这些条件，维特根斯坦本人对颜色的论述也并没有提出一种颜色理论，也不构成任何一种颜色理论；相反，正如他本人所说，他不过是在讨论颜色词的不同用法。

三、维特根斯坦的颜色观点与其后期思想

虽然维特根斯坦一生都在哲学中讨论颜色问题，但由于《逻辑哲学论》对颜色问题的关注更多是与逻辑形式有关，并已经得到较为确定的解释，而维特根斯坦在其后期哲学中对颜色问题的讨论却始终处于谜团之中，因此，学者们更多关心的是他在后期哲学中对颜色问题的讨论。这就自然会引出他的颜色观点与其后期思想之间究竟是何关系的问题：维特根斯坦在其后期主要关注的是语言的具体使用，并试图通过揭示语言的不同用法来说明哲学错误产生的根源，那么，他对颜色的评论也可以做如此解释吗？或者说，他对颜色的评论是否可以看作他后期关于语言游戏思想的一部分？

　　我认为，要回答这个问题，我们首先需要了解维特根斯坦在其后期哲学中主要是在研究什么。通常认为，维特根斯坦 1929 年重返剑桥后开启了新的哲学旅程，从对语言的逻辑研究转向了对语言的用法研究。表面上看，我们从《哲学研究》中的确能够读到类似的说法，如"意义在于用法"；然而，如果我们仔细考察一下维特根斯坦在 1929 年之后形成的各种观点，我们就会发现，他的目的其实并非简单地指出语言的用法对确定意义的决定作用，而是要进一步追问，当我们在使用语言的时候我们究竟是在做什么。关于这个问题，根据传统的理解，语言被赋予了各种不同的功能，当我们使用语言的时候，无非就是在完成这些功能。因而，对语言功能的理解决定了我们对语言的使用。然而，这种静态的语言分析并不能满足维特根斯坦的兴趣，他试图提出的却是另一种视角，即我们在使用语言的时候是否清楚地意识到我们在做什么。这是一个比给出语言用法本身更为重要的问题，而这个问题显然也只能在考察语言的各种具体使用中得到回答。这就是为什么维特根斯坦在他后期的所有论述中都在集中描述语言的各种不同用法，而不是对这些用法给出某种理论上的说明或逻辑上的分类的主要原因。由此可见，维特根斯坦讨论语言用法不是为了研究这些用法（无论采取什么方式），而是为了说明，当我们在使用语言的时候，我们一定要知道我们在用语言做什么。而哲学错误的产生，正是因为我们不知道这一点但却自以为知道。这才是维特根斯坦提出后期思想的重要原因。

　　只有理解了这个出发点，我们才能理解维特根斯坦在其后期所提出的各种观点，也才能真正理解他对颜色问题的所有讨论。如前所述，维特根斯坦关于颜色问题的讨论是在为颜色词这种特殊的语言表达寻找一个恰当的方式，即颜色词本身的日常使用方式。因为我们通常对颜色词的使用更多地考虑到这些词的指称对象，以为如同我们所使用的其他语词一样，颜色词可以用于指称语词所指的对象；而且，颜色词本身的特殊性，即明确指向某个具体颜色，也在误导我们以为存在这样的对象。然而，事实上，根据维特根斯坦的分析，不仅根本不存在可以明确规定的具体颜色，如"红色""黄色"等（因为这些颜色都是由于其他的过渡色而成为自身的），而且我们用这些颜色词去指称它们的时候，也并不是真的在意谓它们，而是在表达其他的意义，例如，在说出"某个颜色比另一个颜色更白一些"时，我们不是在谈论白色，也没有指向白色，而是在做一个比较工作，是在进行类似逻辑的推理工作。所以，当我们在使用颜色词的时候，我们并不是在谈论颜色本身，而是在谈论使用了颜色词的其他事情，比如断定某个事物的性质，或者进行某个或某些性质的比较等。或者说，当我们使用颜色词的时候，我们不是在谈论某个具体的颜色，而是在谈论与其相关的其他颜色，如过渡色。但是，维特根斯坦提出："混合颜色和'过渡色'之间是什么联系呢？我们在一个语言游戏中谈论的显然是过渡色，我们在这个游戏中不会通过混合颜色而带来任何颜色，而只是选择现有的形状。但过渡色概念的一个用法是，承认了产生一种特定形状的混合颜色。"（RC，Ⅱ，34）由此，维特根斯坦认为，无论我们在使用何种颜色词的时候，我们都不是在谈论颜色本身，而不过是在谈论颜色词的使用方式而已。

维特根斯坦还认为颜色概念类似于感觉概念。正如没有纯粹的感觉概念，所以，也没有纯粹的颜色概念。这里所谓的"纯粹"，是指完全没有其他成分的掺入而能保持自身的完备性，在维特根斯坦看来，这至少对于感觉来说是很难做到的，因为感觉本身就是我们对当下活动的一种表达方式而已。同样，对于颜色概念而言，也不存在纯粹的颜色，因为"各种颜色概念一定是紧密相连的，各种'颜色词'有相关的用法，但另一方面，又存在各种各样的差别"。"毕竟，颜色概念的不确定性存在于相同颜色概念的不确定性中，也就是说，存在于比较颜色的方法之中。"（RC，Ⅱ，75，78）这样，维特根斯坦就完全把我们对颜色词的使用看作是一种语言游戏，我们使用不同的颜色词也就意味着我们是在玩不同的游戏。对于拥有不同颜色词概念的人来说，使用颜色词的游戏也是各不相同的。他明确地说："'颜色'不是拥有确定属性的东西，所以人们可以直接去寻找或想象我们所不知道的颜色，或者去想象某人了解不同于我们所知道的颜色。在某些情况中，我们会说他人知道我们所不知的颜色，这是可能的，但我们不需要这样去说，因为对于我们应当看作恰好类似于我们的颜色的东西，并没有任何标志使得我们可以这样去说。这就类似于这样的情况，我们谈论红外'光线'；有充分的理由可以这样去做，但我们也可以把这叫作一种误用。"（RC，Ⅱ，127）无论如何，在维特根斯坦看来，我们对颜色词的使用只能是一种语言游戏。

正是从上面的分析出发，我们可以清楚地看到，维特根斯坦对颜色词的讨论完全是为了表明这些词在语言游戏中的用法，力图说明它们的不同特点在于，当我们在使用它们与其他语词的时候并非是在指称任何颜色本身，而是在意味着其他相关的事情。这种讨论方式完全符合维特根斯坦整个后期思想的基本思路，因此，可以把他对颜色词的讨论看作他后期哲学的重要组成部分。

第四章 ｜ 维特根斯坦的"哲学语法"概念

近些年来，国内外哲学界在维特根斯坦思想研究中，逐渐关注到维特根斯坦的"哲学语法"，特别是试图从当代哲学的视角解读他的语法概念的思想内容〔如福斯特(M. N. Forster)、陈嘉映、韩林合〕。我在阅读过程中发现，维特根斯坦对"语法"概念的使用完全不像我们想象的那样严格，而如何理解"哲学语法"概念实际上就意味着如何理解维特根斯坦哲学。

一、维特根斯坦对哲学性质的理解

维特根斯坦的思想和我们对哲学本身的理解有很大的差距。通常意义上的哲学概念强调的是一种概念推演或理论构造，即使是谈到分析方法，也是把哲学看成可以被利用的东西，也就是用哲学的方法做事情，通过学习哲学掌握一种独特的做事方式。但是，维特根斯坦更多强调的是，当我们要做哲学的时候我们才真正知道哲学的危害。在这个意义上说，维特根斯坦要做的工作，不是要做哲学研究，而是要做消解哲学的工作。

当然，维特根斯坦的工作不是要提出对哲学性质的一种新的理解，而是提出一种关于人的精神世界究竟如何来判断我们应当获得的关于世界的总体把握的方式。这是维特根斯坦终生都在做的工作，因此，维特根斯坦哲学的变化仅仅是表面的，我们通常把他的思想发展分为几个阶段，但维特根斯坦思想发展的内在统一性和连续性却是通过他一生关心的核心问题表现出来的。这个核心问题就是，我们如何以语言的方式去把握人类理智对世界的了解程度。这种内在的驱动力带动了他的早期、中期和后期哲学思想的发展过程。

在早期哲学阶段中，他的主要目的是要建立一种理想化的逻辑语言来说明这个世界是按照这样的逻辑语言方式构建起来的。《逻辑哲学论》虽然言简意赅，但其中包含了大量对当时逻辑学成果的最新最概括的总结。同时，维特根斯坦也显露出他对哲学的一种截然不同的理解。他在《逻辑哲学论》中说："哲学不是一种理论，而是一种活动。"（TLP，4.112）由此我们能够看出，他是以活动的方式把握我们通常理解的哲学研究，但是这个活动不是我们用现有的一种理论主张去分析我们所面对的现实或者是各种理智问题的活动，而是一种消除我们的日常语言可能给我们的思维带来麻烦的活动。所以，他说哲学是一种清理思想的活动。《逻辑哲学论》构建的思想方式，在很大程度上就清楚地表明，他的切入点是以讨论语言的方式来讨论人类理智或人类认识如何把握世界的问题。他想要把对整个世界的理解建立在逻辑语言层面上，他在书中给出的所有命题都是关于那些可以说的东西所表达的思想，而不是关于那些不能说的东西所表达的思想。维特根斯坦试图用一种清楚的逻辑语言表达这样一个世界，说明我们所能够认识的世界不过就是语言中的逻辑向我们揭示的这个世界。这是一种很强的逻辑主义主张。

在中期哲学阶段的《关于数学基础的评论》和《哲学评论》等著作中，维特根斯坦反复强调，我们通常是考虑如何能够根据我们对逻辑的常识性理解来把握我们对语言的用法，因为逻辑的常识理解就是我们建构一套逻辑系统，根据这个逻辑系统可以给出我们关于世界的整体描述。所以，逻辑学家们都乐观自信地认为逻辑是可以描述世界的。然而，维特根斯坦指出，以为能够用逻辑的方法完整地描述世界，这个想法本身就是可疑的。由此他开始考虑，世界描述的逻辑可能性在多大程度上可以像他在《逻辑哲学论》里给出的那样，是一种完整的世界构造。他在与维也纳小组成员讨论时就明确提出，他不再相信《逻辑哲学论》描述的关于逻辑世界的所有说法，他表达了另外一个概念，即"证实"，就是要证实我们所用的所有逻辑说法是否能够被直接作用在我们的语言活动当中。如果不能够被证实，那么我们所使用的逻辑本身也可能存在"无意义"的情况。由此可见，在他看来，语言和逻辑两者之间发生了一种分裂。维特根斯坦在早期哲学中对语言和逻辑的关注是一体的，因为所有关于语言的讨论都是在逻辑层面上进行的。但是在 1929 年之后，他的思想发生了变化，他关于逻辑的讨论与他对语言本身的关注之间出现了裂痕：他不再坚持《逻辑哲学论》里提供给人们的语言逻辑，而是试图说明对语言的讨论不仅仅是或者主要不是逻辑的，更重要的是要关心如何以语言的方法来把握这个世界，以语言的方法来把握我们所能够给出的关于世界的描述是否符合人类理智所希望达到的目标。

在《哲学研究》中，维特根斯坦明确指出，哲学应当只做描述之事，哲学本身不需要解释，哲学仅仅是用来描述我们所能够描述的事情，这是哲学可以做的事情。这是他整个后期哲学中提出的关于哲学的最具有积极意义的说法。在他看来，哲学的问题体现为我们用来表达思想的方式没有清楚明白地告诉我们真正要表达的东西。因此，哲学的研究方式应当是"综观式的"①。这就是要使我们通常使用的表达式摆脱它所存在的混乱的、模糊不清的境况，使其真正准确地表达思想。这种清晰性不是通过对单个词或者句子的分析来完成的，而是通过一种"综观式"的方式完成的。这就是维特根斯坦的"哲学语法"概念。

二、维特根斯坦的"哲学语法"概念

日常语言理解的语法概念通常是指一套语言规则，实际给出的是一种基本规则。但维特根斯坦并不在这种意义上理解他提出的"哲学语法"。从维特根斯坦的论述中可以看出，他主要是在游戏的意义上使用规则和语法概念，他把语言活动看作一种游戏，用规则解读游戏，因而

---

① 德文原词为 ubersichtlischkeit，在安斯康姆的英译中，该词被翻译为 perspicuity，在哈克的新的英译本中，该词被译为 surveyability。

用规则来解读语言。这样，他对语法概念的讨论就涉及关于规则的讨论。

然而，但这仅仅是我们对维特根斯坦的一个表面理解，或者叫日常理解。为什么说是"表面理解"？因为我们并不知道其中两点：第一，如果仅仅是在谈规则概念，我们依然不清楚的是，他为什么一定要把"哲学语法"看作是"综观式"的？第二，如果一个规则能够决定一个语词的用法，那么这是否意味着，只要知道这个规则就可以正确地使用这个语词？但维特根斯坦恰恰是要说明，即使我们以为自己在遵守规则，其实也并不是真的在遵守规则。他反复强调，我们对于规则的使用是盲目的。因而，在这个意义上，我们不能解释为什么我们通常对语法的理解可以采用维特根斯坦给出的"综观式"的解读方式。如果不能回答这两个问题，那么，我们就不能够真正理解维特根斯坦对于"哲学语法"概念的使用。

维特根斯坦的"哲学语法"概念是从一种整体的层面，用一种宏观的方法把握人类语言活动，告诉人们以往所有对语言的哲学研究都错了。他要做的工作就是对语言使用的具体情况进行调查、访问、探测和考察。一旦我们实际考察这些具体情况，就能发现事情并不像我们原来想象的样子；而通过考察活动本身揭示出哲学的特殊性，说明哲学本身已经不是维特根斯坦所讲的澄清概念或者意义的活动，哲学是我们应当消除的一种理智疾病。他把人们对于哲学的理解完全改变了。他试图说明，我们对于世界的理解和把握并不能够超越我们对于语言的认知。一旦要超越对语言的理解，我们就会陷入与以往同样的错误，即乐观地使用语言，以为仅靠语言本身就可以完成对世界的整体理解。

维特根斯坦把语言和游戏等同起来，有一个非常深刻的含义。语言和游戏的等同，并不意味着维特根斯坦把语言游戏看作所谓世界构成或人类活动的基本方式；他把语言理解为一种游戏，是要说明语言跟人类其他所有的活动没有什么差别，不要把语言的作用拔高，表明语言如何重要，人类没有语言就活不下去，人类只有通过语言才能够交流，人类只有借由语言才能够认识世界，等等。如果以这样的方式认识语言的重要性，我们就一定会走入歧途。因为我们就会构造一套关于语言的理论，就会想方设法使这样的语言能够更好满足人的理智要求，但这恰好是维特根斯坦反对的观点。所以，他把语言比作游戏是要说明，当我们用语言这种活动来显示我们的世界以及我们的生活方式的时候，它和我们人类的其他活动没有根本差别。维特根斯坦的整个后期哲学都是在做一件事，就是试图通过包括语言在内的所有人类活动，显示我们无法用语言或者人类活动本身去表达的生活方式。

在《论确实性》中，维特根斯坦反复强调，所有需要探求的东西都有一个不能够再追问的基础，这个基础就是所谓"思想的河床"。只有建立在这个基础上，我们才能够树立起人类知识的大厦。然而，维特根斯坦提出的这个"没有基础的基础"的思想，却存在致命的矛盾：如果不承认没有基础的东西存在，我们必定会继续追问一切思想的基础，并最终导致无穷后退；但是，如果承认这样的东西存在，我们就会问这样的东西究竟是什么，在对这种东西做出解释的时候就会违反最初的出发点，即思想的基础不能是思想本身。美国哲学家戴蒙德（Cora Diamond）认为，维特根斯坦的想法不是像我们所理解的那样是为了满足某种人类知识的要求，而是为了满足人类最神秘的，也是最深刻的情感要求。而这个情感的要求是通过另外一种形式呈现的，这就是信仰。就是说，我们是通过信仰的方式决定那个不能追问的、最基础的东西。但是，维特根斯坦的思想似乎并不能这样加以解释，因为他完全不会把信仰作为自己思想的最后根基。在这个问题上，维特根斯坦作为一个思想家，他不会简单接受某一个信念作为哲学的依据，他不过是在表明，如果作为人类所有知识的构成，如果我们能够相信人类可以去接受对外部世界的理解或者形成我们自己人类生活特有的思维模式的话，那么背后一定有一个东西在支撑着我们对世界的全部理解。对这一点他是坚信不疑的。这就是他所谓的"综观式"的观点。

三、作为"综观式"观点的"哲学语法"

所谓"综观式"观点，就是一种宏观的把握，就是概括式的说明。但是，这个词本身还有另外一个含义，就是"探测""测绘"等。它是一个量化的说法，不是一个定性的说法，是要表明我们对这个世界的理解建立在我们对这个世界一点一滴的详细测量、考察、调查的基础之上。维特根斯坦整个后期的工作都是建立在这样一种方式之上，就是不给出一种一般性的理论主张，甚至不给出一个口号来说明他的哲学就是以这个为代表的，而通常认为代表维特根斯坦后期思想的口号，实际上都只是抓住了维特根斯坦的只言片语来解读他的思想的结果。我认为，只有从"综观式"这个概念入手，才能够真正理解他给出的"哲学语法"。

维特根斯坦的"哲学语法"概念说明了一个概念或者想法，这个想法就是，我们必须要以一种宏观的方式把握我们所从事的每一个具体的语言活动。但这个语法并没有规定具体的规则是什么，所以，维特根斯坦说，制定规则的时候并没有告诉人们只能够按照这个规则行动。所有的语言活动或者人类的很多活动都不是完全地、严格地按照规则来实行的，但是所有的人类行动都会被用规则来加以解释，因而用规则来解释行动变成了遵守规则的一个前提。但实际上，我们对规则的理解并不是在先的，而是滞后的。我们能够规定我们如何去说话，但是我们不能够规定一个人在具体的情况下说什么话。人类所有的话语都是按照规则来说的，这个规则就叫作语法，但是语法并没有规定了在什么情况下只能说这个话，或者不能够说这句话。因此，对语法的理解具有比较宏大的意义。它不是在规定每个具体的语言活动，而是在规定所有的语言活动必须遵循的基本原则。只有在这个意义上理解维特根斯坦的语法概念，我们才能够把握他要表达的核心思想。

我们知道，维特根斯坦的后期哲学对语言本身的重视，在于把语言还原到人类的日常活动，使它从形而上学的用法还原到一个经验的、日常生活的用法。把语言还原到经验，把语言活动还原为日常用法，这不是对语言的贬损，而恰恰是对语言活动重要性的提升。维特根斯坦正是通过这种方式强调，关于语言的说法如何能够深切影响到我们对于世界的理解。他说：

　　我们越是细致地考察实际的语言，这种语言与我们的要求之间的冲突也就越加尖锐。……这种冲突变得不可容忍；这个要求面临变成空洞之物的危险。——我们站立在光滑的冰面上，那里没有摩擦，因此在某种意义上说条件是理想的，但也正因为如此，我们无法行走。我们想走，我们就需要摩擦。让我们回到粗糙的地面上去吧！(PI，§107)

当我谈论语言(词、句子等)时，我必须用日常语言来谈。这种语言对我们想说的东西来说是否有些过于粗糙、过于形体化呢？那又应该怎样构造另一种语言呢？——我们竟然能够用我们现有的语言做某些事情，这真是多么奇怪！(PI，§120)

我们之所以不能理解，主要根源在于我们没有看清我们对词的用法。——我们的语法缺乏这种综观。综观的表达能导致理解，而理解恰恰在于我们"看出联系"。因此，对中间环节的发现和发明是至关重要的。综观的表达这个概念对我们有极其重要的意义。它标志着我们的描述形式，我们观察事物的方式。(这是一种"世界观"吗?)(PI，§122)

那么，这里的"理解"是什么概念？这就是通过联系来确定每一个点。我们在经验世界中看见的都是一个点、一件事、一个人或者乃至一个活动等，但是我们在对这些的解读中却读出了超出这个世界本身的内容。我们正是通过对这个点的扩展式阅读，理解了这个点所具有的真实内涵。

根据现代集合论，在所有的集合点上，当我们要确定某个点，我们是在谈论与这个点相关联的其他点。我们关注的是这种联系，因为每一个点都是由这个点和其他点之间的邻域关系确立起来的。在不同的点之间所造成的极限点，最终决定了每一个点的性质和内容。拓扑学强调的就是点与点之间、线与线之间的关系，而不是点与线之间的关系。点与点的关系或者线与线的关系决定了面的性质。在拓扑学的概念中，所有的线并不是构成一个面，而是相反，所有的面只能够通过线与线之间的连接、线与线之间的交叉所构成，这种交叉也有共面，它都是通过线与线之间的关系建立起来的。在拓扑学中，两点之间的距离是不通过面本身来决定的，是通过空间的弯曲来完成的。只有在真正的拓扑空间中，我们才能真正把握点、线、面三者之间的关系，而传统所理解的平面上的点、线、面的关系只是现代拓扑学中关于所有的点、线、面之间关系的一种解释。（如同牛顿力学是现代物理学中的一种解释，但它不能作为现代物理学的全部。）

维特根斯坦所说的"发现和发明中间环节"，就是那种连接点，是我们用于理解世界的综观表达的"哲学语法"。这正是维特根斯坦在他的《哲学研究》中强调的概念。它的真正作用在于，它标志着我们所能给出的所有描述以及看待事物的方式，只有通过"哲学语法"这种方式，我们才能理解世界是如何构成的。

第二部分

当代哲学中的维特根斯坦形象

第一章 | 维特根斯坦与当代哲学家

一、维特根斯坦与弗雷格

1911 年初秋一个阴冷的下午，在德国耶拿城的火车站，耶拿大学数学系教授戈特洛布·弗雷格(Gottlob Frege)正在给维特根斯坦送行。即将大学毕业的维特根斯坦正在为自己的未来设计出路。他读过罗素的《数学原则》，从书的附录中了解到弗雷格在建立严格的逻辑体系方面所做的工作，于是利用假期到德国耶拿专程拜访弗雷格。

这是一幅真实的历史情景。当时已经有一些名望的逻辑学老教授弗雷格热情而又耐心地向前来拜访的年轻的初学者维特根斯坦介绍了自己的研究成果，并认真地听取了这个崇拜者对逻辑性质的一套看法。然而，遗憾的是，弗雷格似乎并没有理解维特根斯坦的想法，因为他认为自己无法接受维特根斯坦希望跟随他学习逻辑的请求，所以就建议维特根斯坦去剑桥找罗素。在等候火车的时候，维特根斯坦随意提到对某个人的言行评价，弗雷格的回应是："没有弄清自己所使用的语词的含义，怎么能够使用它们呢？"①这是有历史记载的维特根斯坦和弗雷格之间最后一次的个人谈话。因为事实上，这是他们之间唯一的一次见面。随后，维特根斯坦曾与弗雷格有过多次书信往来。但据考证，弗雷格给维特根斯坦的所有信件都被销毁了，由此还曾引起后人对维特根斯坦个人品行的猜疑。因为维特根斯坦是有收藏来信的习惯的，特别是对重要人物的来信更应当是如获至宝。在所有的来往书信中，唯有弗雷格的来信被毁，这就只能留待后人对弗雷格来信的内容进行猜想了。

当然，维特根斯坦并非小肚鸡肠之鼠辈，他非常重视弗雷格思想对他的影响。虽然维特根斯坦关于逻辑性质的看法并没有得到弗雷格的理解和肯定，但他仍然在硝烟弥漫的战壕中完成了《逻辑哲学论》的手稿并坚持转交给了弗雷格一份，希望能够得到他的意见。但让他又一次失望的是，在他返回维也纳之后收到的弗雷格的回信中，弗雷格再次表示自己无法理解手稿中的思想。尽管如此，维特根斯坦在为出版而专门写的导言中，仍然明确地把弗雷格的著作看作是自己思想的两个主要来源之一，另一个就是罗素。而且，在书中，维特根斯坦也反复提到弗雷格思想的重要性。

---

① G. E. M. Anscombe and P. T. Geach，*Three philosophers*，Oxford，Blackwell，1961，p. 157.

历史地说，弗雷格是带领维特根斯坦真正进入哲学之门的领路人：首先是弗雷格的逻辑思想使维特根斯坦对逻辑和哲学的性质产生了兴趣；其次是弗雷格让维特根斯坦去找罗素，从而使维特根斯坦有可能在罗素的影响下完全投身于哲学事业；最后是弗雷格对维特根斯坦思想的批评，使得维特根斯坦意识到自己看法的局限性。这些都已经深深地铭刻在了 20 世纪西方分析哲学的历史碑文中。

二、维特根斯坦与罗素

在维特根斯坦的一生中，罗素就像一个影子一样始终伴随在他的左右。他们之间的关系完全可以写成一部具有传奇色彩的小说——他们在第一次世界大战前后的经历、他们在海牙的见面、他们为《逻辑哲学论》的出版所做的努力，这些都可以成为文学作品的有趣题材。

在个人关系上，罗素既是维特根斯坦生活中慈父般的长者和导师，又是维特根斯坦思想上的朋友和对手；他既是维特根斯坦前期思想的宣传者，又是维特根斯坦后期思想的反对者；他们在逻辑思想和哲学观念上的相近和分歧，使得他们共同度过了许多不眠之夜。维特根斯坦清晨的敲门声又多少次惊醒了罗素甜蜜的梦境；维特根斯坦写下的文字，让罗素时而感到悲观，时而感到惊喜。在罗素的书房、在维特根斯坦的寝室、在剑河旁、在小桥边、在咖啡馆里、在国王学院的草坪上，到处都留下了他们的足迹和身影。罗素亲切地把维特根斯坦称作"我的德国人"，而维特根斯坦则把罗素叫作"一个真正的人"。但在他们的所有谈话中，只有一个主题，那就是逻辑以及由此引出的哲学。

在哲学上，罗素和维特根斯坦相互影响，但又各自独立；既有逻辑原子主义哲学上的互补，又在许多重要哲学问题上存有分歧。罗素与维特根斯坦共同倡导的逻辑原子主义思想如今主要地被归功于罗素。但实际上，罗素从维特根斯坦那里得到的启发，远比他的学生从老师那里学到的还要多。至少，他们所共同倡导的逻辑原子主义，与其说来自罗素，还不如说是来自维特根斯坦，因为罗素的思想正是在与维特根斯坦的讨论中形成的，而且他自己也承认，他的逻辑原子主义主要来自维特根斯坦在 1911—1912 年所写下的《关于逻辑的笔记》。

不过，在维特根斯坦看来，他与罗素之间的分歧多于一致。比如，罗素在对数学和逻辑的研究中始终没有放弃追求建立完善的哲学理性大厦的理想，因而他的思想前提是获得哲学的价值；与此不同，维特根斯坦似乎并没有如此大的哲学抱负，他的目的只是弄清语言逻辑的基本结构，以便使我们能够清晰明白地表达我们的思想。而且，在罗素看来，人类的理性能力足以认识和把握外在的世界，因而对我们的认识来说，不存在任何神秘之物；但维特根斯坦却坚持认为，我们的认识能力是非常有限的，我们可以认识和表达的只是世界的一小部分，还有更大的部分是我们无法表达的，甚至是无法认识的。在如何理解世界的逻辑构造上，罗素与维特根斯坦之间也存在着明显的分歧。罗素认为，构成世界的基本成分是原子事实，表达原子事实的命题称为原子命题，由原子命题构成分子命题，并最终构成对整个世界的描述；而在维特根斯坦看来，构成世界的应该是他所谓的"事态"。"事态"与"事实"的区别在于，前者是世界存在的一种状态，它不包含这种状态发生或发展的过程，而只是当下被表述或被描述的情形，例如"苏格拉底很聪明"；"事实"则是指构成事实要素的关系项之间的活动或过程，它既包含了事态，也包含了不同于事态的关系，如"苏格拉底是柏拉图的老师"。

维特根斯坦与罗素之间的这些思想分歧特别表现在，维特根斯坦从一开始就抱怨罗素并没有真正理解他的思想。无论是在他们的长时间讨论中，还是对罗素后来为他的《逻辑哲学论》所写的长篇导论，维特根斯坦都一再指出，罗素并没有把握他的思想。从罗素对他们之间讨论的多次记载中我们可以看到，事实上，讨论往往是以维特根斯坦为中心的，由维特根斯坦提出问题，然后对罗素的回答不断地进行反驳，以求最后得到对问题的澄清。这显然是一种苏格拉底式的"辩证法"。

三、维特根斯坦与卡尔纳普

维特根斯坦生性多疑，总是处理不好与他人的关系：或者是怀疑他人与他的接触是别有用心；或者是认为他人总在剽窃他的思想，特别是在与其他哲学家的交往中。他与卡尔纳普的关系就是如此。

作为维也纳小组的成员，卡尔纳普参加了对《逻辑哲学论》的每周讨论，并对维特根斯坦的思想表示了敬佩。他在回忆录中曾提到与维特根斯坦第一次见面时的情形："1927 年夏天，我们三人（指石里克、魏斯曼和卡尔纳普。——引者注）与维特根斯坦见了几次面。在第一次见面之前，石里克再三告诫我们，谈论时不要引起我们在小组中所习惯的那种讨论，因为维特根斯坦这个人在任何情况下都不喜欢这种讨论，甚至提问时还应当极其小心，因为他非常敏感，直截了当地提问容易使他感到不安。石里克说，最好的方式是让维特根斯坦谈，只有在十分需要他作出解释时，我们才可以小心翼翼地提些问题。当我见到维特根斯坦时，发现石里克的忠告是完全必要的。但他的举止并不给人以傲慢的感觉。一般说来，维特根斯坦富于同情心，而且心地也十分善良；然而他过于敏感，容易激动。维特根斯坦的谈话无论关于什么内容总是那么有趣，令人兴奋，而且他所选择的表达方式又总是那么令人着迷。他的观点以及他对人和各种问题、特别是理论问题的态度更像一个富于想象力的艺术家，而不像一个科学家。几乎可以说，他像一个宗教中的先知或预言者。……维特根斯坦给我们的印象是，他的思想是通过天才般的灵感获得的，这不禁使我们觉得，对于它们的任何一种严肃而合理的评注或分析都将成为某种亵渎。"①

在思想上，卡尔纳普自己承认，维特根斯坦是除了罗素和弗雷格之外对他思想产生重要影响的人物之一。他从维特根斯坦那里得到的最为重要的观念是，逻辑陈述的真只是基于这些陈述的逻辑结构和语词的意义，逻辑陈述应当是在任何可以想象的情况中都为真；所以，它们的真独立于世界的偶然事实。反过来说，这些陈述对世界也就并没有任何说明，因此也就没有任何事实的内容。这就是维特根斯坦所说的，"逻辑命题都是同义反复"。（TLP，6.1）卡尔纳普从维特根斯坦那里得到的另一个重要思想是，许多哲学句子，特别是传统哲学中的句子，都是假句

---

① ［美］卡尔纳普：《卡尔纳普思想自述》，39—40 页，上海，上海译文出版社，1985。

子，没有任何认识内容。但卡尔纳普又认为，维特根斯坦的这个思想非常接近于他先前在反形而上学的科学家和哲学家的影响下所提出的观点，而维特根斯坦的思想不过是更加坚定了他自己的看法。

当然，卡尔纳普对维特根斯坦思想的接受从一开始还是有所保留的。随着他们之间讨论的深入，他与维特根斯坦在思想上的分歧就更加明显。从第一次见面起，卡尔纳普就意识到维特根斯坦与他和石里克等人之间的重要区别，这特别表现在他们对哲学性质的不同态度上。正像卡尔纳普自己说的那样，维也纳小组成员大多出身于自然科学，所以他们对待哲学的态度就像科学家一样，但维特根斯坦则更像是艺术家或宗教领袖；而且在对待传统形而上学的态度上，维特根斯坦对形而上学的抛弃与维也纳小组相比是有所保留的，这在他对伦理学、美学以及宗教的论述以及关于神秘的不可说的东西的论述中得以体现。

维特根斯坦与卡尔纳普个人之间的良好关系只保持到 1928 年，到 1929 年年初，维特根斯坦就明确地向石里克表示他只愿意与石里克和魏斯曼见面，这就正式断绝了与卡尔纳普的个人关系。导致这种分手的重要原因，是维特根斯坦指责卡尔纳普在《世界的逻辑构造》这本书中剽窃了他的思想。虽然从 1929 年 12 月到 1930 年 2 月，维特根斯坦仍然经常从剑桥回到维也纳参与维也纳小组的讨论，但这时的卡尔纳普已经失去了对维特根斯坦思想的信任，更多的是对他的批评和反驳。卡尔纳普对维特根斯坦的评价是："维特根斯坦的情感生活和理性思维之间存在着尖锐的内部冲突。"[①]

---

① ［美］卡尔纳普：《卡尔纳普思想自述》，41 页，上海，上海译文出版社，1985。

四、维特根斯坦与海德格尔

在论及维特根斯坦与当代欧洲大陆哲学的关系时，他的思想通常被与海德格尔的存在哲学相提并论，两者之间被看作有着深厚的思想渊源。有人甚至把他们两人的思想归于同一种哲学形式，如罗蒂（R. Rorty）把他们看作是所谓的"教化哲学"的主要代表人物。从某种哲学倾向上看，维特根斯坦的思想特别是他对基础问题的研究思路，与海德格尔的哲学精神的确有着一些相似之处，比如，维特根斯坦强调对基础问题的研究，这种基础不是指某个学科或哲学自身的基础，而是指人类生活的基础或人类文化的基础。正如他自己所说，他对建构一座大厦不感兴趣，而是更关心大厦的基础。这与海德格尔的哲学思路是一致的。海德格尔认为，解决存在问题的关键是弄清这个问题的基础，认识到存在问题本身对整个本体论或存在论的基础性意义。

维特根斯坦思想中有一条重要线索，这就是关于可说与不可说的界限。前期思想中，他把思想的界限划定在可说与不可说之间，不仅强调了语言的界限就是思想的界限和世界的界限，而且坚持不可说之物的神秘性。而在后期思想中，他则希望用描述语言游戏的方式"显示"这种不可说之物，并使思想的界限消失在具体的语言活动之中。这种对语言极限的认识与海德格尔对语言的认识是一致的。因为海德格尔在他的后期就竭力表明，抽象的、概念的语言是有限的，有许多东西是无法用这种语言表达的，因而是神秘的。在这种意义上，在某种特定的场合，"沉默"恰好是一种真正的理解。

　　追求基础的不可怀疑性和确定性，是维特根斯坦后期思想中的重要内容。在他看来，语言游戏中的遵守规则不是一个能够给出理由的行为，因为一旦能够这样，也就意味着我们同样可以对这种行为提出怀疑，而遵守规则行为本身却是不可怀疑的，就是说它是不假思索的，可以不对这种行为提出任何理由或根据。因为，遵守规则就是语言游戏本身。这种对基础的确定性追求，同样符合海德格尔的思想。海德格尔就强调，思想本身是一个无须证明的过程，如果用科学的分析方法来解释思想，我们就不会把握思想的真谛。

　　然而，尽管维特根斯坦与海德格尔都把语言当作他们研究的中心，但他们对语言的理解以及处理语言的方式却是截然不同的，而这种不同恰恰反映了分析哲学与存在哲学之间的根本区别。维特根斯坦前期使用的是逻辑的语言，他的研究方式是明显的逻辑分析；而在他后期思想中，日常语言的使用是他关注的内容，研究的角度已经从静观的分析转向了动态的参与。在维特根斯坦思想发展的整个过程中，语言研究不是手段、途径、方法或阶段，而是目的、内容、结果和一切。所以，我们在他的思想中会看到，语言的界限就是他思想的界限和世界的界限。然而，在海德格尔那里，语言被主要地看作是一种手段、途径和方法，语言研究的目的是揭示、展露和显现存在。无论是"语言作为存在的家"，还是"人是语言的存在者"，这些都表明海德格尔把语言看作为存在去蔽的方式这种思想动机。同样，无论是诗的语言还是无言的理解，他都是把语言作为一种道路，人们沿着这条道路会走向存在的深处。

五、维特根斯坦与波普尔

在维特根斯坦的周围，敢于在观点上与他面对面地直接交锋的哲学家为数不多，而波普尔就是其中的一个。他与维特根斯坦之间发生的一段短暂的历史性论战，如今已经被 BBC 的两位资深记者大卫·爱德蒙兹（David Edmonds）和约翰·艾丁诺（John Eidinow）做了详尽的记载，书名叫作《维特根斯坦的拨火棍：两位大哲学家十分钟争吵的故事》。波普尔本人在他的思想自传中对这段事实也做了详细的说明。

根据波普尔的记载，他是被剑桥大学的道德哲学俱乐部（也就相当于剑桥大学的哲学系）邀请前往做关于"哲学困惑"的报告的。由于他知道维特根斯坦曾在《逻辑哲学论》中宣布根本不存在真正的哲学问题，所谓的哲学问题经过分析都可以还原为或改写为逻辑问题。所以，他在报告开始之前就特意把题目改为"有真正的哲学问题吗？"。他的报告时间是在 1946 年 10 月 25 日晚上 8：30，这是道德哲学俱乐部的每周例会时间，通常都会邀请来自不同领域或不同地方的著名学者做一个报告，参加者一般是剑桥大学的哲学教师和研究生。当时担任报告会主席的是维特根斯坦，罗素也参加了这场报告会。在演讲的过程中，波普尔主要分析了当时被看作哲学困惑的问题，而造成这些问题的关键是违反了通常的道德规则。在演讲过程中，维特根斯坦曾多次打断波普尔的讲话，认为波普尔完全混淆了问题，因为在他看来，波普尔所说的所有哲学问题都并不是真正的问题，而是错误地使用语言而已。维特根斯坦一边听波普尔的讲演，一边在用手玩弄着拨火棍。当他听到波普尔提出至少存在某些道德规则时，他随手用拨火棍指向波普尔，质问道："请你给我一个符合道德原则的例子!"波普尔也不甘示弱,马上回应道:"不要带着拨火棍威胁访问学者!"维特根斯坦听后,扔下拨火棍,扬长而去。波普尔后来说,他在这次报告之后还曾收到不少来信,询问他与维特根斯坦之间的冲突。在随后出现的各种说法中,这次冲突被以各种方式夸大了。①

然而,事隔40多年之后,《维特根斯坦的拨火棍》一书却惊人地披露了一些当时报告会参加者的回忆材料,这些材料都在表明"波普尔在撒谎!"比如彼得·芒兹(Peter Munz)写道,维特根斯坦当时并没有威胁波普尔,他只是过于激动,脾气很坏,没有控制住自己;卡西米尔·莱维(Casimir Lewy)则认为,波普尔所讲的故事完全是编造出来的;彼得·吉奇(Peter Geach)甚至说,波普尔在去世前不久曾给他写信,请求原谅他在这件事情上所犯的错误,但吉奇却明确表示他不能原谅波普尔,甚至永远都无法原谅他。约翰·沃特金斯(John Watkins)具体说明了波普尔故事的错误,比如道德哲学俱乐部在邀请信上并没有明确地说是请他做报告,而只是请他对某些哲学困惑做一个开场白(opening re-marks);维特根斯坦作为会议主席,曾打断过波普尔讲话,而他使用拨火棍只是作为示意,而不是威胁;波普尔被要求给出符合道德规则的例子,他的说法还曾引起了大家的笑声;维特根斯坦是在会议结束之前离开的,但不是扬长而去,而是轻轻掩上了房门。

了结这场历史公案的关键是要弄清,波普尔究竟是在维特根斯坦面

---

① ［英］David Edmonds、John Eidinow:《维特根斯坦的拨火棍:两位大哲学家十分钟争吵的故事》,2—3页,长春,长春出版社,2003。

前说过"不要带着拨火棍威胁访问学者!"这句话,还是在维特根斯坦离开之后才说的。如果是在之后,就不存在维特根斯坦用拨火棍威胁的说法。波普尔自己后来也承认,他对这个事件的描述有部分夸大的成分,但他并没有直言究竟是哪些部分被夸大了。或许,在维特根斯坦与波普尔之间所发生的这场历史性遭遇,还会成为后来的学者们(但不是真正的哲学家)不断谈论的话题。

　｜　冬天的维特根斯坦

一、冬日的挪威小屋

　　人们通常认为，秋季是收获的季节，冬季则是休养生息的日子。但在维特根斯坦的一生中，冬季却恰恰是他创作的旺盛期，是他收获思想的季节。早在第一次世界大战的冬日战壕里，维特根斯坦就身披厚厚的军大衣，蹲坐在战壕坑道的木箱上，写下了《逻辑哲学论》的初稿。这本后来带来了西方"哲学中的革命"的著作，又是在冬天被辗转送到了弗雷格和罗素的手中。1919 年的冬天，罗素和维特根斯坦在荷兰海牙重逢，花了整整一周的时间逐句讨论《逻辑哲学论》的手稿。也正是在这个冬天，维特根斯坦开始意识到罗素无法真正理解自己的思想，虽然他与罗素的师生关系已经维持了近八年。有趣的是，《逻辑哲学论》的首次问世也是在冬季，该书于1921年发表在由奥斯特瓦尔德主编的最后一期《自然哲学年鉴》上。该书的问世不仅使维特根斯坦声名鹊起，而且为当时正在维也纳形成的逻辑实证主义提供了有力的思想武器。

维特根斯坦生性喜好离群索居。他给人留下的第一印象往往是不善言辞，内向腼腆。其实，他并不是不愿意与人交往，而是不知道应当如何与人交往。谈起哲学来，他会滔滔不绝，甚至不顾对方的反应和感受；但说起其他话题，他就显得木讷，甚至给人不食人间烟火的感觉。从与他交往过的朋友、学生和周围的人后来对他的回忆中可以看出，维特根斯坦在与普通人的交往中基本上还是比较随和的，比如，他和住在同一个楼里的邻居友好交往，互赠礼物，甚至一起散步聊天。但他与朋友们的谈话很少涉及哲学，他想谈所有的东西，而且总是怀有同样的兴趣。他给人的印象是，他不断地把人们所熟悉的问题说得明明白白，就好像他是第一个看到这些问题似的，这并没有为众所周知的观点所妨碍。例如，他的一个挪威朋友特兰诺伊（K. E. Tranoy）就曾回忆，他原本以为自己对易卜生的戏剧还算了解；但他很快就意识到，维特根斯坦对这些戏剧的理解，比如对《布朗德》的理解，都比他深刻，而且富有创见性。维特根斯坦曾对他说，虽然他在去挪威之前就读过《布朗德》，但只有当他在斯寇尔登生活了整整一个冬天，一个漫长寒冷而又非常黑暗的冬天之后，他才对易卜生的戏剧有了更为充分的理解。

这里提到的斯寇尔登是挪威西部最为遥远、最为原始、也是最为壮观的风景点。它坐落在群山环抱之间，依傍深远蜿蜒的海湾，正是这个海湾使挪威最高的山峰形成一个大岛。这里的自然风景古朴原始，树木郁郁葱葱，一切都保持着自然原本的状况，绝少有人为的痕迹和破坏。早在剑桥读书期间，维特根斯坦就与好友平森特于 1913 年秋到挪威旅行，深深地被这里的景色所打动，使他第一次有了回家的感觉。随后不久，他又独自前往挪威，在斯寇尔登的一个农场住下来，一直住到 1914年的第一次世界大战爆发。他非常喜欢这个国家和它的人民，甚至学会了一口流利的挪威语。1914 年的春天，摩尔专程从剑桥到挪威看望维特根斯坦，记录下了他在整个冬天的思考成果，这就是后来发表的《挪威笔记》。在挪威期间，维特根斯坦习惯于把自己思考的东西随时记在几个笔记本上，这些笔记成为他写作《逻辑哲学论》的重要素材，其中被保留下来的部分后来以《1914—1916 年笔记》为题出版。

在斯寇尔登附近的一个偏僻之处，维特根斯坦为自己盖了一所小屋。小屋的结构极为简单，主要利用当地的木材建造，整个房子体现了维特根斯坦对简单淳朴生活方式的追求。小屋的地基建在高高的峭壁上，高出斯寇尔登湖大约有 80 米。从小屋可以看到特别宽阔的湖面景色和周围的农场，在形成湖面的低矮山脊之外，还可以看到更远的群山环抱的湖泊。同时，这个小屋又非常隐蔽，常人难以接近。从远处看去，小屋仿佛一座农舍，又像是不经意搭建的临时帐篷。的确，这座小屋建造得并不坚固，在维特根斯坦去世后不久，它就在风吹雨打中倒塌了。但当地的农夫还记得，曾经有位沉默寡言的隐居者在这里生活过。

1936 年的夏末，维特根斯坦从爱尔兰的都柏林重返这座小屋，准备在这里隐居下来。他不仅与外界基本上中断了联系，而且与当地的农夫也极少来往。他在那里的主要工作是构思和写作《哲学研究》。由于欧洲政局的恶化，他不得不于 1938 年 1 月返回剑桥，开始讲授数学基础问题。就在这一年，纳粹德国吞并了奥地利。由于不愿意成为希特勒的臣民，这时已年近 50 的维特根斯坦主动放弃了自己的奥地利国籍，申请加入了英国国籍，虽然他并不喜欢英国人刻板严肃的生活方式。

二、爱尔兰的冬季

冬天的爱尔兰比剑桥更为寒冷，所以，冬季去爱尔兰度假或旅游的人寥寥无几。但维特根斯坦却选择了在这样一个寒冷的冬季去了爱尔兰。这是 1947 年的冬天，是维特根斯坦正式辞去他在剑桥大学的教授职位之后。其实，这时他的教授任期并没有结束，但他感觉剑桥的教学生活并不适合他的性格，也不利于他的写作。他在 1947 年夏天给他的朋友马尔康姆的信中写道："我希望一个人到某个地方去写书，并且使我的书至少有一部分可以出版。只要我还在剑桥教书，我绝不可能做这件事情。我还想到，除了写作以外我需要有一段稍长的时间单独地思考，不同任何人交谈。"①他最后选择的地方就是爱尔兰，因为只有在那里，他才会完全脱离喧嚣的尘世，安静地思考和写作。

1947 年 12 月，他住进了爱尔兰的威克洛红十字客栈。这是一个很小的客栈，从都柏林乘公共汽车需要两个半到三个小时才能抵达。客栈里只有他一位客人。正是这样一个安静的环境，使维特根斯坦能够开始

① ［美］诺尔曼·马尔康姆：《回忆维特根斯坦》，63 页，北京，商务印书馆，1984。

重新动笔写作。从 20 世纪 30 年代中期开始，维特根斯坦就一直在思考数学的基础和意义问题、日常语言的基本用法以及关于心理学、伦理学和美学方面的问题。这些思考的结果是使他完全放弃了早期《逻辑哲学论》中的基本思想，形成了一系列关于语言性质和哲学作用的新看法。虽然在 1936 年前他曾在挪威小屋完成了他后期代表作《哲学研究》的一部分内容，但在随后的 10 年间，他基本上是以口述的方式向他的学生们传递他的思想，同时也随手写下了大量的笔记。这些思想和笔记都没有经过整理，一直处于相当凌乱的状态。这也是促使维特根斯坦放弃教学工作，专心完成写作的重要原因之一。

初到爱尔兰，维特根斯坦对那里的环境非常满意，工作进展也非常顺利。直到 1948 年 2 月，他还对自己的工作进展状况比较满意。但到了这年的春天，他开始感觉有些吃力。随后他就搬离了小客栈，到了一个名为罗斯的旅馆。在那里，他一个人住在西海岸边上，每天面对大海，远离文明世界。但这似乎并没有改变他的工作状态，他经常只能靠朋友给他寄来的侦探杂志打发时间。这年的秋天，他返回剑桥，向学生口述了他在爱尔兰思考的结果。但一到冬天，他就又回到了罗斯旅馆，感觉又找到了工作的灵感。他在 1949 年 1 月给朋友的信中表达了自己的这种感觉："最近三个月左右我的工作进展顺利……我的工作继续得还相当地好。"[1]他在这段时间完成的工作成果就是《哲学研究》的第二部分。该书的第一部分完全是由维特根斯坦审定且准备出版的，所以他专门为该部分写了序言，并根据内容为这部分的各条编了号码。但与第一

---

① ［美］诺尔曼·马尔康姆：《回忆维特根斯坦》，70—71 页，北京，商务印书馆，1984。

部分不同的是，这第二部分的内容在他完成后还未来得及最后审定，当时也没有考虑要与第一部分放到一起出版，所以，在内容上显得比较凌乱。后来经过他的学生和遗嘱继承人的编辑整理，这部分内容被分作14 个小节，与第一部分共同出版。

1949 年的夏天，维特根斯坦接受了他的朋友马尔康姆的盛情邀请，前往美国访问，主要是在康奈尔大学与哲学系的师生进行大量座谈，并与其他美国哲学家展开了交流。其中最有价值的讨论围绕着摩尔的关于外部世界的证明问题。他反对摩尔的论证方式，提出了关于外部世界的确实性是不可证明的思想，由此形成了他晚期的《论确实性》一书的主要观点。结束美国之行返回英国后不久，维特根斯坦被查出患有前列腺癌。1949 年的冬天，对他来说似乎并不像以往那样令人愉快。虽然他得知了自己的疾病，但他担心的是不久于人世将会使他的工作半途而废。

三、与亲人们共度圣诞

自从 1947 年辞去教授职务后，维特根斯坦几乎每年都要回到维也纳与家人团聚，共度圣诞节。他说，这主要是因为那里有他深爱着的大姐，特别是在大姐身患癌症后，维特根斯坦更加感觉到家庭对他的重要性，只有在家庭中，他才能感受到亲人的温暖，也只有与家人在一起，他才真正感到身心的放松。但 1949 年的圣诞节对他来说并不轻松，因为他已经知道自己身患癌症，但又不愿意家人知道而为他担心。他原本想过了圣诞就回到剑桥或牛津，但他的身体状况又使他不得不在家里多

留了一些日子。他的大姐在遭受了长时间的癌症折磨后，终于在 1950
年 2 月离开了人世。维特根斯坦目睹了他最亲近的人就这样离开了自
己，心中不免生出许多伤感。

当然，维特根斯坦并不畏惧死亡。他早在青年时代就曾产生过自杀
的念头，特别是他三个哥哥的先后自杀，使他产生了强烈的悲观思想。
甚至在访问美国感到身体不适的时候，维特根斯坦首先想到的就是自
杀。他曾这样询问马尔康姆："如果一个人在世界上只有一件东西，那
就是他的才能，那么，当他开始丧失这种才能的时候，他应当怎么办
呢？"①其实，对待死亡，维特根斯坦最关心的并不是死亡本身，而是在
自己死亡之前，会成为一个只能卧床不起等待死期临近的废人。所以，
在他看来，与其卧床等死，不如痛快地结束自己的生命。

不过，维特根斯坦最终并没有这样结束自己的生命。1950 年 3 月
底，他从维也纳回到了伦敦，住在里斯家里，后来又在剑桥的冯·赖特
家里住了一个月，最后搬到了位于牛津的安斯康姆家中。在牛津期间，
牛津大学曾邀请他在该校的洛克讲座上做报告，但要求是讲座的形式必
须十分正式，其中不能有讨论。对此，维特根斯坦显然是不能接受的，
因为在他看来，没有讨论的哲学讲座是十分可笑的。但他在解释为什么
拒绝这个邀请时，却说这是由于他并不相信自己给那么多的听众开设非
常正式的讲座会有什么好处。后来，马尔康姆又在美国为他争取到洛克
菲勒基金，帮助他完成正在进行的研究工作。但维特根斯坦在对此表示
感谢的同时，又认为自己无法接受这笔基金。他在给马尔康姆的回信中

---

① ［美］诺尔曼·马尔康姆：《回忆维特根斯坦》，84 页，北京，商务印书馆，1984。

详细地解释了他的理由：

　　想到能够在我所喜欢的地方生活，不必成为别人的负担和累赘，而且当我的本性要我去搞哲学时就去搞哲学，这对于我当然是愉快的事情，就像任何一个想要搞哲学的人都会对此感到高兴一样。但是我不能从洛克菲勒基金会接受经费，除非董事们了解我的全部真实情况。这些真实情况是：(1)自从 1949 年 3 月以来我就不能做任何持久和有效的工作。(2)即使在那以前我也不能在一年中顺利地工作六到七个月以上。(3)因为我日益衰老，我的思想明显地变得没有力量，清晰的时候越来越少，而且我非常易于疲劳。(4)由于经常的轻度贫血使我容易得传染病，我的健康处于某种不稳定状态。这又进一步减少了我做真正有效的工作的机会。(5)虽然我不能做任何确定的预言，但我觉得很可能我的头脑再也不能像过去，比如说 14 个月以前，那样有活力了。(6)在我有生之年我不能同意出版任何东西。

　　我相信只要我活着，一俟我的精神状态允许，我就会思考哲学问题并尽量把它写下来。我还相信我在过去十五到二十年间写的很多东西，如果出版的话，会使人们感兴趣的。然而完全可能的是，我将要写出的一切却只是平淡无奇的，没有灵感和令人厌倦的。有的人年轻时做了杰出的工作，一旦老了工作确实很不出色，这样的例子很多。①

---

　　① ［美］诺尔曼·马尔康姆：《回忆维特根斯坦》，86—87 页，北京，商务印书馆，1984。

这段表白真实地反映了维特根斯坦晚年生活的状况和心境。尽管他在这时已经感到有些力不从心，但并没有完全放弃哲学思考。他在1949年5月以后的哲学思考主要集中在这样三个问题上：其一是关于知识和确定性的问题，他在这个问题上所写下的笔记后来于1969年被编辑为《论确定性》出版；其二是关于颜色概念的哲学思考，这部分于1977年被编辑为《论颜色》出版；其三是一些关于"内在"与"外在"问题的思考，这些内容被编辑为《心理学哲学最后著作》第2卷于1992年出版（该书的第一卷收集了他在1948—1949年写下的手稿，于1982年出版）。① 从这些著作以及其他大量尚未整理出版的手稿中可以看出，维特根斯坦在他生命的最后几年，始终在思考哲学问题。

四、生命中最后一个冬天

1950年的冬天是维特根斯坦生命中的最后一个冬天。虽然他这一年的大多数时间都是在牛津的安斯康姆家中度过的，但他念念不忘的却是自己在挪威的小屋。到了这年的秋天，他在牛津的朋友里查兹（B. Richards）的陪同下专程前往挪威。他对这次挪威之行非常看重，因为他已经意识到自己剩下的时间不多了，这次挪威之行，可能是他对那

①　这些著作见中文版《维特根斯坦全集》第10卷（石家庄，河北教育出版社，2003）。

个他曾经度过美好时光的乡间小屋的最后告别。

维特根斯坦与里查兹在挪威住了大约 5 周时间。这次重返挪威给维特根斯坦留下了很好的印象：初秋的天气清爽宜人，他们在所到之处都受到了很好的款待；特别是当地自然宁静的生活环境，甚至使他重新产生了回到这里工作的念头。但里查兹身体虚弱，两次支气管炎发作，使他们不得不很快返回牛津。维特根斯坦在写给马尔康姆和冯·赖特的信中曾提到，他已打算在挪威一位朋友的农场里过冬，并且预定了 12 月 30 日去往挪威的船票。但严重的疾病使他不得不放弃了这个计划。

1950 年 11 月 27 日，维特根斯坦回到剑桥，再次请冯·赖特的私人医生比万（E. Bevan）为他做了身体检查。这时，他的病情并不稳定，他有时觉得自己病得很厉害，甚至难以下床，有时又觉得很愉快。他在第二年的 1 月写给马尔康姆的信中说："我的心灵已经完全枯萎了。这并非诉苦，因为我并不为此真正感到痛苦。我知道生命总有一天要结束，而精神的生命可能在其余的生命停止之前就停止了。"①同时，他在给冯·赖特的信中又写道："在过去的一个月里，我一直病得很厉害。……在前几天我觉得非常好，但每天的大部分时间我仍然待在床上。"②

1951 年 2 月初，在比万医生的建议下，维特根斯坦住进了他的家里。冯·赖特经常去看望维特根斯坦，询问病情。但令赖特吃惊的是，4 月 21 日，维特根斯坦居然到他所在的学院看望他。赖特这样描述当时的情景：

---

① ［美］诺尔曼·马尔康姆：《回忆维特根斯坦》，88 页，北京，商务印书馆，1984。

② Ludwig Wittgenstein, *Philosophical Occasions*, ed. by James C. Klagge and Af-fred Nordmann, London, Nackett Publishing Company, 1993, p. 478.

　　这是在 4 月 21 日——我们最后的相见。我因为软骨组织损伤，不得不一动不动地坐在房间里。维特根斯坦推门而入。看见他使我大吃一惊。他开玩笑地说，我看见的不是他，而是四处游荡的"幽灵"。他给我带来了一些鲜花。于是，他坐了一会儿，我们谈到我正在读的阿克萨克夫的《家族编年史》。后来，他就离开了。他于 8 天后去世。这时，我才强烈地感到，他实际上是来向我告别的。[①]

　　根据马尔康姆的记载，维特根斯坦在他生命的最后日子里，在精神上感到异常兴奋，甚至认为自己又可以开始从事哲学研究了。他在去世前 13 天写给马尔康姆的信中说："在我身上发生了一件奇异的事情。大约一个月前，我突然发现自己处在一种正好适合搞哲学的精神状态。我曾绝对地肯定我永远不能再搞哲学了。这是两年来的第一次，我的思路畅通了。——当然，到现在我只工作了大约五个星期，而且说不定明天就会全部结束；但是现在这给了我很大的鼓舞。"[②]这显然是维特根斯坦的生命即将走向终点的信号，是我们通常所说的"回光返照"。正如赖特所说，维特根斯坦在与他告别后的第 8 天与世长辞，享年 62 岁。他在去世前留下的最后遗言是："告诉他们，我度过了极为美好的一生！"[③]

---

　　① Ludwig Wittgenstein, *Philosophical Occasions*, ed. by James C. Klagge and Affred Nordmann, London, Nackett Publishing Company, 1993, p.479.

　　② ［美］诺尔曼·马尔康姆：《回忆维特根斯坦》，89 页，北京，商务印书馆，1984。

　　③ 同上书，90 页。

　　冬天是属于维特根斯坦的：他只有在冬天才能独自地、安静地思考，只有在冬天才能梳理出他的思路，因为寒冷的气候使他不得不"躲进小楼成一统"，使他正好有了一个恰当的理由不与他人往来。当然，维特根斯坦并不是完全反感与人交往。他在 1948 年初春从爱尔兰的威克洛小客栈给马尔康姆的信中就写道："在这里我根本没有任何人可以交谈。这也好也有一点不好。如能时或看到一个可以与之谈谈真正的知心话的人就好了。但我不需要社交，我喜欢的是有时有人同我相与微笑。"①不过，冬天也不完全属于维特根斯坦，他自己曾说过，他最喜欢 4 月，因为他自己是在 4 月出生的，他的父亲也出生于 4 月，他甚至开玩笑地说，4 月出生的人都是好人。巧合的是，他去世也是在 4 月。

　　其实，对维特根斯坦来说，冬天有着某种特殊的含义：冬天意味着思想的凝结，冬天意味着心灵的宁静，冬天意味着写作的完成。维特根斯坦的思考习惯是随时把自己想到的问题和得到的想法立即记在随身携带的笔记本上或纸片上，然后再把这些笔记本和纸片按照不同的主题内容加以整理分类，最后形成他认为比较完整的或成熟的东西。虽然他的哲学思考并不受季节的限制，但他的这个最后步骤往往是在冬季完成的。这就使得冬天在维特根斯坦的研究工作中有了特殊的意义，也使得我们对冬天的维特根斯坦有了一份特殊的理解。

---

　　① ［美］诺尔曼·马尔康姆：《回忆维特根斯坦》，66 页，北京，商务印书馆，1984。

第三章 | 当代西方哲学中的《逻辑哲学论》

《逻辑哲学论》是维特根斯坦的重要哲学著作，对当代哲学的发展产生了深远影响。但是，到目前为止，我们对这本著作的重要结构并没有给出一个令人满意的解释。在本章中，我试图通过对这本书的基本结构的重新构造，指出它揭示了西方哲学发展的基本趋向，特别是向我们揭示了西方实践哲学可能的未来走向。

一、《逻辑哲学论》的基本结构

我们知道，《逻辑哲学论》全书不过寥寥数万字，是由若干条格言式的命题构成的，从字面上看，全书共有 526 条，按照重要性来划分，共分为七个部分，这七个部分也就是七个主要命题。这七个命题是维特根斯坦经过精心安排和组织的。从这526 条命题，或者说从七个主要命题的分类来看，我们大致可以把它们分作四个层次。

第一个层次就是第一和第二个命题，这个层次主要讨论的是关于世界逻辑构造的逻辑原子主义思想。这部分被看作是全书分量较轻的一部分，因为两个命题部分总共只有 86 条，占全书的比例很小，但却构成了全书的一个重要的基础。维特根斯坦的基本思路是，由于世界是由那些所发生的事情构成的，而所发生的事情又是一切事态的存在和不存在的总和，在这个意义上，所有发生的事情构成了世界，而所有事态的存在或不存在的总和又构成了发生的事实。所以，维特根斯坦似乎是把世界的构造看作是哲学思考的出发点，我们暂且不论这种理解是否正确，我们至少可以断定，维特根斯坦是想把对世界的逻辑思考看作是他的哲学的基础部分。

第二个层次是全书的第三和第四个命题，这两个命题加起来总共有183 条，这一部分的主要内容是关于命题与世界关系的图像论，这被看作是《逻辑哲学论》中的代表性观点，也被看作维特根斯坦早期哲学的主要思想。如果说在第一个层次中谈到的逻辑原子主义，或仅仅是以逻辑的思想与其早期哲学有某种契合的话，在第二个层次中，维特根斯坦提出的图像论，则完全是根据自己对于命题和世界的全新理解，特别是关于以命题来描绘世界的这种思想而提出的一种全新观点。应当说，关于命题与世界关系的图像论，恰恰构成了维特根斯坦试图想要表明的世界逻辑结构的思想。关于这一部分内容，我们后面还要进一步解释。

　　第三个层次是由全书的第五和第六个命题构成的，这两个部分或者说这两个命题，共包含了166条，应当说是全书中比较重要的部分。在第三个层次中，维特根斯坦主要讨论的是关于基本命题的真值函项理论，也就是对命题性质或者说是对命题一般形式的一种描述。我在这里需要指出，它是对命题一般形式的描述，并不意味着没有对这个命题形式提出自己的看法。事实上，维特根斯坦在这一部分提出了当代逻辑学中非常重要的，并且已经构成了当代逻辑基础部分的真值函项理论。在这一部分中，维特根斯坦似乎想要借助命题的形式来说明，我们所描述的事件只能够通过命题来完成，而我们所构造的命题形式正是我们谈论世界的唯一方式。当然，在这一部分中，维特根斯坦还谈到了大量的关于非逻辑的以及关于人生、死亡、怀疑论等问题。所以，我们可以理解，这部分在很大程度上构成了维特根斯坦导出最后一个命题的前提。

　　最后一部分也就是第四个层次，是全书的最后一个命题，即第七个命题"凡是我们不能够说的东西，我们只能够保持沉默"。（TLP，7）这一部分被看作是维特根斯坦关于不可说之物的思想。当然，究竟什么是不可说的东西，在今天学术界还有不少争论。但有一点是可以明确的，就是维特根斯坦本人的确承认有某些东西是不能够用符合逻辑的语言加以表达的。当然，我们说不能用符合逻辑的语言表达，并不意味着完全不可说。这是两个不同的概念，需要我们特别注意它们之间的区别。

　　我们已经看到维特根斯坦讨论的四个层次，这四个层次构成了《逻辑哲学论》全书的基本结构，由此我们可以理解全书的主要思想。当然，真正要把握《逻辑哲学论》的思想，仅仅看到这四个层次是远远不够的，因为我们必须要了解，维特根斯坦为什么要做出这样的安排，以及这样的结构安排背后的动机或者说主要目的究竟是什么。

二、《逻辑哲学论》的基本原则

指出了《逻辑哲学论》的基本结构之后，我们需要更加深入了解维特根斯坦对这种结构安排的背后动机。通过分析全书的内容，我们可以明显地看到，维特根斯坦基本上遵循两个基本原则。

第一个原则叫作"语境原则"。所谓"语境原则"，是最初由弗雷格在《算术基础》中提出的研究数学问题的基本原则之一。这个原则表明，我们所有的语词只能够在它所出现的上下文中才能显示它的意义，任何语词在独立出现时是没有意义的。这个原则表面上看是在讨论语词的意义，但实际上是在讨论我们用语词构成的命题的意义。换句话说，任何语词的意义只有在命题当中才能够获得，因而，表面上对语词意义的讨论其实揭示了我们谈论意义的基本方式，即必须从命题出发。这个原则，我把它称作整体性原则，就是说，我们是需要通过一个命题的整体来理解命题中出现的语词的意义。我们一定要记住这个原则，因为这一原则事实上揭示了维特根斯坦整个论说方式的一个重要前提，这个前提就是整体性。

第二个原则叫作"推理原则"，或者叫"推论原则"。所谓"推理原则"是指我们所有命题得以成立或得到证明完全是通过命题间的推论完成的，没有一个单独的命题可以成为自身的证明，必须要通过命题间的逻辑关联完成对某一个命题的证明结果。这个原则，我称为命题性原则。

命题性原则揭示了维特根斯坦在考虑语言问题的时候，特别强调以命题形式的方式来推出思想。由此可以看出，维特根斯坦在《逻辑哲学论》中总是把一种推理性的整体观，作为他哲学构架的根本。所以，理解了维特根斯坦的这两个原则，我们就可以理解维特根斯坦在《逻辑哲学论》中甚至在《哲学研究》中所提出思想的基本背景。

三、对《逻辑哲学论》基本结构的重新解释

前面我们谈到《逻辑哲学论》的基本结构是从世界推论到思想，再进入命题，最后到不可说之物。从全书的自然结构安排上看，这样的推理思路似乎是可以理解的，这也正是我们通常理解的西方哲学发展的重要脉络，即从本体论到认识论，再到语言哲学的发展过程。我们看，《逻辑哲学论》的第一个层次讨论关于世界逻辑构造的逻辑原子主义，就是一种对世界的本体论说明。第二个层次关于命题与世界关系的图像论，事实上，正是以认识论的方式或叫知识论的方式，解释我们所面对的世界。第三个层次是关于基本命题的真值函项的理论，这一部分正是我们当代哲学中试图以语言论说的方式，或语言分析的方式，解读我们用语言表达的思想内容。这三个层次基本上反映了西方哲学发展的大致路径。可能有人会问，他的第四个层次又在说什么呢？的确，我们这里正要质疑的或者说正要提问的就是第四个层次，即关于不可说的思想。如果说西方哲学从古希腊经过近代的发展，到现代语言的转向，经历了从本体论到认识论再到语言哲学的发展过程的话，那么，我们是否可以说

《逻辑哲学论》中的第四个层次，即关于不可说的思想，正是反映出西方语言哲学之后的一种走向？当然，这个问题我们后面再谈。

这里我们要指出的是，维特根斯坦向我们表明的从世界到思想，再到命题，最后得出不可说的思想，这样一个推论过程表面上看是从前提到结果的一个推论，但事实上，我们要清楚地理解维特根斯坦在这本书里给我们提供的恰恰是一个由结论反推到前提的过程。为什么会这样说？因为如果我们有不可说的东西，或者说我们世界上真的存在不可说之物，那么我们对这些不可说之物是根本无法诉说的，因而，这样的东西就既不存在于世界之中，也不存在于思想之中，当然更不存在于命题之中，所以，我们首先要做的工作恰恰是排除一切不可说之物，因为只有在排除了不可说之物之后，我们才能够讨论所有关于命题、思想和世界的说法。因而，在我的分析中，关于不可说的思想应当被看作是维特根斯坦全书的基本前提。这也正应和了维特根斯坦曾说过的一句话，他曾对朋友说，这本书可以看作是一本伦理学著作，全书包含了可说的和不可说的部分，而不可说的部分是全书最为重要的部分。维特根斯坦这种说法也引起了后人的极大争议。有哲学家说，既然有不可说的东西，维特根斯坦为什么还说那么多，甚至还有哲学家说，维特根斯坦就是试图用语言去述说那不可说的东西。当然，这些说法都没有真实地反映维特根斯坦的思想。事实上，维特根斯坦没有在说不可说的东西。恰恰相反，他首先是把不可说的东西排斥在外了，因而全书的最后一个命题，"凡是我们不能够说的东西，我们只能够保持沉默"这句话是没有任何进一步解释的，因为它不需要解释。

有了这个前提，我们就可以理解，全书的其他部分恰恰应当属于可说的部分。而所有可说的部分，按照维特根斯坦的思路，是只能够用属于逻辑语言表达的命题，这样就从第四个层次进入了第三个层次，即关于基本命题的理论。对命题的考察其实并不仅仅是对于我们是否可以用语言来述说方式的表达。对命题的表达，最重要的是对思想的表达。因为如果没有思想，一切命题都仅仅是纯粹的形式，而在维特根斯坦看来，思想本身恰恰就是符合逻辑形式的命题内容。所以由命题进入思想，就成为顺理成章的事情。在这个意义上，维特根斯坦讨论命题其实是为了讨论思想。而思想恰恰反映的是关于命题与世界的关系。图像论正是揭示了这一关系。因而从第二个层次进入第一个层次，也成为逻辑上的必然。由此我们可以看出，《逻辑哲学论》的第一个层次即关于世界逻辑构造的逻辑原子主义思想，其实揭示的并不是世界的真实面目，或者并不是在讨论我们所面对的现实世界本身。相反，维特根斯坦讨论的是用我们的命题结构构造出来的一个世界。这个世界我们既可以称作逻辑的世界，同时更应当称作思想的世界。因为只有在这个世界中，一切东西才是可以用逻辑的方式表达清楚的。这就是我对《逻辑哲学论》这本书基本结构的重新解释。有了这个解释我们就可以很清楚地理解维特根斯坦《逻辑哲学论》一书的主旨，即他要为思想划清界限，也就是为可说和不可说的东西划清界限。

四、语言转向之后的实践哲学

有了上面的理解，我们再来看维特根斯坦关于世界、思想、命题以及不可说这四者之间关系的论述。前面我们提到，维特根斯坦谈到了逻辑原子主义、图像论和真值函项理论，可以被分别地看作反映了西方哲学的基本发展路径，即从本体论到认识论，再到语言哲学。但是第四个方面却始终处于谜团之中。

我们如何来理解维特根斯坦所说的不可说之物？如果我们把它看作是一种神秘之物的话，那么，我们显然就落入了一些维特根斯坦思想解释者所编织的陷阱，他们认为，维特根斯坦的思想充满了神秘主义，而且，我们对维特根斯坦的理解也只能够以神秘主义的方式来把握。显然，这样的理解背离了维特根斯坦思想，因为通过上面的分析我们已经可以清楚地看出，维特根斯坦试图说明的，恰恰是要区分可说的与不可说的，而对于一切可说的东西都可以用逻辑的语言表达出来。所以，维特根斯坦在《逻辑哲学论》的序言中就明确地说到，当这本书完成之后，它表明在哲学上可以做的事情已经很少了，这也就意味着，凡是我们可以说清楚的东西，都可以用逻辑的语言来表达清楚，而对于那些不能够用逻辑的语言表达清楚的东西，我们就必须用另一种方式来解释它们。这就是维特根斯坦所说的显示的方式。所以，对于不可说之物，则意味着我们可以用某种方式显示它们。

在这里，特别要注意，语言的表达仅仅是我们用来显示人类对世界认识的一种方式。人类与世界的交往，往往是通过多种方式展开的，如人类的行为方式、人类的身体语言、人类的感觉器官等，都可以成为与世界交往的重要途径。语言表达是人类重要的思想表达方式，但绝不是唯一的表达方式。维特根斯坦在这里试图要说明的恰恰是，凡是可以用语言表达的东西，都是可以用清楚的语言表达的，而不能用清楚的语言表达的东西，我们是可以用其他的方式表达的。在这里，我想明确提出的是，维特根斯坦《逻辑哲学论》中第四个层次所揭示的哲学发展的前景，恰恰正是西方当代实践哲学的精髓。

这里所谓的实践哲学与亚里士多德时代的实践哲学有所不同。当代实践哲学主要是指与我们的社会生活以及人类当下所处的社会环境密切相关的哲学问题。这样的哲学不是完全通过理论的建构完成的，而是通过人类对某种共有的实践模式或生活方式的理解加以推进的。在这种意义上，不同民族、不同文化的共同体，对世界的理解可以是截然不同的。然而，语言表达的普遍性在人类生活方式的特殊性面前就产生了矛盾。如果我们说，人类可以理解我们所面对的世界，也就意味我们在理解这个世界的同时，加入了人类特殊的理解维度。在这里特别要指出，当今实践哲学的发展，恰恰是在理解了我们人类目前生存状态的情况下展开的。

我们知道，西方社会的发展在进入 20 世纪之后产生了巨大的变化。如果说 19 世纪科学的进步已经远远超过了此前科学进步的总和，那么，20 世纪西方社会的发展也远远超出了以往社会发展的总和。这个社会发展突出表现在以下几个不同的方面：第一个方面是科学技术的进步，带来了人类社会交往的扩大，而交往的扩大也意味着人与人之间距离的缩短，这样的变化可谓史无前例。信息的进步带来了社会的变化，最明显的结果就是通信的革命。信息技术的产生，使得人类社会的发展，已经变成了地球村的问题。第二个方面是人类社会范围的扩大导致了人类交流的频繁。这里我要特别指出，在经济活动中的频繁交流使得世界成为一个共同体，任何离开了世界经济共同体的逆行的、单个的国家将远远地被抛在发展的后面。第三个方面是社会的交往同时导致了人类政治生活的变化，如果说以往的社会政治形态还可以大致归结为奴隶社会、封建社会和资本主义社会的话；那么，当今社会的发展已经出现了新的现象，即人类的存在已经远远地，或者说正在逐渐地抛弃个体的、特殊的、意识形态的羁绊，开始进入共同对话的政治格局；国与国之间的利益之争，民族与民族之间的宗教之争，经济与经济之间的政治斗争，正在逐渐地替换为民主的、协商的、和平的方式。这样一种变化是不可否认的历史事实。在这个过程中，哲学家们所能提供的重要思路，在于我们要揭示在不同的文化背景和民族背景中我们共同具有的文化普遍性，这样的普遍性表示我们可能具有的生活形式，而对于生活形式的揭示正是维特根斯坦在他后期代表作《哲学研究》中努力寻找的重要内容。

如果说我们可以把维特根斯坦关于不可说的思想归结为一个可以显示的思想，那么，我们就可以明确地说，维特根斯坦在《逻辑哲学论》中已经向我们揭示出了当代哲学发展的整体走向，即西方哲学正在或将要走向实践哲学，或者说，西方哲学正在经历着一场"实践的转向"。这正是我从对《逻辑哲学论》这本书的分析中得出的重要结论。

第四章 | # 对维也纳学派的重新理解

一、维也纳学派哲学的当代遗产

维也纳学派，似乎已经是一个遥远的故事。虽然我们在讨论当代哲学的早期历史时还要不断提到维也纳学派，但今天的哲学家越来越少地会把维也纳学派的哲学作为自己哲学的重要思想来源。历史地说，这完全要"归功于"蒯因（W. V. O. Quine）在 20 世纪 50 年代发表的那篇颠覆性文章《经验论的两个教条》彻底结束了维也纳学派的哲学在当代分析哲学的持久地位。从时代上看，当代科学的发展和哲学变化之间的密切因果联系，也导致了维也纳学派的哲学在当代哲学家心目中成为明日黄花。正所谓"成也科学，败也科学"。

　　然而，2013 年牛津大学出版社出版的麦克·比尼（Micheal Beaney，中文名"毕明安"）主编的《分析哲学史牛津手册》却又唤起了人们对维也纳学派的重新关注。托马斯·于贝尔（Thomas Uebel）在手册中对维也纳学派的讨论让我们重新看到了逻辑经验主义哲学的意义，此外还有多篇文章让我们重新认识了维也纳学派在逻辑哲学上的价值。当然，德国斯普林格出版社早在十年前再版的斯塔德勒具有广泛影响的著作《维也纳学派：逻辑经验主义的起源、发展和影响研究》就以翔实的资料全面回顾和总结了维也纳学派的历史。这本最初以德文出版于 1997 年的著作，不仅在纯粹哲学的学术圈内得到了好评，而且引起了普通公众的极大兴趣，因为作者提倡从时代的文化背景中考察维也纳学派的形成和发展，强调把这个学派的思想与当时的政治、社会、经济和文化等诸多因素联系起来加以考察。这当然会得到更多一般读者的理解。作者对维也纳学派历史的重新构造以及对两次世界大战之间在欧洲大陆所发生的政治文化变化的描述，的确给我们重新理解维也纳学派提供了很好的背景。

　　但是在我看来，维也纳学派哲学的价值并非如此。经历了历史主义的洗礼和蒯因的釜底抽薪式的批判之后，我们不再喋喋不休地重复维也纳学派的一些基本主张。无论是被看作这个学派哲学核心内容的意义证实原则还是统一科学的主张，都已经遭到后来哲学和科学发展的"证伪"。而这个学派之所以在今天还值得我们重新关注，或许应当出于这样一些理由。

　　首先，维也纳学派继承了实证主义的传统，这个传统已经成为今日哲学研究的重要方法。因而，重新关注维也纳学派，也就是对实证主义方法的温故知新，这会带来我们对整个现代哲学的重新评价。根据通行的理解，实证主义方法强调的是哲学应当关注实证地给予的东西，避免任何在所予经验之外的沉思冥想。这被看作一种科学的哲学，也是一种科学的方法论。按照这种理解，一切不能经过实证的形而上学当然就会被排除在哲学研究的范围之外，这就是我们所知道的维也纳学派"拒斥形而上学"的主要根据。然而，作为西方哲学中的一种传统，实证主义通常是指关于人类知识的一种特定的哲学态度：它不是去预先假设人类是如何得到知识的，也不提供关于知识的心理学或历史学的基础，而是关于人类认识活动的一套规则或评价标准。它告诉我们关于世界陈述中的哪些内容是属于知识的范围，并为我们提供可以用来区分能够与不能合理地提出问题的准则。因而，实证主义是一种规范的态度，关涉我们如何使用"知识""科学""认识""信息"等术语。同样，实证主义的原则也区分了哲学和科学的争论中哪些属于值得深入探索的问题，哪些又属于不可能得到解决或不值得考虑的问题。维也纳学派的哲学正是这种规范态度的表现，是对这个实证主义原则的运用。

其次，维也纳学派在逻辑研究上取得的成就早已成为当代逻辑学的重要内容，而他们对逻辑性质的理解更是造就了当代哲学研究的一个基本出发点。或许，随着科学技术的发展，逻辑学已经变成了可以应用于社会发展的一门专门的技术，复杂的逻辑演算已经被简单的电脑操作所取代。然而，现代科学追求的严格性、精确性和分析性等科学精神，却在很大程度上来自以维也纳学派的哲学为代表的逻辑经验主义。正如图灵理论对当代计算机科学虽然不再有直接的作用，但其理论观念却始终是这门科学得以进一步发展的思想动力。更重要的是，维也纳学派对语言和逻辑性质的独特理解，把整个现代哲学都变成了不断追问意义和思想构成方式的伟大事业。无论哲学家们从什么意义或角度上理解语言和意义问题，他们似乎都离不开维也纳学派最初提出的思想原则，这就是把语言和逻辑看作理解思想的唯一有效的途径，思想的可表达性和哲学的公共性正是维也纳学派最终确立并直接影响到后来的哲学的发展的重要理念。

最后，维也纳学派并非古调不弹，学派的主要成员石里克、卡尔纳普、纽拉特、费格尔、魏斯曼、塔尔斯基（A. Tarski）等人的思想在当代哲学发展中一直受到关注，所以，"回到维也纳学派"的口号并非空穴来风。随着分析哲学运动的发展，特别是语言哲学、科学哲学、逻辑哲学、心灵哲学、知识论等已经成为专门的哲学研究领域，维也纳学派成员在这些领域中所做的工作依然是得到高度关注和反复研究的对象。或许可以说，维也纳学派哲学的当代遗产正体现在，我们在当今哲学研究的专门领域中会不断看到维也纳学派成员思想的踪迹。

二、卡尔纳普与蒯因：两个哲学家的友谊

卡尔纳普和蒯因是当代分析哲学发展中两个具有划时代意义的哲学家，他们之间的关系长期以来被学界广泛讨论。这不仅因为他们围绕分析与综合区分问题展开旷日持久的争论，更因为他们的个人交往引起了学者们的浓厚兴趣。最为典型的两个事例是1932—1935年他们的大量通信和1940—1941年他们在哈佛大学面对面的讨论。如今，这两个事

件的历史资料都已经公布于众了：前者是 1990 年美国加州大学出版社出版的《亲爱的卡尔纳普，亲爱的范：蒯因与卡尔纳普的通信及相关著作》，后者是 2013 年美国敞庭轩（Open Court Publishing Company）出版的《卡尔纳普、塔尔斯基和蒯因在哈佛：关于逻辑、数学和科学的对话》。

论年龄，卡尔纳普比蒯因大 17 岁，算是长辈了；论资历，当蒯因还在苦读自己的博士学位时，卡尔纳普已经是享誉欧洲的著名哲学家和逻辑学家了。蒯因在回忆自己第一次见到卡尔纳普的情景时这样写道："这是我头一次与老一代中的任何一个人、更不用说与一个伟大人物持续地进行学术交流的经验。这是我头一次在学术上被一位在世的老师而不是被一本无生命的书所激发这样一种的确非常重要的经验。"①当代美籍华裔哲学家、逻辑学家王浩在评价他们之间的关系时写道："他（指蒯因）的脱颖而出，实际上乃是寄生于卡氏工作的产物。在骨子里，这实际上是个大大的学术泡沫。"②我不是很能理解这里的"学术泡沫"的含义，但从王浩的评价中似乎可以读出，蒯因的工作不过是卡尔纳普思想的结果。

当然，在哲学上和逻辑上，蒯因并不仅仅是卡尔纳普的彻底追随者，更是卡尔纳普哲学和逻辑的批判者。王浩认为，蒯因最为著名的工作都是由否定性的论题和建议所构成的，即使在他以积极肯定的方式发展其思想的时候，强烈的批判色彩也迫使他陷入了否定性的论题，如翻

---

① 涂纪亮、陈波主编：《蒯因著作集》第 1 卷，14 页，北京，中国人民大学出版社，2007。

② ［美］王浩：《超越分析哲学》，193 页，杭州，浙江大学出版社，2010。

译的不确定性论题、本体论的相对性以及不可详查性的论题等。"他确然以明晰之方式揭示了卡氏著述中的潜在张力。对才智一般的哲学家来说,这种揭示对于帮助其揭露对逻辑经验主义的空头许诺的盲信,也确有助益。"①"而在另一方面,通过揭露卡氏研究规划的表象,蒯因的著作实际上已经成为一剂热情冷却剂,或是造就了一个真空。它们并没造成任何正面的影响,其性质可比拟于很多人在支持卡式的原初研究计划时所的确持有的那股热情(尽管这些热情并未被证明为是正当的)。"②这些话向我们描绘了这样一幅图画,蒯因完全是卡尔纳普哲学的破坏者和掘墓人。

然而,仔细阅读卡尔纳普与蒯因的通信以及他们各自的学术自传,我们会发现事实似乎并非完全如此。首先,蒯因非常重视卡尔纳普的工作,反复强调他的思想直接受到卡尔纳普的启发。这里的重视并非一般性的了解,而是对卡尔纳普工作性质的全面深入的理解。从两人的通信中可以看出,卡尔纳普几乎毫无保留地把自己已经完成和正在进行的研究工作介绍给了蒯因,同样,蒯因也是抱着极大的热情关注卡尔纳普的工作,并对他的工作提出了自己的意见和建议。有趣的是,蒯因甚至在哈佛大学做过三次关于卡尔纳普哲学和逻辑的公开演讲,这些演讲内容完全是肯定性的,并且被作为哈佛大学建校 300 周年校庆活动的一部分。卡尔纳普也因此获得了哈佛大学荣誉博士学位称号。可见,蒯因对卡尔纳普的工作是给予高度评价的。

---

① [美]王浩:《超越分析哲学》,194 页,杭州,浙江大学出版社,2010。
② 同上书,195 页。

其次，无论是在通信中还是在各自的学术自传中，我们都会看到，卡尔纳普与蒯因之间讨论的问题内容非常丰富，涉及范围也非常广泛，充分体现了两位密友的真情实感。即使是在哲学问题或逻辑问题上的讨论，他们之间的对话也是诚挚的，富有建设性的。例如，在1934年圣诞节前后的通信中，蒯因对卡尔纳普的新著手稿《语言的逻辑句法》提出了一些修订意见，并对该书的英文译者提出了建议人选。卡尔纳普非常认真地回答了蒯因的问题，认为这些问题对于他修订自己的最后文本将会极有帮助。蒯因还把自己即将出版的《一个逻辑斯蒂的系统》手稿送给了卡尔纳普，卡尔纳普非常仔细地阅读了手稿，表示该书良好的结构、新颖的记法以及清晰的阐释都深得他的赞同。这些表明他们当时完全从事着相同的工作。① 当然，当时从事相同工作的不止他们两人，还有罗素、塔尔斯基、古德曼等人。

最后，更为有趣的是，卡尔纳普与蒯因之间围绕分析性问题的争论，不仅是当代分析哲学发展的一个转折点，更是表现他们两人之间密切关系的一段公案。1940年秋至1941年春，罗素在哈佛大学做詹姆斯讲座，卡尔纳普正好从芝加哥大学到哈佛做访问教授，塔尔斯基也为躲避纳粹迫害而短暂停留在哈佛。1940年冬天起，卡尔纳普、塔尔斯基和蒯因就定期在一起讨论哲学问题，主要围绕分析与综合的区分、唯名论以及科学统一问题展开。根据蒯因回忆，为了给讨论提供一个框架，卡尔纳普建议读他的《语义学导论》的书稿，但在读该书第一页时，塔尔斯基和蒯因就在分析性问题上与卡尔纳普展开了争论。这个争论前后持

---

① ［美］王浩：《超越分析哲学》，217页，杭州，浙江大学出版社，2010。

续了近十年之久，但直到蒯因用于表达自己在这场争论中主要观点的《经验论的两个教条》正式发表，这场争论才真正公之于众。《卡尔纳普、塔尔斯基和蒯因在哈佛：关于逻辑、数学和科学的对话》一书详细记载了卡尔纳普当时留下的近 80 页的笔记，可以帮助我们还原那段让人牵挂的历史。从中我们可以清楚地看到，蒯因对卡尔纳普的观点以及整个逻辑经验主义哲学基础的颠覆是如何产生的，更可以理解蒯因与卡尔纳普之间的学术友谊是如何得到展现的。

三、作为科学—哲学家的石里克

提起石里克，我们自然会联想到维也纳学派的创始人和主要代表，联想到维特根斯坦和卡尔纳普等人，联想到 20 世纪二三十年代曾在欧洲大陆哲学界产生过轰动效应的逻辑实证主义运动。的确，石里克在这场运动中起到了重要的引导作用，被看作是精神领袖和思想灵魂。然而，我认为，石里克本人的治学历程和思想观点更值得我们关注，从他的身上我们更能看到一个理论科学家如何站在哲学的高度理解我们所面临的世界和一切现有的知识。

想要知晓石里克究竟是一个什么样的人，我们可以先看一看他的同时代人对他的评价。他在维也纳小组的主要朋友卡尔纳普这样评价他："在小组的讨论中这种志趣相投的气氛之所以能够形成，首先应当归功于石里克的那种自始至终的善良、宽容和谦逊的品格。他对明确性的个人爱好和在物理学方面的素养使得他极富于运用科学的思维方式。"①同样是维也纳小组成员的魏斯曼则认为："按照其整个的内在资质，石里克是一个具有很浓的诗意倾向和形而上学倾向的人。"②由此可见，石里克在性格禀赋上是一个谦逊和蔼的学者，但在精神气质上却是一个极富想象力和创造力的思想者。然而问题是，如此谦逊而又气盛的学者如何最后走向了一条科学—哲学的道路？对此，当代奥地利哲学家哈勒也百思不得其解。他这样写道："石里克是学物理出身的。他进入哲学生涯的方式是很令人感到意外的。至今，人们也不太清楚他是如何从物理学转到哲学上来的。"③

的确，石里克像普通人一样，在年轻的时候对容易使人产生亢奋的事情都很感兴趣，理想、青春、幸福、爱情、人生等问题都会成为年轻的石里克热衷讨论的话题，并且自认为自己对这个问题已经得到了完美的了解和掌握。他在 24 岁出版的《生活智慧》就属于这类的作品。该书的副标题是"幸福论尝试"，书中提出了一种伊壁鸠鲁式的美德理论，对激情做了有趣的探索。更为有趣的是，到了他 40 多岁的时候，他还饶有兴趣地讨论过人生意义的问题，出版了《伦理学问题》，一般人在不惑之年很难还保持这种年轻人的心态，而在维也纳学派成员中他也属于罕见的关心道德问题的人。

但值得注意的是，石里克讨论人生观和道德问题的方式与普通人有

① ［美］卡尔纳普：《卡尔纳普思想自传》，32 页，上海，上海译文出版社，1985。

② Friedrich Waismann, *Philosophical Papers*, ed. by Brian McGuinness, Boston, D. Reidel, 1977, p. 36.

③ ［奥］鲁道夫·哈勒：《新实证主义》，126 页，北京，商务印书馆，1998。

所不同。在《生活智慧》中，他不是一般性地讨论人生的意义，而是为人类行动的理由提出了科学的假设。在《伦理学原理》中，他提出了以追求纯粹游戏为目的的幸福理论，这种理论的根据则是人类外在的经验行为。总体看来，石里克讨论道德问题的方式是经验论的，更是科学的。这当然要归因于他的物理学出身背景。

维也纳小组成员费格尔曾指出，石里克是继马赫、奥斯特瓦尔德、彭加勒和罗素之后"在 20 世纪实践了在现代科学哲学（逻辑学、方法论）意义上重新解释自然科学学科的博学的、具有独创性和独立见解的一流思想家"。① 他最早理解并阐释了爱因斯坦相对论，并得到爱因斯坦的高度评价。但他的科学研究兴趣并不在对具体科学的解释，而总是试图用科学研究的方式去处理人类面临的一切问题，包括人生意义和道德问题。这种讨论问题的方式显然就不是自然科学的，而是哲学的。这种讨论方式的运用也正是基于石里克对哲学性质的一种基本理解："哲学不是在各门单个学科之外或之上的一门独立的科学。毋宁说，哲学的要素存在于一切科学之中；哲学是它们的真正灵魂，而且只有借助于哲学它们才成为科学。"②听上去，这种哲学观非常类似于维特根斯坦的思想，但事实上，石里克在到维也纳之前就已经形成了这种想法，而维特根斯坦的著作不过是为他的思想表达提供了更为准确的方式。

最能体现石里克科学—哲学思想的是他的代表作《普通认识论》。这本书最初出版于 1918 年，并于 1925 年再版。学界普遍认为，该书中表

---

① ［德］M. 石里克：《普通认识论》，英译者绪言，3 页，北京，商务印书馆，2005。
② 同上书，1 页。

达的关于哲学与科学关系的思想、关于区分知识与经验的思想、关于概念与命题符号结构性质的观点以及关于真理与意义符合论的思想等，在时间上都先于石里克接受维特根斯坦思想的影响。但不幸的是，维特根斯坦的观点在维也纳小组中得到了广泛的讨论和认同，而石里克谦逊的品格又使得他本人的思想一再遭到忽略和埋没。随着《普通认识论》英译本于 1985 年出版，石里克的思想才为更多的人所了解。英译者费格尔和布隆贝格在英译者绪言中清晰地概括了这本著作的主要内容，并从历史和理论两个方面揭示了石里克思想的真实情况。最后，他们说："虽然他的许多学生和后继者在对认识论问题的逻辑分析方面达到了更高程度的精确性和适当性，但石里克对于哲学问题中的本质的东西具有超凡的意识。从他的'奥林匹斯山峰'的观点看，如今在认识论方面出版的许多东西很可能显得是无益的辩白。"①这或许为他的思想找到了很好的历史位置，但我更希望从当代哲学的线索中找到石里克的思想定位。

我们必须看到，当代哲学已经并仍在经历着一场重大的变革，这就是哲学的工作已经被分解到各门具体科学之中，而科学技术和社会的发展正在不断对哲学的地位提出比以往更为严峻的挑战。如何更好地认识哲学的性质，恰好变成了哲学家们必须思考的首要问题。应当说，石里克正是这个变革的真正先驱。他在近一个世纪之前所发出的声音，至今依然是我们的哲学研究需要努力的方向："哲学寓于一切科学之中；而且，我相信，只有在各门科学这个故土中探求哲学才是通向哲学的唯一道路。"②

---

① ［美］石里克：《普通认识论》，11 页，北京，商务印书馆，2005。
② 同上书，2 页。

四、意义的证实：实证主义的乌托邦

意义证实原则是维也纳学派的主要观点之一，也是招致最多批评的一个观点。主要的批评有两点：一是认为这个原则本身就是一个无法证实的形而上学假设，二是认为这个原则会导致真正有意义问题的丧失。然而，如果仔细考察这个原则，我们会发现，事实其实并非完全如此。

首先，意义证实原则不过是维也纳学派为了证明逻辑命题的恒真性而提出的一个假设：所有符合逻辑要求的命题才是因形式为真，这正是逻辑命题的基本性质，因而这里并不存在对意义证实原则本身的证实问题。我们有据为证。卡尔纳普说过："（有意义的）陈述分为下列几类：第一类，有一些陈述，其真实只是由于它们的形式；……第二类是这些陈述的否定（矛盾）。它们自相矛盾，因而根据其自身的形式便是假的。关于其他陈述，其真假的判定在于记录句子。因此它们是（真的或假的）经验陈述，属于经验科学的范围。"[①]石里克说过："可证实性是意义的充足而必要的条件，是一种逻辑上的可能性，是按照那些给句子中语词下定义的规则构造句子时创造出来的。"[②]艾耶尔说过："可证实性原则要求一个字面上有意义的陈述，如果它不是分析的陈述，则必须是在前述的意义上，或者是直接可证实的，或者是间接可证实的。"[③]所有这些

---

① ［美］卡尔纳普：《通过语言的逻辑分析清除形而上学》，见洪谦主编：《逻辑经验主义》（上卷），31页，北京，商务印书馆，1982。

② ［美］石里克：《意义和证实》，见洪谦主编：《逻辑经验主义》（上卷），49页。

③ ［英］艾耶尔：《语言、真理与逻辑》，11页，上海，上海译文出版社，1981。

说法都表明，意义证实原则不过是用于证明逻辑命题因形式为真，而与其他一切经验证实活动无关。由于这个原则仅仅是为了表明有意义的命题应当为逻辑命题，因此，也就不存在对这个原则本身的证明问题，因为它本身既不是逻辑命题，也不是经验命题，因而不需要对它进行是否有意义的断定。

其次，意义证实原则中所谓的"意义"既不是我们通常理解的具有价值性质的意义，如人生意义或世界的意义等，也不是我们在语言使用中所谈到的具有蕴含意味的意义，而仅仅是命题具有形式含义的意义。维也纳小组成员克拉夫特（V. Kraft）就明确指出："通过规定描述指号和逻辑指号的意义，并且根据形成规则把组合调整成为语句，人们就完全确定了指号组合即语句的意义。该意义就在于该组合按照指号的给定的意义和给定的形成规则所标示的东西。换句话说，意义就只是由词汇和语言的（逻辑的！）语法来确定的。"①这就清楚地表明，这里的"意义"的确是指语词和句子的构成规则，而与我们通常理解的各种意义无关。所以，我们就不能简单地把意义证实原则批评为排除了对其他各种意义问题的探究。

虽然人们通常对意义证实原则多有误解，各种批评意见也并未完全击中要害，但这个原则本身的确存在自身的问题。其主要问题不是在于如何理解意义概念或证实的可能性概念，而在于它试图用证实的方法确立有意义命题的整个实证主义纲领。这是一种具有理想主义情结的乌托邦。

---

① ［奥］克拉夫特：《维也纳学派》，43页，北京，商务印书馆，1998。

之所以称其为"乌托邦"，是因为这个纲领完全是哲学家们的一个理想。说它是一个理想，我有两个理由。其一，实证主义所追求的是为科学知识确立恰当的地位，试图通过判定何谓知识而为科学的思想划定界限。然而，这从根本上就是难以完成的任务。其二，当代哲学的发展已经表明，实证主义的哲学传统至今已经受到越来越多的批评和挑战，科学主义的思维方式在不断扩展哲学研究领域的同时，也在遭受各门具体科学的侵蚀和盘剥。事实上，实证主义哲学在当今哲学中（在一定程度上）事实上已经变成了明日黄花。

追问知识的基础，这始终是实证主义哲学家们的一个理想。在不同时期的实证主义者那里，这个基础表现为不同的形式，从密尔时代的思维规律到马赫的物理实验，直到维也纳学派的逻辑形式。但无论以何种为基础，他们的共同特点都在于，把知识看作单一的科学认识形式，把"可以验证为真的信念"这个定义奉为知识的圭臬。这种做法显然忽略了知识内容的多样性和复杂性，抹杀了知识形态的差异性。因而，试图以科学知识作为一切知识的唯一标准并以此为科学的思想划界，这显然（至少部分）不符合知识内容和形态存在的实际情况。退一步说，量子力学和神经科学已经证明，科学知识也并非如人们以往认为的那样可以得到清楚的证实。

在当代哲学中，实证主义受到越来越多的质疑和挑战。这些质疑和挑战不仅来自欧洲大陆现象学的哲学传统，而且来自实证主义哲学自身阵营。蒯因对经验主义两个教条的批判，表面上是对经验主义哲学的批判，但实际上针对的就是维也纳学派的实证主义哲学。在蒯因看来，分析与综合的严格区分就是为了确保分析性命题的真理性，而这恰好是维也纳学派实证主义哲学的核心所在。有趣的是，石里克在后期论述中曾多次表示，对于维也纳学派的思想他更愿意使用"逻辑经验主义"这个名称，而不是"逻辑实证主义"。这或许表明"实证主义"在他心目中不能完全代表维也纳学派的思想。

当然，实证主义作为一种哲学传统在当今的西方哲学中继续发挥着重要的作用，仍然是西方哲学研究的一种基本方法。哲学家们不会因为科学的快速发展和社会的复杂多变而放弃对思想表达形式的考察，也不会由于貌似深刻、晦涩且华丽的辞藻而停止对其真实意义的追问。哲学家们的工作，正是在这种考察和追问中，为我们所获得的关于世界的理解，提供一种更加清晰的解释方式，而这也正是实证主义所能提供的方式。

五、知识之锚与纽拉特之船

数月前，好友黄敏教授送来他的新作《知识之锚：从语境原则到语境主义知识论》，嘱我一评。知识论属于当代分析哲学研究的主要领域，哲学家们对知识的讨论本身就构成了西方哲学发展的重要内容。黄敏教授试图通过对语境原则的重新构造，推出语境主义知识论的先验论证，由此说明一切知识论的前提都以心灵与实在之间的关系图景为基础，这也确定了知识论讨论必定关乎理性，而理性又内嵌于实践，因此，知识论只能以基于实践的语境主义为其思想之锚。我对书中的许多观点并无异议，唯一感到不安的是作者对纽拉特之船的解释。

　　"纽拉特之船"是维也纳小组成员纽拉特提出的一个比喻。他把我们的知识整体比作一只大船，我们必须像水手一样在大海上翻修这只船，而无须在干船坞上拆卸并用最好的部件修复它。纽拉特由此表明，一切知识都是以历史为条件的，任何时候，只要我们可以接受足够多的知识陈述，我们就可以坚持这样的知识。在这个过程中，知识的任何片段都可以得到替换，以便保持整个知识体系的运行。根据这种说法，不存在任何可以被看作知识基础的东西。蒯因对此极为赞赏。他在《同一性、实指和实在化》一文中指出："诺伊拉特（即纽拉特——笔者注）把哲学家的任务恰当地比作水手的任务：他必须在海上翻修自己的船只。"他由此得到这样的结论："我们可以一点一点地改进我们的概念系统、我们的哲学，同时又继续依赖它，作为支柱；但我们不可能使自己与它分开，把它与一个未经概念化的实在进行客观比较。"①蒯因借助于"纽拉特之船"是要说明，确立概念系统的实用标准是语言、科学和哲学的最高任务。

　　但在理解"纽拉特之船"的比喻时，我们似乎容易犯这样一个错误：我们误以为这个比喻是要说明知识论讨论不需要任何哲学的基础，因此才会得出反基础主义的错误结论。然而，事实上，纽拉特的比喻并非针对知识论上的基础主义，而是要反对以斯宾格勒（O. A. G. Spengler）为代表的一种关于世界观的看法。斯宾格勒在他著名的《西方的没落》一书中提出一种普遍的世界观，认为正是这种世界观的丧失使得西方世界面

————————

　　① [美]威拉德·蒯因：《从逻辑的观点看》，73页，上海，上海译文出版社，1987。

临没落的危险。这是一种包罗万象的世界观，斯宾格勒试图用这样的世界观解释人类历史的演变。有趣的是，这种世界观据称对当代西方两位最为重要的哲学家产生了很大影响，即海德格尔和维特根斯坦。维特根斯坦在提到斯宾格勒时，以一种特殊的方式表达了对"综观"的理解，这也被看作他解释"哲学语法"概念的重要方式。他在《哲学研究》中写道："综观式的表现这个概念对我们有根本性的意义。它标示着我们的表现形式，标示着我们看待事物的方式。（这是一种'世界观'吗?)"(PI,§122)

而纽拉特却在他的《反斯宾格勒》一文中提出这个船只比喻，他是要借此说明，并不存在这样的世界观，一切基于完美观点的行动都不过是伸向襁褓的黑手，而试图包罗万象的世界观也就是试图预期那些不可预测的结果。最终，我们的一切思考都基于这种不完满性，但我们又必须带着这种不确定性前行。唯一的问题是，我们是否真的意识到这一点。正是在这个意义上，纽拉特用了船只比喻，说明人类的命运（包括人类知识本身）如同在不确定的大海上航行的船只，我们无法靠岸（得到确定性），所以只能在海上修补自己的船只（比如，以新的知识替换旧的知识）。① 显然，"纽拉特之船"的比喻并非针对卡尔纳普的基础主义。

而且，蒯因在借用"纽拉特之船"的比喻时也不是为了反对基础主义，而是反对把我们的概念与概念之外的非概念的实在之间的关系作为

---

① Otto Neurath, "Anti-Spengler," in M. Neurath R. S. Cohen, eds. , *Empiricism and Sociology*：*Vienna Circle Collection*, vol. 1, Dordrecht, Springer, 1973.

评价概念系统基本变化的唯一标准。他明确地说："我认为，要问一种概念系统作为实在的镜子的绝对正确性，是毫无意义的。我们评价概念系统的基本变化的标准必须是一个实用的标准，而不是与实在相符合的实在论标准。"①蒯因认为，作为抽象物的概念与我们用语词去实指的具体对象具有截然不同的本体论地位。我们无法把概念看作是对非概念的实在的客观反映，否则我们就必须首先具备已然被强加于实在的某种概念了。这必然导致论证上的恶性循环。同时，我们又不会接受一种宿命论的结论，即认为我们生来就受制于我们成长于其中的概念系统。如此这样，我们就只能接受一种改良的策略，我们能够一点点地、一条条地改变这个系统，但又无法完全脱离这个系统而求助于之外的某个东西。这正是"纽拉特之船"的寓意所在。

然而，我们通常却错误地把这个比喻理解成纽拉特以及蒯因对基础主义知识论的批评，由此得出了类似反基础主义知识论的结论。当然，如果我们追问知识的基础问题，或许有两种可能的路径：一种是以否定的方式取消知识基础问题，试图用实用主义取而代之；另一种是给出不同于传统知识论的替换方案，或如黄敏教授所提出的语境主义知识论，或如以盖提尔为代表的怀疑主义知识论。前一种路径显然正是蒯因所采用的，但更多的哲学家选择了第二种路径，虽然他们给出了各种不同的替换方案。在这些方案中，先验论证似乎被看作一种可以从根本上解决怀疑主义的有效途径。这就要求我们对知识的辩护

① ［美］威拉德·蒯因：《从逻辑的观点看》，73 页，上海，上海译文出版社，1987。

首先是一种语义学意义的先验阐明，即通过对知识命题在整个知识体系中的结构作用来对知识命题的有效性给出辩护。在这里，我们看到了从康德到维特根斯坦思想的发展线索，也就是为知识论的构成方式寻找一条可行的路径。

第五章

再论分析哲学的起源

一、皮尔士与分析哲学的起源

在中国，"皮尔士"（C. S. Peirce）之名是伴随着詹姆斯（W. James）和杜威而为人所知的，他们都被看作美国实用主义的创始人，但皮尔士的真正贡献却鲜为人知。2014 年 7 月 16—19 日，皮尔士学会和皮尔士基金会在美国举行了纪念皮尔士去世一百周年的国际大会，主题为"探索 21 世纪的哲学"。来自世界各地的两百多名学者，全方位、多角度地讨论了皮尔士对当代科学、语言学、符号学、逻辑学、哲学、宗教以及社会的重要贡献，充分肯定了皮尔士哲学作为当代哲学先驱的地位，由此引发了我对皮尔士与分析哲学关系的思考。

在大会前夕出版的《皮尔士：五个问题》一书汇集了世界范围内的35位皮尔士研究专家对皮尔士思想的基本评价。苏珊·哈克(Susan Haack)明确指出："我们应当把皮尔士的工作看作宝贵的思想资源，是先于我们这个时代以及他自己时代的思想宝库。""关于皮尔士的哲学遗产，我只想说，他在许多领域的贡献多不胜数，任何一个哲学领域，如逻辑和语言哲学、形而上学和探究理论、科学哲学、宗教哲学、宇宙论、心灵哲学、甚至伦理学和美学，无一不从他那里得到思想资源。"[①]辛迪卡(J. Hintikka)则明确地把皮尔士看作现代逻辑的真正创始人。他认为，皮尔士在当时真正掌握了数学家们的工作逻辑，他没有像弗雷格那样对数学进行形式化，而是用图示方法轻松地将其扩展为填补空缺的工作。雷谢尔(N. Rescher)把皮尔士的哲学描绘为处于除旧开新的交叉路口：皮尔士与怀特海(A. N. Whitehead)共同告别了在多方面受到科学影响的思想体系，这些在康德和黑格尔时代是典型的体系哲学；而在新的方面，皮尔士的工作则代表了一种转向，即寻求重塑莱布尼茨的策略，用实践去证明理论，追问探究和思辨中的成功实践，不仅把这些看作理论的指导，更是看作对其恰当性的仲裁，也就是我们常说的"实践是检验真理的标准"。这里的主导观念是，把实验室的实践、可行的途径以及公共论坛看作思辨性研究的必要指南。其实，这里体现的正是西方近代科学形成以后出现的实证主义精神，也就是皮尔士提倡的"实用主义准则"。

---

① F. Bellucci, A. Pietarinen, F. Stjernfelt, eds. , *Peirce: 5 Questions*, Boston, Automatic Press, 2014, pp. 89-90.

但在我看来，皮尔士对当代哲学的最大贡献，恐怕还是他的指号学（semiotic）和逻辑学。皮尔士的指号学被公认是他思想中的最大成就，他因此也被看作指号学的创始人，而他的指号学也被解释为他的广义逻辑学。但遗憾的是，在他的思想被真正认识之前，人们对指号学的了解更多却是来自索绪尔和莫里斯（C. W. Morris），前者在语言学上的突出贡献使得他的符号学（Semiology）思想也变成了一种原创，而后者对皮尔士三元符号理论的继承却反倒使其成为指号学的领军人物。直到 20世纪 50 年代，人们才发现皮尔士早在 19 世纪末期就已经提出并论证了指号学的科学地位。关于这个方面的论述，林斯卡（James Jakob Liszka）在他的《皮尔士指号学通论》（1996）中已经给出了详尽的说明。但更为重要的是，皮尔士的指号学同索绪尔和莫里斯的思想有着重要区别。索绪尔符号学强调符号在社会中的作用，从而把符号学理解为一种社会心理学，而语言学在他那里则变成了普通符号学的一个部分，其任务是要使得语言成为具有大量符号数据的专门系统。对皮尔士来说，符号学与心理学无关，而与人类使用符号的能力有关，他由此把人等同于思想，又把思想等同于一系列符号。他明确地说："人所使用的词或指号就是人本身。……我的语言就是我自身的全部总和，因为人就是思想。"①以往人们把皮尔士的指号学理解为科学主义，而索绪尔的思想则被看作属于人本主义。但事实上，皮尔士的指号学完全从新的角度理解符号，把人看作符号本身，这才是真正的人本主义。英国哲学家霍克威（Christopher Hookway）指出："在皮尔士的著作中，我们发现了在弗雷

---

① 涂纪亮编：《皮尔斯文选》，149 页，北京，社会科学文献出版社，2006。

格、罗素或维特根斯坦著作中的那些主题的并行发展。"①由此我们发现了皮尔士思想与早期分析哲学之间的思想联系。

当然，皮尔士与分析哲学的这种渊源关系更主要体现在他的逻辑学中。皮尔士被公认为现代逻辑学的创立者之一，但他提出的逻辑学思想几乎是完全独立于欧洲大陆逻辑学家和数学家们的工作的。他早在1870年就从布尔(G. Boole)的逻辑演算中得到了关系逻辑的概念，比弗雷格的概念文字思想早了近十年的时间(这也难怪，皮尔士本来就比弗雷格大九岁嘛!)。他在19世纪80年代对逻辑代数的大量讨论奠定了现代数理逻辑的重要基础。皮亚诺(G. Peano)在《算术原则》中就明确地把自己的工作看作基于皮尔士、布尔等人的成就，罗素的逻辑记法也受到了皮尔士、皮亚诺和施罗德(E. Schröder)等人的很大影响，施罗德则对皮尔士的关系逻辑做出了很大的推进，斯克伦(Thoralf Skolem)在1928年的《论数理逻辑》一书中把这门学科的历史描绘为从莱布尼茨到弗雷格的过程，其中皮尔士紧随布尔之后。这些都清楚地表明，皮尔士在现代逻辑的形成过程中的确发挥了奠基人的作用，而现代逻辑正是现代分析哲学得以产生的主要根据。不仅如此，皮尔士的逻辑学思想还表现出与弗雷格、罗素以及维特根斯坦等人不同的路向。约旦(P. E. B. Jourdain)早在1914年《逻辑代数》一书的前言中就明确指出了这种不同："我们可以简短但相当精确地把过去60年中符号逻辑理论的双线发展概括如下：符号逻辑的理性演算方面由布尔、德摩根(Augustus de Morgan)、耶芳斯(W. S. Jevons)、文恩(J. Venn)、皮尔士、施罗德、莱德-富兰克林夫

---

① Christopher Hookway, *Peirce*, London, Routledge and Keganpaul, 1985 p. 1.

人(C. Ladd-Franklin)以及其他人所共同发展,而普遍语言系统方面则由弗雷格、皮亚诺和罗素等人所共同发展。"①这不仅概括了现代逻辑诞生之时的两条路线,而且指出了现代逻辑的未来发展方向。尽管弗雷格的工作被普遍认为包含了现代逻辑的一切要点,但后来的发展表明,现代逻辑在符号演算方面取得了更为突出的成就,而自然语言的形式化工作也是建立在这些成就的基础之上的。因此,皮尔士的逻辑学工作对分析哲学的产生和发展就有了根本性的作用。

二、再论皮尔士与分析哲学之关系

上文我们讨论了皮尔士在分析哲学起源中的作用,主要还是从他的逻辑学和符号学方面谈的。这里我们要着重谈谈他的实用主义与分析哲学的关系问题。以往认为,实用主义与分析哲学分属于不同的但有所交叉的思想流派,典型的例子是石里克对实用主义者刘易斯(D. Lewis)的批评。刘易斯认为维也纳学派的证实原则与实用主义思想别无二致,石里克则明确指出了两者之间的主要区别就在于对逻辑地位的不同认识。但他同时指出:"刘易斯教授心目中的实用主义观点与维也纳学派的经验主义观点之间并没有什么严重的分歧。如果在某些专门问题上他们得出了不同的结论,我们可以期望通过细致的考察来消除这种差异。"②这

---

① L. Couturat, *The Algebra of Logic*, Boston, Open Court Co., 1914, p. I.

② 洪谦主编:《逻辑经验主义》上卷,43 页,北京,商务印书馆,1982。

表明，从经验主义的立场出发，实用主义与分析哲学之间并不存在根本的区别，这在皮尔士的思想中就表现得更为明显。这也是穆尼茨（M. K. Munitz）把皮尔士放到他的《当代分析哲学》一书首篇的重要原因。

1868 年皮尔士发表论文《四种无能的某些后果》，对近代哲学中的认识论给予了最为严厉的批评，提出以探究取代认识、以生存取代对应、以触觉隐喻取代视觉隐喻、以探索取代反映的思想方向，由此开始了蒯因所说的经验主义的第五个阶段，即自然主义阶段。这是以科学方法为主导的经验主义思维方式，强调以客观实在为前提，以客观效果为标准的确立信念的方法。这种方法的主要特征在于怀疑和纠错，最终以科学信念的确立为目的。虽然皮尔士提倡的科学方法被后人批评为不甚清楚，但他由此提出的以信念取代知识的做法却正是分析哲学家们奋斗的目标。

皮尔士的实用主义与分析哲学之间最具有思想联系的是意义理论。维也纳学派哲学革命的目的就是要确立意义问题，石里克说："哲学就是那种确定或发现命题意义的活动。哲学使命题得到澄清，科学使命题得到证实。科学研究的是命题的真理性，哲学研究的是命题的真正意义。"①这在皮尔士那里也完全适用，他就明确地把运用科学方法的目的确定为对观念或语词意义的澄清。他在《如何使我们的观念清楚明白》一文提出的"实用主义准则"就是对意义的说明："考虑一下我们认为我们概念的对象具有一些什么样的效果，这些效果具有一些可以想象的实际意义。这样一来，我们关于这些效果的概念就是我们关于这个对象的概

---

① 洪谦主编：《逻辑经验主义》上卷，9 页，北京，商务印书馆，1982。

念的全部。"①用概念的效果作为概念的意义，这也正是维也纳学派用证实作为意义原则的初衷，虽然他们更强调这种证实的最后根据在于逻辑上的可证实性。由此我们可以清楚地看出，皮尔士的实用主义准则就是一种意义理论。

当然，如果要深究皮尔士的实用主义与分析哲学的关系，我们就必须从实证主义的传统中寻找根据。怀特(M. White)曾在《分析的时代》中把皮尔士的实用主义准则归结为三要素：假设主义、动作主义、实验主义。② 这三要素的核心就是一种科学实证主义的方式，皮尔士自己将其称为"恰当的实证主义"(Prope-positivism)。这种实证主义的特点在于强调方法，即把实用主义的一切观点都理解为根据逻辑要求而形成的对实验对象的验证方法。③ 他说："实用主义并不试图说出所有指号的意义在于什么，而只是规定一种决定知性概念即推理所赖以运用之概念的意义的方法。"因为"一种重大的方法将会修正自身，同时也修正各种学说。学说是结晶体，而方法则是酵母"。④ 国内学者张留华指出，正是这种对方法的强调，使得皮尔士的思想与詹姆斯、杜威等人的实用主义区别开来，而与维也纳学派以及主流的分析哲学家的思想形成了呼应。⑤ 应当说，这完全符合实证主义的思想传统，由此可以看出皮尔士的实用主义与实证主义哲学之间的思想脉络。

---

① 涂纪亮主编：《皮尔斯文选》，95 页，北京，社会科学文献出版社，2006。

② ［美］M. 怀特：《分析的时代》，139—140 页，北京，商务印书馆，1981。

③ 涂纪亮主编：《皮尔斯文选》，13 页。

④ C. S. Peirce, *Collected Papers of Charles Sanders Peirce*, vol. Ⅵ, eds. by Charles Hartshorne and Paul Weiss, Cambridge, Harvard University Press, 1935, p. 6.

⑤ 张留华：《皮尔士哲学的逻辑面向》，231 页，上海，上海人民出版社，2012。

其实，关于皮尔士与分析哲学之间的这种思想联系，西方哲学家们已经给出了很多论述。罗蒂早在 1961 年就指出："皮尔士预见并提前批判了逻辑实证主义所代表的那些经验主义发展阶段，他取而代之的一组远见卓识和哲学气质更像是我们在《哲学研究》及受后期维特根斯坦影响的哲学著作中所见到的。"①德国哲学家阿佩尔（Karl-Otto Apel）则在《查尔斯·皮尔士：从实用主义到实效主义》一书中指出："如果我们从今天的观点回看皮尔士的实用主义，我们在其中主要看到的是面向未来的一种'科学逻辑'纲要。毋庸置疑，在分析哲学期间借助于数理逻辑所发展的科学逻辑，在技术细节上比皮尔士走得更远。但是，在我看来可以肯定的是，现代科学逻辑工作由逻辑实证主义的反形而上学计划所继承的基本二维（语法-语义）方法，从根本上要逊色于皮尔士的三维指号学方法。"②乔姆斯基则更为直接地说："就我们正在讨论的'语言哲学'问题来讲，我感到自己与之最靠近的、几乎是在解释他的一位哲学家是皮尔士。"③

不过，对皮尔士的思想与分析哲学之间的区别，当代哲学家还是有清楚的认识，但他们看到的更多是皮尔士不同于分析哲学家的独特性和超越性。例如，美国学者摩尔（M. E. Moore）就指出："皮尔士的哲学教育和气质在许多方面都不同于分析哲学的那些奠基者。像弗雷格一样，

---

① Richard Rorty, "Pragmatism, Categories, and Language," *The Philosophical Review*, vol. 70, No. 2, 1961, pp. 197-198.

② Karl-Otto Apel, *Charles S. Peirce: From Pragmatism to Pragmatism*, Amherst, The University of Massachusetts Press, 1981, pp. 192-193.

③ Max Fisch, *Peirce, Semiotics, and Pragmatism*, Bloomington, Iadiana University Press, 1986, p. 431.

他既尊敬康德又对其有所抱怨；但是皮尔士对于康德的认识以及有关哲学史的知识更为全面，对于康德的斗争以一种比在弗雷格那里更为根本的方式塑造了皮尔士哲学。像罗素等早期实证主义者一样，皮尔士自觉接受英国经验论的影响，但他同时比实证主义者们更为敏锐地意识到经验主义传统哲学的僵局所在。或许皮尔士与主流分析哲学之间最显著的差别，是他对经院哲学实在论的创造性利用以及对黑格尔的那种非常有限和慎重但却很真实的尊敬。"①不仅如此，皮尔士思想的原创性如今得到越来越多哲学家的重视。首先，八卷本的《皮尔士文集》出版后，新的手稿整理计划已经在进行中，计划为30卷本的《皮尔士作品集：以编年为序》目前已出版11卷，而要全部整理出版的手稿，据估计为104卷。其次，大量相关研究著作陆续出版，哲学家们对皮尔士思想的原创性给予了极高评价。例如，费奇（M. H. Fisch）就明确表示："美国迄今所产生的最具原创性、最多才多艺的思想家是谁？答案'皮尔士'是不容争议的，因为任何第二个人都会远远逊色于他而不足以提名。"②诺贝尔化学奖获得者普利高津（I. Prigogine）说："皮尔士的工作似乎是朝着理解物理法则中所包含的多元性所迈出的领先一步。"③著名皮尔士研究专家豪塞尔（Nathan Houser）甚至说："皮尔士是他所在时代最博闻强记的一位逻辑学家，不仅在理论和技术方面，而且包括在历史方面；有史以来几

---

① Matthew E. Moore, "The Genesis of the Peircean Continuum," *Transactions of the Charles S. Peirce Society*, 2007, 43(3), pp. 425-426.

② Thowas Albert Sebeok, *The Play of Musement*, Bloomington, Indiana University press, 1981, Introduction Note, p. 17.

③ Joseph L. Brent, *Charles Sanders Peirce: A Life*, Bloomington, Indiana University press, 1998, p. 176.

乎没有逻辑学家超越过他。"①霍克威则说："皮尔士看起来是最具有现代性或当代性的哲学家之一。虽然他的许多观点存有争议或难以置信，不过，只要一读他的作品，我们就可能觉得他的许多问题与今天哲学所关切的议题紧密相关。"②这些评价充分说明皮尔士在当代哲学发展中的独特地位，也彰显了他与分析哲学之间不可分离的密切关系。

三、西方哲学史：批评的还是分析的

20 世纪 60 年代，英国学者奥康诺（D. J. O'Connor）主编并出版了《批评的西方哲学史》，一时成为西方哲学界共同讨论的话题之一。学者们争论的焦点在于，如何将西方哲学史理解为一部完整的历史描述，而对这个历史素材的选择又依据何种标准。主编在书中明确表示，他们力图"以更多的篇幅进行哲学批评；并对思想发展重要阶段比对这段的历史予以更详细的处理"。③ 尽管如此，由于该书是由多名作者共同完成的，因而难免众口难调、标准多元，其结果就是无法看到全书的统一原则。此外，由于该书出版于半个多世纪之前，因而西方哲学的后来发展无法得到阐述说明。但我更关心的是，对西方哲学的历史发展是否可以如此处理？

---

① Nathan Houser, "Peirce, Phenomenology and Semiotics," in *The Routledge Companion to Semiotics*, ed. by Paul Cobley, London and New York, Routledge, 2010, p. 89.

② Christopher Hookway, 1985, *Peirce*. London, Routledge and Kegan Paul, p. 1.

③ ［美］D. J. 奥康诺主编：《批评的西方哲学史》，1 页，北京，东方出版社，2005。

在西方语境中，"批评"并不意味着批判或驳斥，而是质疑性考察，主要目的是更好地说明所要批评的观点，便于人们更为清楚地理解这些观点的真实意义。但这种批评往往是就事论事或一事一议的，并不直接涉及对某个观点所隐含的一般原则或前提的批评。例如，在奥康诺本人所写的《亚里士多德》一章中，他对亚里士多德的逻辑学、科学思想、实体与原因、身体与心灵、上帝以及道德哲学都分别做了论述，但却难以看到这些思想之间的内在联系，比如人们无法理解亚里士多德的形而上学与逻辑学之间、科学思想与道德哲学之间等究竟存在何种关系。我们从这种批评的哲学史中看到的不过是各种罗列出来的不同观点，但很难从这些观点中得到它们之间的逻辑关系，更无法从不同哲学家的思想中得到相同的或近似的思想倾向或基本立场等。如今我们看到了大量的哲学史论述，无论是哲学史家们对哲学历史尽量客观的描述，还是哲学家们根据自己的哲学立场和观点对哲学史的重新梳理，它们都表现出一种共同特征，即没有核心的灵魂去引导我们对哲学史的理解，无法看到作者对哲学历史的独到理解。或许，在这方面，黑格尔的《哲学史讲演录》是一个真正的例外。但由于黑格尔过分地把哲学史理解为绝对精神的自然发展过程，因此难以让我们客观地了解真实的哲学史。这就需要我们以另一种方式重写哲学史。

其实，从思想史的角度看，哲学史应当属于思想史的一部分。思想史是对历史上所出现的各种思想内容的历史性描述，但这样的描述一定是有所选择的，即针对不同的研究领域而选择对相应领域的思想内容进行描述。例如，政治思想史就是在政治领域中对历史上所提出的各种思想内容的描述，而法律思想史则是对法学领域中的各种思想内容的历史描述。这表明，思想史的内容描述是有具体对象的，一种思想史研究总是以具体的对象研究为前提。在这种意义上，哲学史也可以被看作是对历史上的各种哲学思想发展过程的描述，因而，哲学史应当属于思想史范畴。但与其他思想史不同，哲学史的特殊性在于，它不是一种简单的历史过程描述，甚至不是简单的对不同哲学思想的历史描述，而是站在超越历史的高度对历史的重新审视，是以哲学的方式对自身历史过程的重新解释。这就为我们在不同历史时代重写哲学史提供了可能。正是基于对哲学史的这种理解，我们可以重新考虑以新的方式重写哲学史。

以新的方式重写哲学史，这并不意味着可以完全抛弃以往的哲学史研究，相反，这需要我们对以往的所有研究采用分析的态度。在我看来，"分析的态度"可以有两个方面。一方面，是对原有的哲学史研究成果加以分解辨析，从中找出能够帮助我们很好地理解哲学家思想的材料和观点；另一方面，是要以分析的视角去重新整理西方哲学史上的具体思想素材，按分析的思路重新构建西方哲学的发展历程。克罗齐的"一切历史都是当代史"的论断，对哲学的历史同样适用。无论这个论断是否另有深意，但每个时代的哲学史的确都是这个时代的哲学家们所描绘和解释的哲学史，所以我们才会有对历史的重新理解。对许多哲学家来说，两千五百多年的哲学发展史就是各种哲学观点相互冲突厮杀的历史，整个西方哲学充满了相互否定，后代哲学家总是以前代哲学的掘墓人身份出现，使得哲学研究变成了后来者不断否定前人思想的残酷战场。面对哲学史上的前后相继中的否定现象，哲学家们总是给出各种不同的解释，试图说明不同哲学理论观点之间冲突的根源在于对相同问题的不同回答。然而，我们从各种版本的哲学史中却很难看出，依据这种哲学史观如何能够得到对哲学历史的一致说明。因此，这就需要我们变换一个角度，重新思考如何对西方哲学史给出一个合理的描述，而在第二种意义上的分析态度则是我们可以采取的有效方法。

以分析的方法处理哲学史，首先就需要把哲学的历史发展作为一个整体，以整体论的方式讨论西方哲学各种思想观念之间的密切联系，这种联系并非是时间上的先后顺序，而是在思想表达方式和观点论证方法上的一致性。其次要能抓住哲学家思想观点的真正重要环节，即思想表达中隐含的推理内容。几乎每个哲学家都是因为自己观点的推理能否成立而决定了这些观点是否能够在后来的哲学讨论中依然占据一席之地。典型的例子就是摩尔对唯心论的反驳论证。我们知道，摩尔的论证由于在逻辑上没有力量而遭到维特根斯坦的批评。当然，我们还需要更为强有力的分析技术，可以清楚地向我们显示出每个哲学观点的真实意图。这样，我们才能真正理解哲学家们提出各种哲学观点的真实原因，由此深入到哲学家们的内在心灵。因而，在目前的哲学史研究中，分析的方法应当是一种理解哲学发展的最为有效的方法。

四、语言与心灵：伯仲难辨

众所周知，当代分析哲学自 20 世纪 70 年代开始就出现了一次重要转向，这就是从语言哲学转向了心灵哲学。从此，语言哲学逐渐失去了以往在分析哲学和整个英美哲学中占据的主导地位，心灵哲学似乎一夜之间成为哲学家们热烈讨论的话题。美国加州大学洛杉矶分校的伯吉

(T. Burge)教授把这种转向的原因解释为："在说明传统哲学问题方面，语言哲学似乎已经实现了它的承诺。"他认为："语言哲学的一些讨论，特别是关于意义理论的讨论和关于语义学该研究什么和不该研究什么的讨论，看来已陷入了僵局。几十年来，语言哲学领域就没有产生什么重要的、巨大的、新颖的哲学观念。"①然而，美国新泽西州罗格斯大学的勒坡(Ernest Lepore)教授并不认同这种观点。勒坡是国际著名的语言哲学家，目前担任罗格斯大学认知科学研究中心主任。他指出，虽然哲学家们的研究兴趣发生了变化，但这并不意味着语言哲学走向了末路，相反，正是对语言的更为深入的研究直接导致了哲学家们对心灵问题的重新关注。的确，伯吉教授也承认，语言哲学转向心灵哲学的内在原因在于哲学家们对意义与命题态度(比如信念和意图)之间关系的重新反思；也由于语言哲学研究中面临的一些持久难题，例如，新的指称理论如何解释弗雷格关于晨星和暮星的困惑、如何解释指示词的认知价值、有关命题态度的句子的真值条件和逻辑形式问题、关于从物的信念(*de re* belief)问题等等。但在他看来，对这些问题的研究已经逐渐转化为一些更为专门的研究领域，如语义学和逻辑学等，这就使得语言哲学研究缺乏真正的哲学动力。随着心理学中计算机模型的兴起和心理学哲学的重新发现，心灵哲学研究似乎找到了更为坚实的科学根据。

然而，这种争论似乎并未结束。虽然心灵哲学研究目前在西方英美哲学中正在如火如荼地进行，各种物理主义和反物理主义理论层出不

---

① ［美］泰勒·伯吉：《语言哲学与心灵哲学：1950—2000》，见陈波、江怡主编《分析哲学：回顾与反省》，172页，北京，中国人民大学出版社，2018。

穷，但哲学家们在语言哲学领域中的研究也一刻没有停止。据国际著名英文网站"哲学论文"（PhilPapers）统计，截至 2014 年 9 月 14 日，该网站收录的仅"语言哲学"专题论文就有 1 147 篇，"语言学哲学"专题论文 2 245 篇，而关于"意义""语言""语用学""分析性""命题""语义现象""指称""弗雷格和罗素的意义理论""专门表达式""句法""真理""模糊性和不确定性"等问题的专门论文则多达 18 000 多篇，语言哲学领域中的专著则收录了 999 部。而在该网站上的讨论专题也多达 207 个，共有 4 000 多人参与了各专题的讨论。《牛津语言哲学手册》《语言哲学指南》《布莱克威尔语言哲学指南》以及莱肯（William Lycan）的《当代语言哲学导论》等著作成为当今语言哲学研究的主要依据和资料来源，也是当代哲学家了解语言哲学研究进展的主要参考文献。这些都清楚地表明，语言哲学研究虽然不再像以往那样占据当代英美哲学的主导地位，但哲学家们在这个领域中的工作仍然取得了明显的成效。

更为重要的是，语言哲学家们提出的许多理论观点，不仅在语言哲学中具有重要的思想价值，在心灵哲学研究中也得到了广泛应用，取得了很好效果。最近，我看到黄益民博士的新著《从语言到心灵：一种生活整体主义的研究》，对当今语言哲学研究的最新研究成果运用到心灵哲学领域中的情况做了较为有趣的分析，值得一读。尤其是其中提到，查默斯（David Chalmers）提出的"二维语义学"对关于意识的物理主义理论所做的批判，引起了心灵哲学领域中的激烈辩论。"二维语义学"虽然是语言哲学研究领域中的最新成果，但由于其中直接涉及人类认知活动的特征，所以心灵哲学家们给予了很大的关注。这个理论的核心思想是说，一个表达式的外延是以两种不同的方式依赖于世界的可能状态：一种是认知依赖，这是指表达式的外延依赖于现实世界的呈现方式；另一种是虚拟依赖，这是指表达式的外延还依赖于世界的反事实状态。与此对应，一个表达式就具有两种不同的内涵，而这就被看作一个表达式意义的两个不同维度。然而，由于这种由外延确定内涵的方式直接涉及两种内涵的认知性质，由此又使得对意义的确定回到了从内涵到外延的过程，即我们对一个表达式的外延的确定最终是通过我们使用这个表达式的内涵完成的。这些内涵就是查默斯所谓的"认知内涵"和"虚拟内涵"。"二维语义学"的这种内涵决定论招致了心灵哲学家们的很多批评，认为这无异于把个人内在的心理活动作为确立表达式意义的标准。但查默斯则明确表示，所有这些批评都基于对他理论观点的误解或不完全理解。他的工作试图寻求的是在不同个人心理活动之外的某种具有普遍意义的意识活动，这种活动并不独立地存在于某个人的头脑中，而是存在于所有意识到表达式意义的人的头脑之中。这样，我们就可以很好地解释意识活动是如何可以不依赖于某个人的头脑的这一现象。

这听上去的确有些天方夜谭，但却是从我们的逻辑上可以得到证明的理论。问题只是在于，我们如何把这种理论用于说明我们在头脑中实际发生的意识活动。在这里，我们或许可以看到语言哲学家与心灵哲学家在问题讨论视角上的分歧。当心灵哲学家们正在努力为我们的意识现象（特别是"感受质"）寻找坚实的科学依据的时候，语言哲学家们却不断地在提醒他们，对心灵活动的所有解释都应遵从一个基本原则，这就是，解释的目的是让作为人类整体的我们看到心灵活动对我们的生活带来的实际作用。其实，无论是物理主义还是反物理主义，哲学家们都面对这样一个难题：思维中的可想象性与我们对世界的可解释性之间究竟是什么关系？而在这个哲学难题面前，语言哲学家和心灵哲学家的回答的确伯仲难分。

五、分析哲学史：一个新的研究领域

著名的美国哲学网站"莱特报告"（Leiter Report）最近发起了一个网上投票"如何看待分析哲学史"，引起了我的极大兴趣。根据 2018 年 8 月的投票结果，多数人对分析哲学史抱有友善态度：17％的人认为分析哲学史是"核心的、基础性的"，28％的人认为是"主要的研究领域"，27％的人认为"与其他当代哲学兴趣整合在一起时是有用的"，20％的人认为是次要的研究领域，只有 8％的人认为是浪费时间。这个结果表明，至少有一半以上的人认为分析哲学史是重要的。这个结果的确出乎我的意料。通常认为，与西方哲学史相比，分析哲学史应当属于专门的研究领域，真正关注的人会比较少。由于这是一个专业哲学网站组织的投票，因而参与者大多应当具有一定的哲学专业背景。这也使得这个投票结果具有了某种专业意味。

其实，早在十年前，我就曾在一个国内重要哲学杂志上发表文章，提出"走进历史的分析哲学"的口号。这里的"走进历史"具有双重含义：一方面是分析哲学家们开始关注自己的历史发展，把对分析哲学史的研究作为哲学研究的重要内容；另一方面是分析哲学家们试图从哲学史上寻找分析哲学的思想源头，努力把分析哲学理解为西方哲学发展的现代延续而不是与西方哲学的断裂。当然，这个判断首先来自分析哲学家们近几十年的工作。早在 1990 年，美国学者希尔顿（P. Hylton）出版了有影响的著作《罗素、唯心论与分析哲学的萌芽》，开启了哲学家们研究分析哲学史的先河。从此，对分析哲学发展历史的研究就逐渐变成了分析哲学研究的重要内容，如贝尔（D. Bell）等人编著的《分析的传统》《科学与主体性：维也纳学派与 20 世纪哲学》等著作成为分析哲学研究的重要资料。同时，哲学家们对分析哲学与西方哲学传统之间的关系给予了更大关注，20 世纪 90 年代后大量相关研究著作纷纷出版，在西方哲学界的确产生了不小影响，例如科法的《从康德到卡尔纳普再到维也纳的语义学传统》、克拉克的《哲学的第二次革命》（1997）等。有关这些研究情况，我在 2014 年发表的《当代西方分析哲学史研究现状分析》一文中做了详细论述。①

2013 年由英国学者比尼主编的《牛津分析哲学史手册》出版，成为分析哲学史研究的重要事件。由 40 位当今西方最为活跃的分析哲学家共同完成的这部手册，堪称分析哲学史研究的最高权威，作者既有伯吉、林斯基（B. Linsky）、戴蒙德（C. Diamond）、哈克（P. M. Haoker）、希尔顿等这样重量级人物，也有格洛克（Hans-Johann Glock）、佛罗伊德（J. Floyd）、特拉维斯（C. Travis）等学术中坚，更有考里瓦（A. Coliva）、克劳福德（S. Crawford）、于博尔（T. Clebel）等青年才俊。主编在序言中明确断言："该书的出版最为清晰地标志着，分析哲学史现在已经被看作名副其实的哲学分支。"同时，他还明确指出："这不是一部由众人共撰的分析哲学历史，而是一部真正的手册，代表着多年来

① 江怡：《当代西方分析哲学史研究现状分析》，载《世界哲学》，2014(3)。

在这个领域中取得的所有成就，发表了各种不同观点，提出了新的视角和研讨思路，所有这些都是热情满满、信息丰富、在分析哲学史上志同道合。"①的确，洋洋千余页的手册涉及内容广泛，作者论述精到。全书不仅对分析哲学的性质和历史发展做了全面概括，而且对分析哲学史中讨论过的几乎所有重要问题都给予了充分关注，其中涉及的主要人物包括波尔查诺(B. P. J. N. Bolzano)、弗雷格、罗素、G. E. 摩尔、维特根斯坦、维也纳学派成员、牛津学派成员、蒯因、克里普克(S. A. Kripke)、普特南(H. W. Putnam)、麦克道尔(J. McDowell)等，涉及的重要问题主要包括函项、命名、逻辑完善的语言、语言转向、感知与感觉材料、怀疑论与知识、严格的经验、模态、推理主义与规范性、实用主义、现象学等。所有这些都向我们呈现出一幅较为完整的分析哲学发展的历史画卷，自然就成为我们全面了解这个历史过程的首选资料。

如今，分析哲学史之所以成为一门新兴的哲学分支，我想主要原因首先在于，分析哲学家们在这个领域中的研究已经取得了公认的重要成果。且不说国际上每年出版的大量关于分析哲学史的研究著作和发表的论文，仅比尼主编的"分析哲学史丛书"在短短几年之内就出版了20多部，这足以表明分析哲学的历史已经成为哲学家们专门研究的领域。正如比尼在丛书总序中所说，广义的分析哲学史应当涵盖从19世纪后半叶到21世纪初的历史，这开始于弗雷格、罗素、G. E. 摩尔和维特根斯坦的工作，并最后推进到当下的哲学研究。显然，哲学

---

① Michael Beaney, ed., *The Oxford Handbook of the History of Analytic Philosophy*, Oxford, Oxford University press, 2013, p. V.

家们对分析哲学史的研究，目的并非历史本身，而是要从历史研究中寻找当下哲学问题的根源，由此理解分析的传统如何影响到当今哲学的发展。其中特别值得注意的是，分析哲学如何根植于新康德主义和英国唯心论传统，以及分析哲学与现象学之间纠缠不清的历史渊源这两个问题。

当然，分析哲学成为一门新兴的哲学分支还有一个更为重要的原因，这就是对分析哲学自身传统的定位问题。如果说"哲学"这个概念是无法定义的，那么，在许多分析哲学家看来，"分析哲学"这个概念也是无法定义的，因为分析应当是哲学的本质，而不是哲学的具体特征。当越来越多的哲学家使用分析的方法处理哲学问题的时候，他们从未想到把自己列入分析哲学家的行列。有趣的是，的确很少有哲学家自称为"分析哲学家"，正如几乎没有人自称为"欧洲大陆哲学家"一样。由于这样一种特性，哲学家们就需要从历史的视角去寻找自己哲学的根源，由此确定自己所讨论的哲学的位置。"分析哲学史"这门哲学分支的出现正是为了满足哲学家们对自身历史关注的要求，而历史的不确定性和问题的开放性使得分析哲学史研究具有了更为广阔的空间。

第三部分

维特根斯坦与当代分析哲学的转变

第一章 ‖ 维特根斯坦在当代哲学发展中的位置

　　2015 年年初，国际著名哲学杂志《心》发表了维特根斯坦的学生里斯与他在 1945 年左右的谈话记录。虽然这些记录的内容大多都已经在维特根斯坦后期著作中得到了展现，但通过阅读这些谈话，我仍然能够深切地感受到维特根斯坦后期思想的深刻穿透力。然而，在当代哲学的发展中，我们发现，虽然维特根斯坦的前期思想直接影响到早期分析哲学的形成，但当代哲学家们似乎很少提及维特根斯坦后期思想的贡献，通常只是在哲学史的讨论中才会看到后期维特根斯坦的身影，特别是在对分析哲学史的讨论中。相反，更多的哲学家对维特根斯坦的后期哲学采取一种回避的态度，很少有人直接讨论他的后期哲学对当代哲学发展的影响。甚至像维特根斯坦研究专家英国牛津大学的哈克教授在他的著作《维特根斯坦在 20 世纪分析哲学中的地位》中还这样说:"20 世纪后 20 年的哲学在蒯因的带领下,主流的英语哲学倾向日益偏离了维特根斯坦的观念……英语哲学在 20 世纪后 25 年中,很大程度上是在反对维特根斯坦对于哲学上理论构建的非难中形成的,反对的就是维特根斯坦所坚持的哲学。"①这的确会使人产生这样一个困惑:维特根斯坦的后期哲学在当代哲学发展中究竟处于什么样的位置? 既然维特根斯坦被视为 20 世纪最重要的哲学家之一,那么为何在 20 世纪的下半叶(特别是在最后 25 年中)我们却很难看到他的思想在西方哲学发展中继续发挥应有的作用? 或者说,在 20 世纪下半叶的西方哲学中,维特根斯坦在哪里? 这就是我在这章中要讨论的问题。

一、从"维特根斯坦现象"说起

20 世纪 80 年代,有西方学者认为,维特根斯坦的思想并非我们想象的那么重要和伟大,而其被推高到如此地步完全是被维特根斯坦的研究者解释出来的结果。这种现象被称作"维特根斯坦现象"。我曾在《维特根斯坦传》一书的跋中对这个现象做了一番分析,试图表明,从维特根斯坦的思想发展看,这种所谓的现象并不存在,而形成这种印象只是我们对维特根斯坦的思想并不深入了解的结果。②

---

① P. M. Hacker, *Wittgenstein's Place in the 21th Analytic Philosophy*, Oxford, Blackwell, 2007, pp. 2-3.

② 江怡:《维特根斯坦传》,234—245 页,石家庄,河北人民出版社,1998。

　　然而，时间过去了二十多年，这种对维特根斯坦思想的误解似乎依然存在。无论是在语言哲学研究领域还是在心灵哲学研究领域中，维特根斯坦的后期思想基本上难见踪影。甚至有学者指出，在当今哲学的最新发展中，维特根斯坦的后期思想基本上没有起到任何积极的作用。分析产生这种情况的原因，我想主要是以下这样几个方面。

　　首先，我们都知道，维特根斯坦的前期思想直接导致了分析哲学的产生，而且通常认为，《逻辑哲学论》中表达的命题图像理论不仅是当代哲学出现"语言转向"的重要标志，而且也对当代逻辑学的建立起到了奠基作用。然而，他的后期哲学从提出之日起就遭到来自各种哲学家的批评和责难。罗素把《哲学研究》中的思想斥为"茶余饭后的闲谈"，没有任何哲学价值[①]；蒯因也并不看好维特根斯坦的后期思想，认为这种哲学对我们理解世界一无是处[②]。虽然仍然有不少哲学家对维特根斯坦的后期思想趋之若鹜，并声称自己观点的形成受到了维特根斯坦哲学的很大影响，但在行文中却也较少直接引述维特根斯坦的观点，例如，奥斯汀（J. L. Austin）被看作是受到后期维特根斯坦思想影响而提出自己的日常语言哲学观点，但在他的论述中却极少提到维特根斯坦的观点，后人对他思想来源的评价更多地是认为其哲学思想源于他的思想倾向与后期维特根斯坦哲学不谋而合。虽然赖尔的思想被看作直接来源于维特根斯坦，他自己在不同的地方也承认这一点，但维特根斯坦似乎对赖尔的思

---

　　① ［英］伯特兰·罗素：《我的哲学的发展》，199 页，北京，商务印书馆，1982。
　　② ［美］威拉德·蒯因：《语词和对象》，载涂纪亮、陈波主编：《蒯因著作集》第 4 卷，453 页，北京，中国人民大学出版社，2007。

想多有微词，甚至认为赖尔不恰当地剽窃了他的观点①。正是这些情况，使得维特根斯坦的后期思想始终没有像他的前期思想那样得到更多哲学家的青睐和重视。在很多哲学家看来，至少《逻辑哲学论》为当代哲学的语言转向提供了重要范本，但《哲学研究》以及维特根斯坦的其他后期著作并没有为当代哲学提供任何有建设性价值的思想，相反，这些著作大多是批判性的或破坏性的。我认为，维特根斯坦本人对其他哲学家解释自己观点的不满以及这些哲学家对维特根斯坦后期思想的理解和评价，在很大程度上直接导致了维特根斯坦后期思想在当代哲学中没有受到足够的重视。

其次，维特根斯坦思想的表达方式以及这种思想所具有的对传统哲学思维方式的摧毁性作用，更是当代哲学家们无法完全直接从他的后期思想中得到帮助的重要原因。蒯因之后的分析哲学基本上走向了对语言本身及其使用的具体情形的逻辑分析和论证，如何"零打碎敲地"处理一个具体语句或语词的实际用法变成了分析哲学家们习惯的研究方法。哲学家们并不特别关注传统哲学研究的主要问题，当然也就对维特根斯坦对传统哲学的反叛没有产生特别的共鸣。但更为主要的是，当代分析哲学家们对他们所关心的哲学问题的处理方式是论证式的，而非断言式的，这与维特根斯坦表达思想的方式大相径庭。甚至有哲学家根据维特

---

① 关于这段公案，可以参见笔者的《维特根斯坦传》，147 页，石家庄，河北人民出版社，1998；另见笔者主编的《现代英美分析哲学》下卷，578、579 页，南京，江苏人民出版社，2005。

根斯坦的表达方式，认为不应当把他列入分析哲学家的行列。① 虽然
《逻辑哲学论》的表达方式也是断言式的，但其中的确包含了非常严格的
推理过程，由此形成了严密的逻辑图像论思想。但在维特根斯坦的后期
著作中，我们很难看到他对某个观点的明确论证和推理，所有的段落之
间虽然有相互联系，但并没有严格的推论关系，正如维特根斯坦所言，
它们之间只是具有某些"家族相似"关系。这也导致了后来研究者对维特
根斯坦后期著作的文本解读提出了各种不同的甚至是相反的观点。由于
在论证方式上的这种不予认同，当代分析哲学家们在处理哲学问题的时
候很少直接采用后期维特根斯坦的观点，甚至完全没有提及他的观点，
尽管他已经在自己的论述中对当代哲学中的重要问题提出了深刻的
观点。

　　当然，我认为，当代分析哲学家们几乎很少从维特根斯坦后期思想
中得到教海，更为重要的原因是后期维特根斯坦对哲学性质本身的理
解。当维特根斯坦把哲学理解为一场与理智疾病的战斗的时候，当维特
根斯坦把哲学工作的性质理解为治疗理智疾病的时候，当维特根斯坦把
哲学家的工作看作是一种整理语言使用方法的时候，当代哲学家们似乎
并没有遵循他对哲学性质的这种理解，真正按照他所指出的方式去研究
哲学，显然最终结果将是对哲学本身的消解。虽然不少哲学家以不同的
方式对维特根斯坦的哲学观做出了各种不同的解释，也有哲学家试图根
据他的理解重新解读当代哲学的图景(如罗蒂)，但大部分哲学家都没有

---

① Stewart Candlish,"Was Wittgenstein an Analytic Philosopher：Wittgenstein vs Russell,"*Frontiers of Philosophy in China*, 2016(1).

以他的哲学观作为哲学研究的目的和方向，最多只是把他的哲学理解作为当代哲学中的一种特殊"另类"，或者说是重新认识哲学传统的一副解药，而不是哲学研究的典范或模式。①

更有趣的是，作为维特根斯坦的学生和朋友的一些当代哲学家，如安斯康姆、马尔康姆、冯·赖特等人，他们对维特根斯坦哲学的态度也使得其他哲学家们对维特根斯坦的后期思想望而生畏。安斯康姆是维特根斯坦晚年的最后陪伴者，是《哲学研究》的主要编者和第一位英文译者，也本应是维特根斯坦后期思想的重要解释者。她出版了关于《逻辑哲学论》的导读性著作②，但却没有对《哲学研究》发表过一篇专门研究论文。而在1981年出版的《哲学文集》第一卷《从巴门尼德到维特根斯坦》中，安斯康姆更多地是讨论古希腊和中世纪的哲学家，虽然也包括了现当代的哲学家，如弗雷格、罗素、前期的维特根斯坦和冯·赖特、克里普克等人，却少有对维特根斯坦后期思想做专门的讨论。③ 我们知道，安斯康姆对当代哲学的主要贡献是在道德哲学和心灵哲学领域，但她在这两个领域中讨论的问题却都不是来自维特根斯坦的观点。马尔康姆也是维特根斯坦著名的学生和朋友，维特根斯坦对美国的唯一一次访问就是受他邀请，他的《回忆维特根斯坦》一书被公认是对维特根斯坦晚

① S. Soames, *Philosophical Analysis in the Twentieth Century*, Princeton, Princeton University Press, 2003.

② E. Anscombe, *An Introduction to Wittgenstein's* Tractatus, Chicago, St. Augustine Pr Inc., 1959.

③ E. Anscombe, "*From Parmenides to Wittgenstein*," in *Collected Philosophical Papers*, Oxford, Blackwell, 1981, vol. I; *From Plato to Wittgenstein: Essays by E. Anscombe*, eds. by Mary Geach and Luke Gormally, Imprinted Academic, 2011.

年生活的真实写照①。尽管如此，马尔康姆对维特根斯坦哲学的讨论主要是在方法论意义上，他关心的是维特根斯坦对其早期思想的批判②，但他更关心的却是 G. E. 摩尔的日常语言哲学，尤其是 G. E. 摩尔对唯心论的批判③，同时，他与安斯康姆一样，对中世纪安瑟伦（Anselm）关于上帝存在的本体论证明提出了自己的新理解，并大量讨论了心灵哲学问题。冯·赖特是接替维特根斯坦在剑桥大学教授教席的哲学家，也是维特根斯坦大量手稿的编辑者、维特根斯坦手稿遗产的主要继承人。他编辑出版了多部维特根斯坦的著作，包括早中后各个时期的手稿，他的《维特根斯坦手稿》一文已经成为当今维特根斯坦研究的主要文献依据。但在哲学研究方面，赖特的主要工作却是在哲学逻辑、模态逻辑、行动哲学、心灵哲学等领域，他在生命的最后 20 年左右主要关心的是道德悲观主义问题，特别是对现代技术社会的哲学反思。所有这些研究都与维特根斯坦的后期哲学没有任何直接关系。虽然他编辑出版了维特根斯坦的著作，但自己却没有对维特根斯坦的哲学观点本身发表过专门的论述。关于维特根斯坦的哲学，他曾发表过有限的文章和一本关于维特根斯坦的传记性著作，但在这些论著中，赖特很少直接讨论维特根斯坦的哲学，而更关心的却是维特根斯坦对当代文化的拒斥态度，并认为他的

① N. Malcolm, *Ludwig Wittgenstein：A Memoir*, Oxford, The University of Oxford Press, 1958.

② N. Malcolm, *Nothing Is Hidden：Wittgenstein's Criticism of His Early Thought*. Oxford, Blackwell, 1986.

③ N. Malcolm, *The Philosophy of G. E. Moore*, ed. by P. A. Schilpp (The Library of Living Philosophers), Evanston and Chicago, Northwestern University Press, 1942, vol. IV; "Defending Common Sense," *The Philosophical Review*, 1949, 58(3).

哲学所表现的正是这样的态度①。

从以上介绍中可以看出，维特根斯坦后期思想在他的这些学生和好友那里并没有得到直接的继承，而他们对他后期思想的推介（包括手稿编辑和翻译出版等）仅仅是为后人研究提供了宝贵的第一手资料，却没有对这些资料进行分析、研究和论述。在略感遗憾之余，我更想追问的恰好是，他们为什么没有那样去做？是什么原因导致他们不约而同地对维特根斯坦的后期思想采取了一种回避的态度？或许我们会说"当局者迷"，所以他们不会真正地了解维特根斯坦后期思想的真实意义。然而，这样的说法并不能让我们感到满意。应当说，正因为他们与维特根斯坦本人有如此密切的特殊关系，他们才对维特根斯坦的后期思想更有发言权。我认为，要解开这个迷惑，我们需要从两个方面入手：一方面，我们需要考察，维特根斯坦的后期思想究竟包含了什么秘密而使得他最亲近的人都不愿意去触碰；另一方面，我们更需要了解，当代哲学家们是如何理解维特根斯坦的后期思想，以至于他们不愿意在自己的思想中直接引述维特根斯坦的论述。只有弄清了这两个问题，我们才能理解维特根斯坦的后期思想在当代哲学中的地位。

二、维特根斯坦后期思想的"秘密"

本节采用这样的标题并不意味维特根斯坦后期思想中真的隐藏什么

---

① G. H. von. Wright, *Wittgenstein*, Minneapolis, Minnesota University Press, 1982; "Wittgenstein and the Twentieth Century," *Springer Netherland*, 1995(245).

不为人知的秘密，或者说，维特根斯坦试图用他的话语掩盖无法说出的隐情。相反，正如马尔康姆使用过的书名《无物隐藏》一样，维特根斯坦的后期思想中并没有什么秘密，无论是他刻意隐藏的还是后人揭示出来的。这里的"秘密"是指，我们只有站在维特根斯坦的立场或视角，才能看到他的思想向当代哲学敞开的"独特维度"（借用他的话说，即"看到面相"）。我认为，这里的"独特维度"至少应当包含三个方面：第一，后期维特根斯坦理解哲学的独特方式；第二，后期维特根斯坦处理问题的独特方式；第三，后期维特根斯坦描述活动的独特方式。

众所周知，后期维特根斯坦对哲学的基本态度是批判性的或治疗性的。我们非常熟悉维特根斯坦的这些说法，"哲学是以我们的语言为手段为了反对对我们的理智蛊惑而进行的战斗"（PI，§109），"哲学研究的结果是发现一些纯粹的胡说八道以及理性在向语言界限冲撞时留下的肿块。正是这些肿块使我们认识到这种发现的价值"（PI，§119），"哲学问题具有这样的形式：我不知道出路在何处"（PI，§123），如此等等。维特根斯坦的这些说法通常被解释为对哲学性质本身的一种理解，然而，在我看来，这恰恰是误解了维特根斯坦的思想。

从后期维特根斯坦对哲学性质的众多说法中，我们应当可以读出这样一些思想倾向：

首先，维特根斯坦并没有兴趣弄清哲学的性质究竟是什么，相反，他的所有说法不过是为了表明他所做的工作并不属于通常意义上的哲学范围，而是为了消解哲学工作的意义。他用"提醒物""语言的战斗""让一切摆在面前"等说法，表明他所做的一切并不是在做传统意义上的哲学工作，而是要揭露这种哲学工作的真实意义，并由此取消这种工作。

而他后期留下的手稿虽然以"哲学"的名义出版,如《哲学研究》《哲学评论》《哲学语法》等,不过是为了说明他的工作是以消解哲学的方式进行的,所以,这些书名的重要性并不在于"哲学",而是在于他通过消解哲学所做的工作,即如何去"探究"、如何做出"评论"、如何理解"语法"等。这些导致了他把自己的工作解释为"哲学的",即从探究、评论等角度去理解我们的语言语法。

其次,后期维特根斯坦对哲学性质说法的基本倾向是,通过把哲学工作解释为一种消解或治疗活动而指出哲学的危害及其产生的根源。我们从维特根斯坦的论述中最初会得到这样的印象,似乎他对哲学的性质有了新的理解,即把哲学看作一种消解或治疗的活动。然而,事实上,维特根斯坦在这里并没有为我们提供一种不同于传统哲学观的新的哲学观,而只是告诉我们,哲学的危害正是在于试图通过一种对哲学性质的理解而把人们引入歧途,而要消除和避免哲学危害的主要方式就是消解哲学,即通过治疗由于语言引起的人们的理智疾病而使得人们回到语言的日常用法之中。所以,哲学的消解和治疗工作不是可以用于其他哲学目的的工作方式,而是直接用于消解和治疗哲学本身的:哲学本身就是一种需要消解和治疗的理智疾病。

最后,由于后期维特根斯坦并不关心任何理论建设,更没有想要通过自己的哲学研究建立一个哲学流派,所以,他这时的哲学研究所产生的成果不能被称作哲学理论或主张,而只能是一种哲学观点或思想,甚至只是一种对待哲学的态度或立场。但正是这种态度或立场,使得维特根斯坦成为当代哲学中最具有争议而又产生深远影响的哲学家。这种态度或立场,也是后期维特根斯坦在工作中处理问题的独特方式。

说到后期维特根斯坦处理问题的独特方式，我们不得不提及维特根斯坦独特的表达方式和思考方式。众所周知，维特根斯坦是以"格言式的表达"为其思想的重要标志的：无论是在早期的《逻辑哲学论》还是在后来的《哲学研究》《论确定性》等一系列著作中，维特根斯坦都以其简洁明快的箴言短语表达自己看上去具有强烈跳跃性特点的思想。人们通常认为，维特根斯坦的这种表达缺乏分析哲学惯有的逻辑论证，也无法从中清晰地看到维特根斯坦的真实想法。因此，有人质疑维特根斯坦是否应当被看作分析哲学家。① 然而，这正是维特根斯坦独特的表达方式：他用我们日常的谈话方式轻松地描述我们习以为常的经验现象，不断地质疑我们熟视无睹的常识判断，以提问和尝试性的回答来展现他的思考结果。这些都使得他的表达本身有了一种难以琢磨的魅力。当然，这种独特的表达方式揭示的是维特根斯坦独特的思考方式：维特根斯坦总是喜欢从人们所熟悉的现象出发，用一个个具体的事例表明他要说明的观点。例如，他用小孩子学习语言的过程说明语言学习的特殊性，指出小孩子对语词的学习完全是一个重复性模仿的过程，是教师把语词的意义和对象之间业已确立的联系通过教学活动反复传递给学生，而学生则通过重复性训练掌握这种联系，由此判断他们是否学会了语词的意义。这种思考方式的特点在于，这里不需要任何预先的前提假设，也不需要任何理论原则作为出发点，它只是用具体的事例表明它们其中存在的问题，揭示这些事例背后的思想假设及其问题。这就是我们通常所说的维

---

① Anat Biletzki and Anat Matar, eds, *The Story of Analytic Philosophy*, *Plot and Heroes*, New York, Routledge, 1998, pp. 197-208.

特根斯坦的思维方式，即通过对具体事例的分析揭示那些在我们平常看来毫不起眼的事实真相，通过对事实真相的揭露显示生活世界的意义。

之所以说维特根斯坦的思维方式是独特的，是因为他用示例表达思想的方式与我们的通常做法完全不同。我们通常认为，示例说明对于哲学来说即便不算是一种灾难，至少也会被看作是一种不恰当的做法。因为任何一种示例说明都会被看作是对哲学理论或观点的有限度的解释，有时甚至被看作是一种损失或伤害。造成这种看法的主要原因是，哲学理论或观点往往被说成是"无法示例说明的"。哲学上的示例被说成是为了使深奥的哲学思想更容易为普通人所理解，因此这些事例本身并没有对哲学思想增加任何新的内容。相反，如果解释不当或示例失误，这些示例反而会对哲学思想造成伤害。这也可以使我们理解为什么哲学家们在阐述自己的哲学思想时很少示例，例如康德；这也可以解释为什么人们很难通过示例去理解哲学家们思想的深奥。这些说明，示例对于哲学研究来说并非是必需的组成部分，而是哲学研究中需要特别提防当心的一种危险方式。无论哲学家们能否正确地使用这种方式，示例本身都会被认为在哲学研究中是不恰当的。然而，维特根斯坦的思维方式恰好与此相反：他正是通过示例说明自己的思想观点，并且把这种示例当作哲学研究的主要方式。这不能不说是维特根斯坦思维方式的独特之处。

当然，维特根斯坦的独特之处不仅表现在这种思维方式上，而且表现在他描述活动的方式上。虽然他强调示例对于哲学研究工作的重要作用，但他对所有事例活动的描述并不是为了满足某种预先确定的推理原则或思想出发点，而是为了展现我们语言活动的基本特征，说明我们在日常语言使用中所要达到的目的或意图。这种展现和说明就是他所谓的"让一切事情显而易见"的方式。我们可以看到，后期维特根斯坦的语言表达是平常的、自然的、毫无违和感的，而他用这种平和的语言所描述的人类活动就是人类生活的重要内容。无论是小孩子学习语言的过程还是人们平时做游戏的活动，或者是我们日常使用语言的情景，这些在他看来都非常平实地显示着我们的自然生活方式，显示着我们赖以生存的生活世界。可以说，在这种意义上，维特根斯坦所描述的语言活动在向我们展示着某些我们无法通过理论推理所能得到的重要信息；不仅如此，维特根斯坦的描述本身也在向我们展示着他希望向我们展现的思想内容。这些思想内容就是对构成我们一切生活的生活形式的理解和对我们赖以生存的生活世界的认识，这些内容也构成了维特根斯坦后期思想的独特维度，可以被看作是维特根斯坦后期思想的"真正秘密"。

三、维特根斯坦后期思想的位置

一旦理解了维特根斯坦后期思想的这些独特维度，我们就可以明白为什么当代哲学中难以见到维特根斯坦后期思想的踪迹。我这里说"难以见到"并不是说当代哲学家们不再讨论维特根斯坦的后期思想，而是说在当代哲学的发展中几乎很少看到维特根斯坦的后期思想仍在发挥作用。

自20世纪70年代以来，分析哲学的发展出现了许多重要变化。这些变化首先表现在对语言的哲学态度和处理方式上。早期分析哲学家把语言分析作为哲学研究的主要工作内容，对语言意义的重视和理解被看作是哲学分析的题中应有之义。无论是维也纳学派成员还是牛津日常语言哲学家，他们都把语言作为哲学研究的主要对象，都把对意义、真理、指称、知识、表达式等作为自己研究工作的主要概念内容。然而，随着语言哲学研究的深入发展，哲学家们对语言的讨论已经不满足于从一般的意义上去理解语言的意义和功能，而希望能够指出语言使用者在语言活动中的决定作用。这样，语言活动的参与者就成为语言研究的主体和主要对象。围绕语言使用者的研究工作必然涉及说话者的意图、愿望、信念等心理因素，也要涉及语言使用的具体环境因素，如时间、地点、事件、行动等。这些具体因素的进入，使得原来以语言分析为主要内容的语言哲学研究，逐渐转变为以讨论语言使用者的心理因素和外在的环境因素等为主要内容的心灵哲学。而在这种变化中，哲学家们很少直接从维特根斯坦后期思想中获得思想资源，甚至没有提及维特根斯坦的后期思想。虽然维特根斯坦在其生命后期主要关心的就是心理学问题，留下了大量的心理学哲学手稿，其中大部分都已经被编辑出版，但当代心灵哲学和心理学哲学中讨论的许多重要问题似乎并不是来自维特根斯坦[1]，也没有多少当代哲学家们的研究工作会直接使用或借鉴维特根斯坦的观点。这些都使得维特根斯坦的后期思想在当代分析哲学发展

---

[1]　例如，在塔加德(Paul Thagard)主编的《心理学哲学和认知科学》(*Philosophy of Psychology and Cognitive Science*, Amsterdam and Oxford, North-Holland, 2007)一书中，作者们主要依据当代心理学和认知科学的最新研究成果，讨论了表征、机制与心理解释、心理还原、现象知觉、现象意识、情绪、模拟、心理疾病以及情绪认知等问题，所有这些问题都与维特根斯坦所讨论的心理学哲学没有直接关系。

中失去了应有的地位。①

　　当代分析哲学发展中的另一个重要变化是，哲学家们的注意力主要集中在我们现实活动中所面临的具体问题上，如信念、意图、希望、尝试、意识等问题，而不是以往哲学家们所关心的重大哲学问题，如存在、真理、意义、知识、世界等问题。当然，当代分析哲学中也讨论诸如此类的形而上学问题，但却是在完全不同于传统哲学以及早期分析哲学的意义上。虽然维特根斯坦的后期思想是以关注语言的具体活动为主要特征，因而通常被看作是语言哲学中的日常语言学派的思想来源，然而，当代语言哲学和心灵哲学所讨论的话题却很少直接来自维特根斯坦，例如语言中的意向性问题、语用学问题、推理主义、模态问题等。这些就使得维特根斯坦的后期思想变成了"过时的"资源，因而鲜有哲学家会直接使用他的思想或观点。

　　尽管如此，从维特根斯坦后期思想的独特维度看，我们可以清楚地看到，维特根斯坦的思想在当代分析哲学的发展中依然产生着独特的影响。根据我们前面的分析，我把这种影响分为两个不同方面：一方面，维特根斯坦的独特思维方式造就了当代哲学中对具体问题的研究路径，使得当代哲学家们不再把哲学理解为对重大形而上学问题的思考结果，而是对我们所面对的现实问题的反思和批判；另一方面，维特根斯坦对哲学本身的摧毁性打击，使得当代哲学家们不再关心构建关于哲学性质

──────────

　　①　有趣的是，近年来西方哲学界在评论第二次世界大战后分析哲学和心灵哲学中最有影响的哲学家时，很少提到维特根斯坦。重要的哲学家通常包括了蒯因、塞拉斯（W. Sellars）、普特南、赖尔、奥斯汀、戴维森（D. Davidson）、塞尔（J. R. Searle）等人，但他们的思想显然并不是直接来自维特根斯坦。

的理论主张，而是坚定地用科学研究的成果清楚而确定地说明哲学工作
所能完成的范围和内容，这些范围和内容完全超出了以往的哲学研究工
作，在以往的工作中甚至不被看作属于哲学研究的范围，它们包括了认
知科学哲学、行动哲学、颜色哲学、知觉哲学、模态哲学等。应当说，
正是维特根斯坦的工作，使得后来的哲学发展拓展新的领域和方向成为
可能。

从效果上看，这两方面的影响可以分为积极的和消极的。所谓积极
的效果，是指维特根斯坦的工作性质对当代哲学的发展起到了推动作
用。不可否认的是，虽然维特根斯坦的后期思想并没有得到当代哲学家
们的积极响应，但他对语言使用的具体考察以及根据事例去揭示我们熟
视无睹的事实背后的真实原因和意义，却为当代哲学家们提出具体问题
提供了思路和模式。当然，在牛津日常语言哲学家那里，这种对语言使
用的具体考察也被看作是哲学探究的基本方式。但在维特根斯坦这里，
对语言使用的考察不是为了实现某个更大哲学目的或说明某个哲学原则
的准备工作。相反，在他看来，这种考察本身就是在从事哲学研究，这
种研究的一个重要特征就是要"把一切都摆在面前"。所以，维特根斯坦
式的哲学研究工作的口号是"要去看，而不要想"。可以说，正是这种哲
学研究方式，使得后来的哲学家们放弃了对宏大哲学问题的讨论，把哲
学研究的注意力转向了对我们在语言活动中所面临的具体问题的考察，
并试图通过考察这些问题的来龙去脉而提供解决这些问题的有效方案。
或者可以说，正是维特根斯坦后期思想提供的研究思路和方法，使得当
代哲学研究逐渐走向了力图为各种具体问题提供可行解决方案的方向。

这里所说的消极效果，是指维特根斯坦的后期思想给当代哲学的发

展带来的另类影响。对这种另类影响或消极影响，我曾在不少论著中有所涉及。[①] 在这里我要指出的是，维特根斯坦后期思想对当代哲学带来的消极效果并非完全是消极的。由于维特根斯坦的工作彻底摧毁了传统哲学的思维方式，甚至有学者称其为"反哲学"或"反理论"的哲学家（比如罗蒂），因此他的工作事实上为后来哲学的发展扫清了障碍。在这种意义上，维特根斯坦后期思想的消极效果并非消极，反而是更为积极的了。或者说，维特根斯坦后期思想的作用可以看作如同哲学研究道路上的清道夫一样，为当代哲学的发展提供了可能性。或许，这正是维特根斯坦后期思想在当代哲学中的恰当位置。

[①]　主要参见笔者主编的《现代英美分析哲学》下卷，554—567 页，南京，江苏人民出版社，2005。

第二章 | 分析哲学与欧洲大陆哲学的分野

众所周知，出现于 20 世纪西方哲学中的分析哲学与欧洲大陆哲学之间的分野，被看作是当代西方哲学的重要标志。虽然这个分野在历史上存在着自身的哲学根源，但在事实上的分野却是出现于 20 世纪，并且最初是由（据说是）分析哲学家们提出的。笔者曾在多篇文章中讨论过这个分野，并指出该分野所具有的哲学意义。① 最近十几年，国际学术界对这个分野也提出了许多不同的看法，尤其是一些哲学家提出要

① 参见：《语言问题：一种思维模式的选择——论现代英美哲学与欧陆哲学的合流》，载《中国社会科学》，1991(2)；《当代西方哲学中的"第二次革命"》，载《厦门大学学报》，2006(4)；《重新勘定西方哲学地图》，载《江西社会科学》，2007(3)；《和而不同：现代英美哲学与欧洲大陆哲学比较研究新进展》(署名"伊杰")，载《中国哲学年鉴》2007年卷。

超越或沟通这种分野的观点。① 虽然早在 20 世纪 60 年代就有王浩、罗蒂等人提出超越这个分野的想法，但时至今日，关于如何超越或沟通的问题依然是一个众说纷纭的话题。在这里，我希望表明，分析哲学与欧洲大陆哲学之间的分野应当被看作是一种学术上的错误策略，造成这个分野的主要原因完全在于分析哲学家们的学术自负和认识盲点，而不在于他们与欧洲大陆哲学家们之间的观点差异。而且，我还将说明，放弃或淡化这个分野，将是我们拓展哲学认识、重新理解当代西方哲学主要特征的重要一步。

一、分野的主要标志和特征说明

我们知道，关于分析哲学与欧洲大陆哲学分野的经典表述，主要来自英美哲学家们的论述。哲学家们对分析哲学和欧洲大陆哲学特征的描述，使我们从不同方面看到这种分野的主要标志。例如，蒯因把哲学理解为科学研究的延续，他就努力地把物理学、数学和逻辑等都看作哲学研究的主要内容和标志；而达米特或斯特劳森（P. F. Strawson）等人更

---

① Anat Biletzki, "Introduction: Bridging the Analytic-Continental Divide," *International Journal of Philosophical Studies*, 2001(3), pp. 291-294; Peter Simons, "Whose Fault? The Origins and Evitability of the Analytic-Continental Rift," *International Journal of Philosophical Studies*, 2001(3), pp. 295-311; Marcelo Dascal, "How Rational Can a Polemic Across the Analytic-Continental Divide' Be?," *International Journal of Philosophical Studies*, 2001(3), pp. 313-339. 2016 年英国诺丁汉大学专门举办了一个关于形而上学的工作坊，主要讨论的是分析哲学与欧洲大陆哲学之后的哲学。

是把分析看作哲学研究的主要方法和重要内容。在欧洲大陆哲学方面，英国哲学家克里奇利(S. Critchley)则把这些哲学简单地描述为一种对古希腊哲学意义上的智慧的追问，而不是满足对知识本身的探究。①根据这些哲学家们的论述，我们大致可以提出区分分析哲学与欧洲大陆哲学的五个特征。

第一是地理和历史上的区别。分析哲学往往被看作属于盎格鲁-撒克逊传统，主要出现在英语国家(虽然其发源是在德语世界)，而欧洲大陆哲学当然就是指出现在欧洲各国的哲学，主要包括德国的现象学、存在哲学、诠释学以及法国的现象学、黑格尔主义哲学或反黑格尔主义，以及西方马克思主义和法兰克福学派，还有法国的结构主义以及后结构主义、后现代主义以及女性主义，等等。虽然从地理上划分这两种哲学并没有任何学理上的充分根据，而且的确由此也招致了许多诟病，但这种划分方法却可以使我们很容易看到这两种哲学的某些特征，即国别和地域的特征。因此，我们在谈论这两种哲学的时候，往往会以"英美分析哲学"和"欧洲大陆哲学"作为它们的主要名称。从时间上看，虽然分析哲学最初出现于19世纪末20世纪初，但"欧洲大陆哲学"这个名称却是在20世纪60年代才被使用的，之前的用法一直是"现象学""存在主义哲学"等。② 由于"欧洲大陆哲学"名称的使用，我们更加关注的是作为整体的欧洲大陆哲学的特征，而不是继续关注现象学或存在主义哲学

---

① Simon Critchley, What is Continental Philosophy, *International Journal of Philosophical Studies*, 1997(3), pp. 347-363.

② Simon Critchley. *Continental Philosophy: A Very Short Introduction*, Oxford, oxford University Press, pp. 38-40, 2001.

或诠释学等不同研究领域中的不同问题。当然，这种关注主要来自英美分析哲学阵营，相反，对欧洲大陆的哲学家而言，"欧洲大陆哲学"这个名称并没有任何实际的意义，因为他们通常不会承认这样一种哲学阵营的存在。更有意思的是，目前越来越多的在欧洲大陆各国工作的哲学家都开始偏重于使用分析的方法从事哲学研究。这就给我们提出了一个值得思考的问题：简单地用地域划分不同哲学阵营，这种完全非哲学的做法为何成为我们谈论当代西方哲学的主要方式？或者说，这种地域划分的背后是否还存在着更为深刻的思想原因？

第二是论域上的区别。通常认为，分析哲学家关注的是语言与知识问题，而欧洲大陆哲学家则更关心形而上学或本体论问题。这个区分的确超出了地域划分的限度，似乎更多来自对分析哲学研究的历史考察。因为从弗雷格开始，分析哲学家们一直采取的是"语义上行"的路线，而从胡塞尔开始，现象学研究主要关注的似乎也是形而上学问题。然而，这种印象的产生主要来自我们对这两种哲学传统的不同理解。由于阅读和视野上的限制，我们往往对自己不熟悉的领域采取一种忽略的态度，我们大多是从自己所了解的材料中去提取某些一般性的结论，而对分析哲学与欧洲大陆哲学的经典作家的著作也采取了一边倒的阅读方式：或者是偏重于对分析哲学的了解而排斥欧洲大陆哲学家的著作；或者是更喜欢接受欧洲大陆哲学家的思想而对分析哲学嗤之以鼻。当然，这种不同的理解方式或截然相反的态度，首先来自西方哲学家们内部：分析哲学家们对来自欧洲大陆的哲学同行们的工作始终抱有一种拒斥的态度，把他们的工作看作是一种无意义的胡说；而欧洲哲学家们则认为分析哲学的工作性质完全背离了哲学智慧的道路。这些争论早已成为当代西方哲学研究中的历史公案，例如以蒯因为代表的分析哲学家们对剑桥大学授予法国哲学家德里达（J. Derrida）荣誉学位一事发起联名反对。当然，这种不同态度和理解方式也来自西方哲学家们对自己哲学传统的不同认知。正如克里奇利所说，虽然分析哲学和欧洲大陆哲学都自称来自对康德哲学的反对或继承，但他们对康德哲学的不同态度却决定了他们的思想方向。分析哲学家们更愿意把自己的哲学理想建立在科学研究的模式之上，因此他们对康德的先验哲学就毫不奇怪地采取了反对的态度，但又希望能够从概念分析的角度对康德的批判哲学给出更有价值的结论，例如斯特劳森的《感觉的限度》一书就是对康德第一批判的重新解释。①相反，欧洲大陆哲学对康德的赞同态度则以重新建构先验哲学的模式而呈现出来。②

第三是应用方法上的区别。通常认为，分析哲学采用的是逻辑分析的方法，而欧洲大陆哲学则主要采用的是诠释学或现象学的方法。的确，逻辑分析被看作是分析哲学的主要特征，特别是在早期分析哲学中表现得最为明显：无论是弗雷格还是罗素或早期维特根斯坦，都把逻辑分析当作哲学研究的主要方法和主导精神；以维也纳学派为代表的逻辑经验主义也是用逻辑分析方法消除传统形而上学的典范。即使是在后来的分析哲学发展中，例如在蒯因和戴维森、普特南等人那里，逻辑分析也被作为哲学研究的主要标志。这些都使得分析哲学从一开始就被打上

---

① Peter Strawson, *The Bounds of Sense: An Essay On Kant Critique of Pure Reason*, New York, Methuen 8 Co. Ltd., 1966, pp. 15-24.

② Simon Critchley, *Continental Philosophy: A Very Short Introduction*, Oxford & New York, Oxford University Press, 2001, pp. 17-31.

了逻辑分析的烙印。然而,分析哲学在其历史发展中却同样表现出这样一种特征,即逻辑分析逐渐为其他分析方法所取代,概念分析、语境分析、历史分析等方法也或多或少地在分析哲学中发挥重要作用。因此,正如斯特劳森所说,分析哲学应当被看作是具有两种面孔的哲学,即作为具体分析活动的哲学和作为整体考察的哲学。[①]这样,当我们用逻辑分析作为分析哲学的主要特征时,我们就会面临一个选择标准的问题。一方面,如果将逻辑分析作为分析哲学的标准,那就会排除许多在以往被看作典型分析的哲学家,甚至包括后期维特根斯坦和牛津学派的哲学家们。另一方面,在欧洲大陆哲学中,现象学和诠释学方法通常被看作是主要标志。然而,无论是现象学的本质直观还是诠释学的视界融合,这些都无法完全刻画欧洲大陆哲学的主要特征,尤其是对于当代法国哲学家来说,他们的最大困难就在于如何融合来自德国的现象学哲学与他们自身具有的法国思想传统。处理得最好的结果就是萨特(Jean-Paul Sartre)的存在主义哲学和列维纳斯(E. Levinas)的现象学伦理学。然而,我们对他们的哲学却无法用现象学方法或诠释学方法加以说明。

第四是研究风格上的区别。在当代哲学中,分析哲学与欧洲大陆哲学之间的分野,通常以是否追求严格精确性作为哲学研究的分水岭:分析哲学家历来强调自己哲学研究追求的就是清晰的概念和严格的推理,并把这个标准看作是所有哲学研究的主要特征。由此,他们把凡是不符合这样标准的思想研究都归入非哲学领域,欧洲大陆哲学就被看作属于

---

① Peter Strawson, *Analysis and Metaphysics*: *An Introduction to Philosophy*, Oxford, Oxford University Press, 1992, pp. 1-16.

这样的领域。然而，我们知道，分析哲学强调的这种研究风格，是与他们所确立的哲学研究目标和方向密切相关的，也就是要按照自然科学的标准追求知识的确定性和精确性，无论是针对哲学研究所使用的概念还是语词本身。这样，严格精确就成为分析哲学研究的一个重要标志。可是，如果真按照这个标准，欧洲大陆哲学是否就真的是缺乏严格的精确性呢？或者是分析哲学家们无法理解欧洲大陆哲学家的思想？例如，对于卡尔纳普批评海德格尔的文章，人们通常都会认为是卡尔纳普并没有理解海德格尔，而不是海德格尔的思想本身缺乏严格精确性。① 这种情况类似于我们对逻辑概念的理解。虽然我们对逻辑概念有不同的理解，但我们无法说某个民族的文化和哲学是没有逻辑的，否则就像是说，这个民族是没有语言的一样。因此，严格精确性的标准完全取决于我们对哲学研究目标的理解，而不是取决于用一个统一的标准去确定其他的哲学。

第五是哲学研究的规范性问题，即是否把美学或伦理学等学科纳入哲学的研究领域。我们知道，在早期分析哲学家那里，美学、伦理学以及宗教信仰等都被排除在哲学研究之外，因为它们都是无法说清楚的东西，因而都是无法用规范性去说明的内容。这里的规范性说明，是指能够用符合逻辑的语言表达思想，并且能够根据某些推理原则给出符合逻辑要求的思想。相反，在欧洲大陆哲学中，美学和伦理学却是主要的研究领域，而神学研究则被看作是解释现象学发展的最好出路之一。这些

---

① Simm Critchley, *Continent Philosophy: A Very Short Introduction*, Oxford & New York, Oxford University Press, 2001, pp. 17-31.

思想研究并没有提出规范性问题，相反，规范性概念恰好属于伦理学或美学的范畴，或者说，伦理学和美学就是为道德行为和审美活动提供规范性说明，只是这样的规范性说明并不需要逻辑规则加以限制。有趣的是，在以哲学分析为主要特征的当代英美伦理学思想中，规范性概念发挥着主要作用，或者说，道德研究就是为行为规范提供说明。这样，在早期分析哲学家们把关于规范性说明的美学、伦理学等学科排除在哲学之外之后，对这些学科的研究似乎并没有完全离开哲学，相反，它们在分析哲学阵营中占据着越来越重要的地位。尤其是当代德性伦理学的兴起和政治哲学的复兴，为规范伦理学研究提供了强有力的摹本。因此，我们已经无法把是否强调规范性研究作为区分分析哲学与欧洲大陆哲学的重要标志。

当然，在所有这些区分中，方法和风格的区分是最为明显的标志，我们通常就是根据方法和风格上的不同而区分分析哲学与欧洲大陆哲学的。然而，根据以上的分析我们可以看到，没有任何一位哲学家可以被清楚地界定为属于其中哪一个阵营。这不仅是因为这些标准本身是如此模糊，以至于我们无法完全根据它们而把某个哲学家划入某个阵营，而且是因为这些标志被设定得如此清楚，以至于我们无法把任何一个哲学家归属于其中。这种看似清晰而实则模糊的标准，自然会导致我们在对某个哲学家进行定位时感到无所适从。事实上，在每个哲学家的思想和工作风格上，都存在着这些不同标志的某些特征，如同"家族相似"一样。如此说来，这些划分标准的设定就变得没有实际意义了。如果说我们可以很容易地从某些哲学家的工作中判断出他是否属于分析的传统，我们却很难这样判断某个哲学家的工作是否属于欧洲大陆哲学的传统，因为即使是在欧洲大陆工作或使用非英语写作的哲学家也无法借此判断其属于欧洲大陆传统，同样，我们无法根据某个哲学家是否在英语国家工作或使用英语写作而判断其是否属于分析传统。当然，最为重要的原因是，即使某个哲学家使用了分析的方法或在写作风格上更偏向于逻辑语言，我们也无法完全断定这个哲学家的归属阵营。由此，我们似乎可以得到这样一个初步的结论：把当代哲学家们的工作简单地划分为分析哲学传统和欧洲大陆哲学传统，并不符合当代哲学研究的现状，也无益于我们对当代哲学发展的了解。

二、如何看待分析哲学与欧洲大陆哲学的分野

历史地看，分析哲学与欧洲大陆哲学的分野曾经导致当代哲学的重要变化，或者说，当代哲学的格局划分就是以这种分野作为根据的。虽然这样的划分造成了当代哲学家们被简单地归类于不同的阵营，但由于哲学家们的工作原本就是按照自身的思想传统进行的，因此，这样的划分不过是对这些思想传统的一种简单归类而已。这种归类为我们理解当代哲学的发展提供了最初的帮助，但这样的帮助也带来了简单化思维的危险。

首先，这样的划分从学术上看是一种错误的策略。虽然从分析哲学家的角度看，欧洲大陆哲学的确具有许多与他们的思想研究不同的特征，他们把这些特征看作是非哲学的，但这样的看法显然具有明显的学术偏见。

　　笔者曾在 20 多年前发表文章，谈及这两种传统之间的共同哲学根源，即来自古希腊思想中的形而上学。[①] 从哲学的历史发展看，分析哲学与欧洲大陆哲学的确出自一个来源，特别是早期分析哲学家弗雷格和现象学家胡塞尔都把对意义问题的讨论作为哲学研究的出发点，虽然他们处理意义的方式各有不同，并由此导致了后来的分析哲学与现象学的分野。但从最初形成问题的出发点看，20 世纪初的西方哲学家们都有一个共同的目的和方向，就是反对传统思辨哲学的运思方式，强调从概念意义澄清和表达方式改变出发，重新确定哲学研究的方向。这些都使得 20 世纪哲学表现出不同于近代哲学的重要特征，这就是怀特所说的"分析的时代"。在这样一个分析的时代，无论是来自英美的哲学家还是来自欧洲大陆各国的哲学家，都明确地表达了这样一个信念：哲学研究应当关注人类语言和理解方式，这是人类与世界建立密切联系的主要通道，也是人类形成自我认识的重要形式。人类的语言活动与人类的经验密切相关，也与人类的思维形式密切相关。因此，当代哲学家们都会把对语言的关注作为自己哲学研究的重要方向，这不仅是分析哲学家们关注的内容，也是来自欧洲大陆的哲学家们讨论的话题。正是这样的共同信念，使得当代哲学与传统哲学（特别是近代哲学）明显地区别开来。然而，当分析哲学家们把发生于欧洲大陆的哲学推到自己的对立面时，就割裂了整个当代哲学的话语，并且限制了分析的范围和性质，最终使得原本作为一个整体的 20 世纪哲学的重要工作被推向了一个被视为更加具有工具理性性质的极端。这种分野的结果造成了当代哲学研究领域的

---

　　① 　参见江怡：《两套话语，一种传统》，载《读书》，2000(6)。

对立，使得哲学家们在从事自己的研究时首先需要选择自己的阵营，以免招致相同研究领域中的同道们的攻击。应当说，这是一种很糟糕的结果。所以，分析哲学与欧洲大陆哲学之间的分野在学术上是一个策略错误。

其次，我们必须把这个分野看作历史的，而不是现实的。按照比尼的说法，"分析哲学"更多意义上具有历史的性质，而不是主要地针对当下哲学研究现状的描述。① 这种历史意义上的分析哲学研究带来了两个明显的结果：

其一，我们对分析哲学的讨论主要是在"分析哲学史"的范畴中进行，而不是把它作为一种独立的哲学流派。目前，对分析哲学史的研究已经成为当代哲学研究的重要组成部分，2018 年第 24 届世界哲学大会首次把"分析哲学史"列为分会场主题，由比尼和我共同主持，这也反映了国际哲学界对分析哲学史研究的重视。但这种重视也恰好说明，分析哲学研究已经走进了历史，或者说，我们通常会在哲学史的意义上讨论分析哲学的存在。

其二，把分析哲学作为一种历史的存在，不仅是重新认识到了分析哲学的历史意义，而且也恰当地表明了分析方法在哲学研究中的基础作用。在哲学史上，分析始终是作为哲学研究的主要方法而被使用的，无论哲学家们的分析采用了何种形式，他们都是通过分析而展现自己的思想内容和概念构成方式。更确切地说，整个西方哲学就是一部分析的西

———————

① Michael Beaney, ed., *Oxford Handbook of the History of Analytic Philosophy*, Oxford, Oxford University press, 2013, pp. 39-50.

方哲学史。这也就可以理解，为什么许多重要的分析哲学家并不刻意地强调自己的哲学是属于分析的，而是突出哲学研究的特点原本就是分析的。当然，这也凸显了分析哲学家们的学术自负。

的确，在美国和英国，以及在其他英语国家，如新西兰、加拿大、澳大利亚等国家，分析哲学自 20 世纪 50 年代之后就占据着哲学研究的主导地位，以至于来自其他欧洲国家的哲学在这些国家的大学哲学系无法生存，只能转移到文学、文化批判、宗教学、民族学以及社会学等学科领域，并在那里继续发挥哲学的作用。虽然逻辑分析和语言分析被看作分析哲学研究的主要手段，但分析哲学家们由此把这样的分析方法作为哲学研究的全部，就使得哲学研究在当代西方变成了一种更具有技术性特征的哲学，而不是根植于人们思想观念中的概念活动。这些都表明，当分析哲学家们强调自己的哲学研究的特殊性，并由此将分析哲学与来自欧洲大陆的哲学思想明确区分开来的时候，他们更多地是以西方哲学主流自居的，并以此作为评判其他哲学是否可以被称作哲学的主要标准。这种学术上的自负和傲慢，其实恰恰背离了分析哲学的基本精神，即民主、宽容和自由。[1] 可以说，正是这种自负和傲慢，使得当代美国哲学家昂格尔(Peter Unger)在他 2014 年出版的著作《空洞的观念：对分析哲学的批判》一书中对分析哲学作为一种主流哲学的地位提出了严峻的挑战，著名牛津大学教授威廉姆森（T. Williamson）也为他站台。[2] 在昂格尔看来，分析哲学家们的自负和傲慢主要表现在他们提出

---

① 江怡：《分析哲学是什么以及能够做什么》，载《学术月刊》，2012(10)。

② Timothy Williamson, "Review of Empty Ideas: A Critique of Analytic Philosophy," *The Times Literary Supplement*, January 16, 2015.

的不过是一些空洞的观念，其中并没有实质性内容，他们的讨论从语义分析出发而不是从事实内容出发，导致了哲学研究完全背离了其为自身设定的目标，即为我们理解这个世界提供智慧和真实的知识。[①] 可以说，该书的出版对当代分析哲学研究阵营无疑是一个沉重的打击，也引起了英美哲学界的极大争议。其实，恩格尔的方法类似于后期维特根斯坦对待自己前期哲学的态度，即反思自己所做过的哲学，揭露这些哲学给人们带来的困惑和问题，最后放弃这种哲学，以至于最后放弃了所有哲学努力。恩格尔通过批判分析哲学的空洞观念，指出了当代哲学研究的重要方向，即通过实质性的反思而形成真正实质性的哲学，这就是体系性的形而上学，包括对世界和人类之间关系的重新认识。这些思考使得我们不得不对分析哲学与欧洲大陆哲学的分野重新做出判断。

三、如何重新理解分析哲学与欧洲大陆哲学的分野

前面我们说过，无论我们现在如何看待分析哲学与欧洲大陆哲学的分野，这个分野至少是具有历史意义的。如果承认这个分野的存在是一个历史事实，我们是否需要致力于了解这个分野是如何产生的，以及两个阵营之间的矛盾冲突和交流对话是如何展开的呢？在这里，我想表明的是，我们无须对这两个阵营的对立冲突给出任何选择性评判，也无须

---

① Cf. Peter Unger, *Empty Ideas: A Critique of Analytic Philosophy*, Oxford, Oxford University Press, 2014.

根据其中任何一个阵营的工作而展开对当代西方哲学的研究。相反，我们对这个分野的关注完全基于对当代西方哲学整体发展的兴趣，同时，我们也希望能够通过对这个分野的理解来说明当代西方哲学的整体性特征。

罗蒂曾致力于这两个传统之间的融合工作，其结果是提出了跳出这两个阵营的第三条道路，即"后哲学文化"的哲学或"对话的哲学"。然而，我们知道，关于这两个阵营之间的对话和交流，从这个分野的提出之初就开始了。应当说，正是两种哲学传统的哲学家之间的对话导致的两者之间的不可交流，最终使得他们在哲学研究的道路上分道扬镳。虽然不少哲学家曾努力寻找各种方式促成这两个哲学阵营之间的和解，但结果却始终不尽人意。从今天的角度看，我们完全可以以另一种方式讨论这两个阵营之间的对话。这就是要超出这两个阵营之间的差别，从他们所讨论的问题出发，找到他们在理论观点层面对话的可能性。这种讨论方式的一个重要前提是，我们不需要对这两个阵营本身表明自己的偏好立场，而只需要对他们所讨论的问题给出进一步的解释，并对他们提出的理论观点给出自己的哲学评价，无论他们最初提出这些问题以及所给出回答的动机是什么。

按照以上方式，一旦我们可以对这两个阵营的分野得以产生的历史根据和思想渊源给出合理的说明，我们似乎就可以找到分析哲学与欧洲大陆哲学出现分野的真正原因。然而，或许情况并非如此简单。即使我们可以找到这两个传统出现分野之初的哲学家们共同关心的问题，甚至可以判定他们所讨论问题的共同根据，但这似乎对我们所讨论的这两个阵营的分野并无特别的帮助。因为我们更为关心的是，为何具有相同问题根源的哲学家会在哲学立场和方法上分道扬镳。因此，我们的问题是：他们之间的分歧究竟从何开始。只有搞清楚了这个问题，我们才能真正理解这种分野的历史意义和理论内容，否则只是满足了我们的历史好奇心而已。由此，我提出的具体研究策略是，我们应当对这两个阵营中代表性的哲学家的思想做更为深入的讨论，通过对具体问题的讨论揭示这两个传统出现分野的真实根源。例如，胡塞尔和弗雷格的思想动机和分析结果、卡尔纳普和海德格尔的方法分歧和思想差距、奥斯汀和梅洛-庞蒂(M. Merleau-Ponty)的风格特征等。我们更多地是需要从他们所讨论的问题出发，而不是关注他们处理问题的不同方式。这样，我们才能真正理解当代哲学的变化和当代哲学家们所关注的主要问题。

第三章 | 维特根斯坦与分析哲学运动的发展

黑格尔曾说，全部哲学史仿佛是一个战场，堆满了死人的骨骸。"它是一个死人的王国，这王国不仅充满了肉体死亡的个人，而且充满着已经推翻了的和精神上死亡了的系统，在这里面，每一个杀死了另一个，并且埋葬了另一个。"①黑格尔对哲学史的这个经典评论清楚地表明，哲学的发展总是呈现为一个前赴后继、相互否定的过程。我们用这个评论来审视当代分析哲学运动中的变化，就会发现当代分析哲学的变化正是在推翻和否定早期分析哲学家们工作的基础上完成的。这的确是一个具有讽刺意味的历史现象：分析哲学最初就是作为传统哲学（特别是德国古典唯心

① ［德］黑格尔：《哲学史讲演录》第 1 卷，21、22 页，北京，商务印书馆，1983。

论)的对立面出现的，而分析哲学的发展却是以自我否定的形式得以延续的。这是一种历史和逻辑的双重演变：历史上的分析哲学作为一种思想风格和研究纲领已经遭到哲学家们的抛弃，对逻辑经验主义和日常语言学派思想的反叛甚至成为后来分析哲学发展的重要起点①；而分析哲学家们一直坚持的某些基本信念和思想出发点在饱受争议和责难之后却又逐渐成为后代哲学家们从事哲学研究的重要基石，如思想与语言、经验与逻辑、真实世界与概念图式等等之间的密切联系②。这种双重演变给人们造成了这样一种印象，即分析哲学运动在今天已经变成了一个混

① 当代美国哲学家雷谢尔就明确指出："分析哲学有两个实质上可分离的方面。一方面，它有其学说立场——它关于一个后哲学时代的意识形态展望，通过以下方式加以实现：或者去消解哲学领域里的传统问题，或者将其归约为经验的事实问题。……除了学说之外，还有方法、技术以及运作程式。这涉及这个纲领的方法论方面，后者包含这样的程序性命令：竭力将精确和明晰注入你的哲学工作中去。……作为一种学说纲领，分析哲学已算是一条死胡同，是一次失败。而作为一种方法论资源，它已被证明是无限丰饶和多产的，并且在当代哲学的每一个领域内都可以感受到它的有益影响。"[美]雷谢尔：《分析哲学的兴起与衰落》，见陈波、江怡主编：《分析哲学：回顾与反省》（第二版），120页，北京，中国人民大学出版社，2018。

② 美国哲学家塞尔和英国哲学家达米特都曾明确表示过这样的看法。塞尔指出，"分析哲学是由一种关于两种语言区别的信念和一个研究纲领规定的。这两种区别：其一是分析命题和综合命题之间的区别；其二是描述的说话方式和评价的说话方式之间的区别。这个研究纲领是一个传统的哲学研究纲领，即试图探索语言、知识、意义、真理、数学等等有疑问的哲学现象的基础。"[美]塞尔：《当代美国分析哲学》，见陈波、江怡主编：《分析哲学：回顾与反省》（第二版），59页，北京，中国人民大学出版社，2018。达米特则认为："分析哲学有各种不同的表述，而使它与其他学派相区别的是其相信：第一，通过对语言的一种哲学说明可以获得对思想的一种哲学说明；第二，只有这样才能获得一种综合的说明。逻辑实证主义者，维特根斯坦在其学术生涯的各个阶段，牛津'日常语言'哲学和美国以蒯因和戴维森为代表的后卡尔纳普哲学，尽管相互区别很大，却都坚持这些相互交织的准则。"[英]迈克尔·达米特：《分析哲学的起源》，23页，上海，上海译文出版社，2005。

乱的战场，分析哲学家们似乎是在否定自己哲学传统的基础上从事哲学研究。更有甚者，有时学者认为分析哲学由此走向了自己的末路。[①] 我认为，造成这种印象的主要原因并不在于分析哲学自身的变化，而是由于我们没有清楚地认识到这些变化的历史背景和真实内容，没有从这些变化中找到分析哲学自身发展的逻辑规律。因此，在本章中，我将通过对哲学家思想的考察，深入阐述当代分析哲学发展中出现的这些重要变化，把它们归结为三个重要的思想转变：从反形而上学转变为重新重视形而上学研究，从早期的非历史的研究转变为对其自身历史的研究，从语言哲学转变为心灵哲学。我将详细分析这些转变的思想背景和深远影响，并试图由此说明当代分析哲学发展的历史逻辑。

需要首先说明的是，这里所说的三大转变并非分析哲学家们的现有成见，也不是对分析哲学发展历史的自然描述，而是我对分析哲学近40年来的发展的思想概括。哲学家们喜欢用"转向"一词标志哲学发展中的重大转折。但在我看来，若用"转向"来描述分析哲学运动发展中的变化，似乎很容易把这些变化误解为分析哲学运动向其他方向上的转变。事实上，这里所说的三大转变，既不是分析哲学研究方向上的转变，也不是分析哲学研究方法上的转变，而只是分析哲学家们在研究对象、态度和方式上的变化。经过这些转变的分析哲学非但没有终结自己的历史使命，反而把自己的研究范式确立为哲学研究的一般范式，把哲

---

① 从20世纪70年代开始，关于分析哲学已经走向末路的说法就一直没有停止过，代表性的人物是美国哲学家罗蒂和英国哲学家科恩（J. Cohen）。见罗蒂的《哲学与自然之镜》（北京，生活·读书·新知三联书店，1982）和 L. 乔纳森·科恩的《理性的对话》（北京，社会科学文献出版社，1998）。

学分析方法确立为西方哲学传统的当代延续。对心身问题的当代解决方案、对形而上学问题的逻辑关注、对分析哲学运动自身历史的重新审视，这些都构成了当代分析哲学，也是当代西方哲学中的重要内容。

一、分析哲学转变的历史背景和思想内容

按照时间顺序，分析哲学运动大致可以划分为三个主要阶段：第一个阶段为早期形成阶段(也称为逻辑主义阶段)，主要以弗雷格、罗素、维特根斯坦以及维也纳学派为代表；第二个阶段是日常语言哲学阶段，主要是以牛津日常语言哲学学派为代表；第三个阶段是自然主义阶段，主要是以蒯因的自然主义认识论、塞拉斯对经验主义的批判、戴维森的变异一元论和达米特的反实在论为代表。按照研究对象和领域，分析哲学运动也可以大致划分为三个主要阶段：第一个是以逻辑分析和语义分析为内容的语言哲学阶段；第二个是以意识和意向性分析为对象的心灵哲学阶段；第三个是以知觉分析和心理分析为特征的认知科学哲学阶段。当然，这些阶段的划分是非常粗略的，完全是为了叙述和理解上的便利，事实上，各阶段也有许多相互重合之处。

然而，无论按照何种方式划分，分析哲学运动近 40 年来的发展的确经历了三次重大的转变。第一次是从语言哲学到心灵哲学，这是分析哲学研究对象的重要转变；第二次是从反形而上学到形而上学研究，这是分析哲学研究态度的重要转变；第三次是从非历史的研究到对自身历史的研究，这是分析哲学研究方式的重要转变。可以说，正是这三个重

大转变，形成了当今分析哲学运动的整体面貌。

1. 第一个转变：从语言哲学到心灵哲学研究

根据美国哲学家泰勒·伯奇的解释，从 20 世纪 70 年代后期开始，语言哲学作为哲学活动的决定性起点的地位已经开始逐渐地并不可逆转地丧失了。人们的兴趣开始转向心灵哲学问题。[①] 我们知道，语言哲学在 20 世纪 50 年代已经成为分析哲学运动中的主要内容，并占据了整个英美哲学的核心地位，甚至被称作"第一哲学"。伯奇认为，语言哲学获得这种地位主要有四个原因：第一个是弗雷格与罗素和维特根斯坦的工作结果，他们的研究成果无可置疑地改变了传统哲学的思维方式；第二个是日常语言学派的哲学与逻辑分析的密切结合，使得逻辑理论被用于分析日常语言，并得以产生对日常语言的重新理解，这就使得语言分析变成更多人可以运用的哲学技术；第三个是通过对逻辑实证主义基本原则的批判性反思推进了哲学家们对意义理论的深入讨论，特别是蒯因的工作直接推进了哲学研究新方式的发展；第四个是在指称理论研究方面取得的重大突破，改变了传统的实指定义方式，转变为涉及更多指称环境和条件等因素的指称理论。我认为，正是由于令语言哲学取得辉煌成就的这些原因，使得语言哲学研究本身达到了其发展的最高阶段，同时也就导致了语言哲学从其至高地位开始日益衰落。正所谓"成也萧何败也萧何"。

的确，语言哲学在 20 世纪 70 年代之前所取得的成就已经使得这种

---

① Tylor Burge, "Philosophy of Language and Mind: 1950-1990," *The Philosophical Review*, vol. 101, No. 1, 1992.

哲学达到了一种无法逾越的高峰，即"语义上行"的原则变成了一切哲学讨论的出发点：似乎只有满足严格的逻辑的或语义的分析我们才能被认为是有意义地讨论哲学问题，或者只有从语言分析出发我们才能进入真正的哲学讨论。可以说，正是在语言哲学的作用下，所有被看作有问题的传统哲学理论都得到了很好的处理，语言哲学家们似乎已经兑现了他们的最初承诺，即我们可以通过对命题的意义分析清除一切形而上学（当然也包括了被看作属于形而上学的传统哲学）。虽然早期的分析哲学家们怀有这样宏大的哲学抱负，但后来的哲学发展似乎并没有真正实现他们的最初理想。这里出现了两种情况：一种情况是，一些哲学家认为语言哲学已经完成了自己的工作，因此哲学的主要任务应当发生变化，这就是要从蒯因所说的从"语义上行"到"语义下行"，也就是要关注语言所代表的思想内容和外在对象；另一种情况是，语言哲学自身的日益专业化使得对语言问题本身的研究逐渐进入语言学的研究领域，因而不再需要哲学家们的工作。应当说，这两种情况的出现其实都与分析哲学自身内部存在的问题密切相关。

按照威廉姆森的说法，分析哲学自身的困难至少表现在它无法完全用语义学和语用学处理我们在使用语言时所面临的各种问题，这特别明显地表现在意义理论和指称理论之中。[1] 实际上，早期分析哲学中存在的问题已经在 20 世纪五六十年代由蒯因、斯特劳森和刘易斯等人指出并试图加以解决。这些问题主要包括分析与综合的区分、还原论、语言使用的意义以及对象的指称问题等。经过后来的戴维森、克里普克以及

---

① ［英］T. 威廉姆森：《近 40 年来分析哲学的转变》，载《世界哲学》，2015(4)。

达米特等人的努力，分析哲学在发展过程中似乎一直在不断调整自己的方向和研究的重点。但在意义与指称问题上，分析哲学家们似乎难以从语言分析的路径中实现更进一步的推进，因为诸如如何用新的指称理论去解释弗雷格的晨星和暮星的问题，如何解释指示词的认知价值，如何解释有关命题态度的句子的真值条件和逻辑形式，以及解释从物的信念（de re belief）等问题，这些都无法用语义学和语用学的方法加以解决。尤其是，在意义与命题态度之间存在一种系统的相互联系，语义分析本身无法清楚地说明这种密切关系。这样，对意义问题的说明就必须寻找一条新的道路。这就是后来的心灵哲学逐渐兴起的重要原因。

当然，这种转变的出现也有几个外在的原因。一个是心理学中计算机模型的兴起，这直接导致了哲学家们特别关注心理活动的计算机制问题，尤其是如何用计算语言表征心理活动的特性问题。另一个是心理学中的哲学问题促使哲学家们重新认识科学的方法论在科学实践中的作用，其中的一个重要问题就是对行为主义限度的批判。按照伯吉的说法："行为主义影响了对心理学的实证主义解释，影响了蒯因的翻译不确定性理论，影响了赖尔对心的概念的研究，以及马尔康姆对梦的话语和感觉话语的解释。"①然而，为心理词汇提供行为主义解释的努力最终却被证明是无法实现的，因为科学家们发现，心理原因之所以有行为方面的后果，仅仅是由于这些心理原因之间存在某种相互作用的关系。这样，对心理活动的行为主义主张就不得不替换为推崇考察心理活动自然

---

① Tylor Burge, "Philosophy of Language and Mind: 1950-1990," *The Philosophical Review*, vol. 101, No. 1, 1992.

状态和机能的自然主义和功能主义，这就使得心灵哲学研究从一开始就具有了强烈的自然科学的特征。还有一个重要原因是，各种心理学的发展，包括认知心理学、发展心理学和心理语言学等，以及认知神经科学的出现，使得哲学家们有了更多的科学实验证据来说明哲学上的自然主义和物理主义等理论的有效性。虽然我们现在还无法肯定地断言心灵哲学中的问题都可以因为自然科学上的进步得到最终解决，但基本上可以肯定的是，心灵哲学逐渐兴起并在当代分析哲学中占据核心地位的重要结果，就是使得哲学与自然科学的最新发展建立了比以往任何时候都更为密切的联系。

应当说，分析哲学研究走向更为科学化的道路，这正是蒯因在 20 世纪 60 年代之后所做的重要工作的结果。当他把认识论解释为心理学的一部分时，就注定了后来的分析哲学发展只能沿着科学主义的道路前进。由于早期分析哲学的逻辑实证主义研究思路被蒯因等人拒斥为经验论的教条，因此一切无法经过科学验证的理论假说都被排斥在哲学研究的范围之外，无论这样的假说是本体论意义上的还是方法论意义上的。哲学中的一切普遍性断定都被作为满足科学研究要求的方便条件或工具，而不再具有任何实质性意义。早期的语言哲学研究虽然声称哲学的主要工作是为了满足科学研究要求的语言逻辑分析，但由于这种研究的主要对象还是传统哲学命题，因此，这种语言哲学研究依然被看作具有浓厚的哲学关怀和目的。然而，心灵哲学的兴起却基本上打破了语言哲学研究的哲学梦想。当代心灵哲学研究的主要对象不再是哲学命题或哲学问题，而是科学命题和科学问题；心灵哲学研究的主要目的不是为哲学理论或主张寻求科学的支持和论证，而是从科学研究中获取哲学的灵感，或者是为科学的研究提供哲学的证明。由此可见，与语言哲学相比，心灵哲学研究具有更为明显的科学性质。

2. 第二个转变：从反形而上学到重视形而上学研究

众所周知，当代分析哲学是以反形而上学起家的，以至于人们通常会把反形而上学作为分析哲学的一个重要特征。这种反形而上学主要采取的是两条基本路线，一条路线是以维也纳学派为代表的逻辑实证主义哲学，它坚持严格的意义证实原则，把形而上学作为毫无认识意义的胡说而加以抛弃。另一条路线是日常语言哲学，把形而上学看作是错误地使用日常语言的结果，完全不考虑日常语言的使用语境。然而，这种情况在 20 世纪 70 年代后发生了重要转变，哲学家们对形而上学的态度发生了彻底逆转，从反形而上学转变为对形而上学问题的重新研究，甚至分析的形而上学被看作在 20 世纪最后 25 年中的分析哲学中占据了中心地位。① 毫无疑问，在这种转变过程中，斯特劳森和蒯因起到了重要的先导作用，他们早在 20 世纪五十六年代就预见到了形而上学研究对于分析哲学自身发展的重要意义。

通常认为，分析哲学运动中出现的这种从反形而上学到形而上学研究的转变，是早期分析哲学家们的反形而上学策略的失败，因而是西方传统哲学中的形而上学思维方式的胜利。然而，事实上，分析哲学家们对形而上学态度的这种转变，并非是对早期分析哲学反形而上学态度的完全否定，更不是试图回到西方传统哲学中的形而上学思维方式，而是出自自身更复杂的原因，这就是分析哲学家们对语言背后的逻辑性质的

——————————

① ［英］T. 威廉姆森：《近 40 年来分析哲学的转变》，载《世界哲学》，2015(4)。

重新理解。

首先，分析哲学家们对逻辑性质的理解不同于康德式的对理性能力的追问，而是类似于莱布尼茨式的对逻辑形式的特别要求。虽然刘易斯的模态逻辑、普莱尔（A. N. Prior）的时态逻辑、克里普克的量化逻辑等看上去在技术上更为精细，但他们都以这种新的逻辑系统彰显了他们对逻辑的形式要求，而背后的形而上学思想则是对我们这个世界的本质刻画。这种形而上学的追问与莱布尼茨对世界普遍语言的要求在精神上是一致的，都是希望能够通过一种特定的语言形式或逻辑性质，说明世界上不同的具体事物的共同特征。例如，刘易斯就把自己的工作性质描述为力求达到稳定均衡的观点。这里的稳定均衡其实就是对常识观点的诉求，即要求在理论反思的基础上达到逻辑与常识的一致。虽然刘易斯的模态逻辑遭到蒯因等许多哲学家的批评，但他似乎并没有因此而改变自己的观点，因为他坚持这种模态逻辑是以数学语言表达我们对常识的一种接受。这种对常识的接受与斯特劳森的日常语言哲学有着异曲同工的效果。这些表明，分析哲学家们对逻辑性质的重新理解完全出于对事物本质的不断追问，而本质主义自然就成为这种形而上学追问的主要标志。

其次，分析哲学家们对逻辑性质的这种形而上学解释基本上采取了不同的语言方式。他们的解释虽然有着各自侧重和不同方法论取向，但在处理形而上学问题上却都是集中在语言表达式上。刘易斯追求的是系统地用数学语言阐述科学理论，斯特劳森则把哲学问题直接定义为语词或概念问题，而克里普克是通过结合语义词汇和形而上学词汇，说明有关语义词汇的解释可以更好地说明形而上学词汇的使用。而且，20 世纪初哲学的"语言转向"也使得语义学和语用学方法成为哲学家们处理非语言问题的可靠工具。这些表明，尽管哲学家们对逻辑性质的形而上学解释表现出不同的方式和取向，但他们都依然属于"语言转向"之后形成的英美当代哲学传统，这个传统就是按照蒯因所提出的"语义上行"的方式确立起来的。

再次，分析哲学家们对逻辑性质的重新理解是按照知识论的方式，而不是传统意义上的形而上学方式。所谓传统意义上的形而上学方式是指，把逻辑理解为追问事物存在的最后根据，或者把逻辑看成支配我们理性推理的决定因素。但对于当代分析哲学家来说，逻辑的性质应当被理解为通过反思知识和被证成的信念后所获得的结果，也就是对知识本身给出的一种规范性的或描述性的说明。但这种说明却是以语用学的方式呈现出来的，或者说，他们试图假定，任何一种这样的规范性或描述性说明都必须首先预设一种特定语境和说话方式。语用学比语义学能更好地处理知识问题的一个优势在于，对语言用法的具体分析可以更好地理解当我们在说"我知道"时的真正意义。这样，对知识的任何说明都可以而且必须依赖于我们对表达知识的语言使用的具体情况，由此构成了知识的成真条件。这些表明，重新理解逻辑性质的知识论方式不仅是对知识表达的基本要求，更是理解逻辑性质的重要途径，而对逻辑性质的知识论理解最终要解决人类思维活动的目的性问题。

最后，逻辑自身的发展也为我们重新认识逻辑的性质提供了重要的贡献。正如威廉姆森所言："在认识论中，认知逻辑的模型使我们能够得出认识论断言的精确描述、适当简化的情形中的后承，远比其他可能方式所得到的更为严格和系统。……在形而上学中，竞争的逻辑通常为竞争的形而上学理论提供了有力的结构核心：例如，量化模态逻辑是任何适当发展的模态形而上学理论的结构核心。尽管并非所有模态形而上学都能有益地看出逻辑，其关键部分可以。逻辑完全不像逻辑实证主义者所期望的那样取代形而上学，而是成为其核心。"①事实上，早在1991年，达米特在《形而上学的逻辑基础》中就已指出，形而上学的争论恰好在于对关于实在的命题的不同解释，无论是实在论还是反实在论，都是试图用逻辑的方法去给出对那些无法观察的实在之物的最终解释。② 的确，对于实在论者来说，关于物理实在的陈述并不是由于我们观察到它们而具有真值，数学陈述也不是由于我们能够证明或证否它们而得到真值；相反，它们的真值是由于独立于我们关于它们的知识而存在的实在，这些陈述的真假完全取决于它们是否符合这种实在。而对于反实在论者而言，他们坚持的则是一种完全排斥排中律的立场。但无论是实在论还是反实在论，它们都是以逻辑的方式表现哲学家们对命题与实在关系的不同理解。这些表明，逻辑本身的发展也为当代分析哲学的形而上学复兴提供了重要保障。

当然，形而上学在当代分析哲学发展中的复兴，更为重要的原因还在于，哲学家们对知识与世界关系的重新理解导致的对哲学性质理解的变化。早期分析哲学家们对形而上学的拒斥主要基于对表达形而上学的语言形式的逻辑分析，由此表明形而上学命题的无意义特征。然而，这种拒斥态度却由于哲学家们对形而上学问题的重新理解而发生了重要转

---

① ［英］T. 威廉姆森：《近40年来分析哲学的转变》，载《世界哲学》，2015(4)。

② M. Dummett, *The Logical Basis of Metaphysics*, Cambridge, Harvard University Press, 1991, p. 8.

变，正如斯特劳森所指出的，形而上学本身具有悠久的历史传统，对形而上学问题的关注就是对人类自身存在方式的关注①。当代分析哲学家对待形而上学问题态度的转变，正是基于哲学家们对哲学性质的重新理解。无论是维特根斯坦后期哲学中对知识基础问题的讨论，还是普特南在其晚年对本体论与伦理学关系的重新认识，或者是克里普克在最新著作中对哲学问题的讨论②，都把目光投向了作为传统形而上学问题的哲学讨论，如怀疑论的基础、共相与殊相的关系、同一性与必然性等，并把这些问题讨论放到当代哲学的视域中，由此引发了当代形而上学问题研究的复兴。

3. 第三个转变：从非历史的研究到对自身历史的研究

我们知道，分析哲学运动自产生之日起就被看作是非历史的哲学，这不仅由于维特根斯坦和维也纳学派声称自己的哲学与传统哲学完全决裂，而且由于这种哲学本身的确体现出与传统哲学截然不同的特征。但到了20世纪90年代，这种对分析哲学运动的非历史解释受到达米特等人的挑战。达米特在1993年出版的《分析哲学的起源》中就明确提出，应当从哲学史的角度研究分析哲学运动的历史意义。③ 该书的出版掀起了西方哲学界对分析哲学历史的强烈关注，围绕分析哲学运动自身的历史发展和它与西方哲学史上不同哲学传统之间的关系等问题，哲学家们

---

① Peter Strawson, *Individuals*, London and New York, Methuen, 1959, p12.

② Cf. Saul Kripke, *Philosophical Troubles*: *Collected Papers*, Oxford, Oxford University Press, vol. 1, 2011.

③ ［英］迈克尔·达米特：《分析哲学的起源》，1页，上海，上海译文出版社，2005。

发表了大量论著，展开了热烈的讨论。2013 年，比尼主编的《牛津分析哲学史手册》出版，这部 1200 页的"巨著"全面反映了当代哲学家们对分析哲学史的最新认识，被看作任何从事现代哲学史研究的人都需要了解的重要思想资源。同时，由比尼主编并已出版 20 本的"分析哲学史丛书"更是全面探究了分析哲学发展过程中的重要人物的思想演变和重要主题，为当代哲学家们深入研究这个历史过程提供了重要思想材料。[①]所有这些似乎都在向我们表明，分析哲学已经走进历史。

分析哲学"走进历史"具有双重含义：其一是指分析哲学家更加关注对自身历史的研究，因为在他们看来，只有挖掘分析哲学的发生、发展的历史，才会使人们更清楚地理解分析哲学产生的重要历史意义，从而理解分析哲学问题的重要价值；其二是指分析哲学家更加关注对分析哲学与西方哲学史关系的研究，试图通过揭示这两者之间思想上的血缘关系，由此表明西方哲学发展的连续性以及分析哲学对西方哲学传统的继承。当然，我们可以从历史中找到分析哲学的起源和发展，我们也可以用分析的方法解释分析哲学的性质，但我们似乎越来越感觉到，在当今的哲学语境中，分析哲学已经不再被看作一种历史的运动，也不再被看作一种可以普遍适用的哲学方法，而是一种真正能够让我们的思想寻求

---

① 笔者之所以这样认为，是因为由英国麦克米兰出版公司出版的该系列丛书中已经出版的 20 本著作既包括了对波尔查诺(B. Bolzano)、弗雷格、罗素、摩尔、维特根斯坦、斯特宾、卡尔纳普、达米特等哲学家的专门研究，也包括了一些专题研究，如分析哲学中的历史转变、摹状词理论、早期分析哲学和现象学中的判断与真理等，甚至还包括了塔尔斯基的最新文集《语言哲学与逻辑》。而且即将出版的 6 本著作还会讨论分析哲学与数学基础问题、行动哲学中的因果论与非因果论问题等，也包括对 20 世纪 20—40 年代科学哲学兴起的关注以及对斯陶德(G. F. Stout)的哲学心理学的研究。

明晰性，让我们的表达具有逻辑性，让我们的讨论更具说服力的精神力量，这种力量使得我们更加确定地理解哲学在处理一切问题中的作用。

从历史上看，分析哲学的确经历了弗雷格、罗素、维特根斯坦和维也纳学派的创立阶段，走过了牛津哲学的辉煌时期，得到了在美国哲学界占据主流的历史地位。从研究的对象上看，哲学家们也经历了不断尝试着从逻辑到语言再到心灵的研究历程，竭力说明分析的方法如何能够作用于不同的对象。从研究的性质上看，分析哲学走过了物理主义、现象主义、自然主义的不同道路，哲学与科学的密切关系在分析哲学那里从来就被看作哲学研究的预设前提。所有这些似乎都表明，分析哲学理应被看作独特的哲学研究方法，或者说，正是这种方法为哲学研究带来了前所未有的成果。但在经历了百年历史后的今天，我们反省分析哲学的历史会发现，这种哲学真正留给我们的遗产并非方法，而是看待这种方法的态度，是回归德国古典哲学之前的西方哲学传统的精神，更是如何处理一切哲学问题的清晰路径。

首先，在当今的哲学研究中，分析方法虽然不断地被看作是分析哲学的主要标志，但很少有人直接把分析哲学直接等同于分析方法。而且，如何理解分析方法本身甚至也成为哲学家们存有争议的话题。虽然不少哲学家把分析方法与分析哲学紧密地联系起来，而且将"分析的时代"确定为 20 世纪英美哲学的主要特征，但如今越来越多的哲学家认识到，分析哲学所提倡的方法更应当在"治疗"的意义上加以使用。正如维特根斯坦所说的，只有把哲学看作一种思想的疾病加以治疗，我们才能真正理解哲学的意义。当代哲学家们在讨论分析哲学的时候，的确主要采取这样两种态度：一种是出于对历史的兴趣，从分析哲学的起源和发展中考察分析方法的具体使用；一种是出于对分析方法与欧洲大陆思想方法之间差别的兴趣，从现象学和诠释学的研究中寻找分析方法如何可以适用于解读海德格尔和伽达默尔（Hans-Georg Gadamer）等人的思想。这两种态度都表明了"分析哲学"在当今哲学家们心目中的意义：它并非可以用于谈论的历史故事，也不是可以直接使用的研究工具，而是一种处理哲学问题的态度，一种能够帮助我们更好理解哲学作用的态度。或许，"理智治疗"就是这样一种态度的最好体现。

其次，当代哲学家们越来越多地关注德国古典哲学，特别是英美哲学家们近年来对康德和黑格尔哲学的讨论成果远远超出了过去百年来的研究，而过去的一百年正是分析哲学在英美哲学中大行其道的时期。或许，有人会对英美哲学家们如今关心康德和黑格尔哲学感到不解，因为他们的哲学正是分析哲学早期的哲学家们竭力反对和攻击的对象，或者说，分析哲学的产生在思想背景上正是哲学家们反叛绝对唯心主义的结果。然而，仔细阅读一下当今哲学家们对康德和黑格尔思想的解读，我们就会发现，英美哲学家们的处理方式完全是纯学术的，而他们对思想的处理也是按照传统的分析方式。正如罗克莫尔（T. Rockmore）在为他的《康德与观念论》一书的中文版所写的序言中所说，"自从分析哲学在英国出现以来，对观念论的否定性的偏见就不断地转移了人们对它的注意力。然而，在西方，在分析哲学仍然盛行的地方，对观念论的详细考察就是面对那种偏见来恢复观念论的本来面目的一个机会"[1]。这或许

---

[1] ［美］汤姆·罗克莫尔：《康德与观念论》，中文版序言 2 页，上海，上海译文出版社，2011。

正是英美哲学家们重新关注德国古典哲学的重要原因。

　　最后，当代哲学家们还更多地意识到，分析哲学并非简单地是一种哲学方法，而更多地体现为一种清晰表达思想的方式。这就直接反应在比尼主编的《牛津分析哲学史手册》的主要内容之中。他把这样的方式定义为论证、清晰性和严格性，指出弗雷格的逻辑是哲学论证的典范，清晰性是哲学思考和写作的最重要优点之一，但它不可能只体现在最好的分析哲学中。同样，不是只有分析哲学才重视严格性，在胡塞尔对狄尔泰（W. Dilthey）的历史解释学的批判中，他也强调哲学是一门严格的科学。他认为，虽然我们无法把这些完全归于分析哲学的特征，但至少可以确定的是，分析哲学的确比以往任何一种哲学都更为强调这些方式。当我们以历史的方式和方法论的方式谈论分析哲学的时候，其实还有一种比它们更能说明分析哲学特征的方式，这就是思想上的民主和论证上的完美。前者体现了一切能够在哲学上讨论的话题都可以在分析哲学的语境中找到自己的位置，不仅包括了传统哲学问题的讨论，而且包括了当代欧洲大陆哲学问题的讨论。后者则宣布了哲学上的理想追求，或许正是因为这样一种理想，分析哲学家们不断追问思想的论证如何能够以更为严格的方式加以细化，所以，分析哲学的方法才会给人留下"零打碎敲"的印象。

　　当然，这种"零打碎敲"的方式招致了许多批评和责难，特别是从传统哲学和欧洲大陆哲学传统"宏大叙事"的角度看，这种方式显然无法得到他们希望得到的对问题的"整体"理解和解决。然而，历史地说，这种方式恰好符合经验主义的基本思想路线，即从当下经验出发以解决哲学的基本观念问题，而这里的当下经验则只能是碎片的、断裂的和短暂的。当然，这还只是表面的分析。应当说，导致分析哲学研究给人留下"零打碎敲"印象的主要原因，在于分析哲学家们对哲学研究性质的不同理解，这在维特根斯坦早期哲学和维也纳学派哲学中得到充分体现，在牛津日常语言哲学中也有很好的说明。虽然维特根斯坦和维也纳学派成员都强调以逻辑的方式重建我们对世界的理解，但这种逻辑方式是通过考察命题和句子的意义展开的，并主要体现为对逻辑规则运用的强调。逻辑规则的运用表现在具体考察命题和句子意义的活动之中，因此，维特根斯坦和维也纳学派都把意义分析活动看作哲学研究的主要任务，哲学的性质也主要被理解为澄清命题意义的活动。这样的活动并不期望对世界有整体的理解，也不奢望建立一套完整的解释世界意义的理论，它们仅仅是对每个具体命题意义的解释和澄清，因而自然会给人留下"零打碎敲"的印象。

我们知道，这种"零打碎敲"其实是针对"宏大叙事"而言的，由此这也成为分析哲学饱受诟病的主要理由。然而，我们有所不知的是，维特根斯坦和维也纳学派的逻辑分析活动背后其实隐藏着一个巨大的先验根据，这就是他们对逻辑形式和逻辑规则的先天确证。对此，奥地利哲学家斯塔德勒就明确指出，在早期分析哲学的历史中我们总能看到哲学家们如何摧毁对理论构造的传统理解，他们由此认为，理论可以表达为一种使用规则的观察语言。① 这正是维特根斯坦所断言的："我们必须先天地回答有关基本命题的所有可能的形式的问题。……如果不考虑基本

---

① Friedrich Stadler, *The Vienna Circle*：*Studies in the Origins*，*Development and Influence of Logical Empiricism*，Wien and New York，Springer，2001，pp. 16-17.

命题的独特的逻辑形式，那么我们对它们还是有一个概念的。不存在一种由诸基本命题的诸形式构成的等级系统。我们只能预言我们自己所构造出来的东西。"(TLP，5.55-5.556)石里克、卡尔纳普等人也表达过同样的观点。这些表明，至少早期分析哲学家们在提出他们的哲学主张和逻辑分析时，心中已经有了对逻辑性质的先验理解，这就是要从逻辑形式和逻辑规则先天性出发，由此分析语言的表达形式是否符合先天的逻辑形式和规则。如果从哲学性质理解的前提出发，我们必须承认，分析哲学对哲学性质和任务的规定在一定程度上符合近代哲学对哲学性质的理解，即把哲学作为一种理解人类理性与世界关系的活动。这样，我们就可以理解当今的分析哲学可以走进历史的必然性。

然而，看到了分析哲学走进历史的必然性，并不意味着可以理解分析哲学运动的历史特征。这种历史的必然仅仅说明了分析哲学自身发展的历史逻辑，并没有直接反映分析哲学的历史特征。这里所谓的"历史特征"，主要是指分析哲学家的思想与西方哲学发展过程中的各种思想之间的密切联系，同时也包括了分析哲学运动在当今世界中的时代特征。

二、分析哲学转变的历史逻辑与现实影响

对分析哲学运动中这三大转变的梳理，不仅是对当代哲学发展的历史描述，更主要的是对近代以来西方哲学变迁的逻辑说明。"分析哲学已经走进历史"展现的是两种不同的纬度：一方面，我们需要通过对分

析哲学历史进程的描述才能真正看清当代分析哲学的逻辑和问题；另一方面，分析哲学本身也是通过对西方哲学发展的历史回溯，寻找自己未来发展的可能道路。这些都表明，分析哲学运动的历史逻辑与整个西方哲学思想之间具有深厚的思想脉络，而分析哲学运动的性质也正是通过这种历史的考察才得到更为清晰的展现。

从哲学性质上看，分析哲学关注的核心问题可以看作近代哲学在当代的延续：对语言和意义的考察正是对思想本身的逻辑研究，对真理和理解的解释直接反映了近代哲学追问思想客观性的要求，对科学性质的说明则在根本的意义上推进了近代哲学家们对思想逻辑的本质诉求。可以说，当代分析哲学的兴起恰好是哲学家们对德国古典哲学抽象思辨的反叛，也是对从笛卡儿到休谟的西方近代哲学推崇理性、追寻自然的传统的回归。所有这些都反映了分析哲学运动与西方近代哲学之间具有天然的思想联系。通过对分析哲学运动的历史梳理，我们可以更加清楚地看到分析哲学自身的独特性质。

分析哲学中的三大转变对当代哲学的深刻影响主要表现在两个方面：一方面，分析哲学的基本观念已经渗入当代哲学研究的众多方面，经历了"语言转向"后的西方哲学已经表现出了与传统哲学不同的思维方式；另一方面，由于科学理性精神始终贯穿于分析哲学方法，因而与当代科学最新发展密切相关的分析哲学运动必然把科学与哲学紧密地联系起来，由此推进了当代哲学自身的发展。

首先，在当代哲学中，无论是在语言哲学、心灵哲学、逻辑哲学或是在道德哲学、政治哲学、历史哲学等领域，对清晰性的要求始终被放到思想讨论的首位。对哲学家们来说，只有建立在意义明确的概念基础之上，哲学的讨论才会是富有成效的。正是这样一种观念，使得分析哲学不再被简单理解为只有在英美哲学中才具有的哲学立场和方法，而是被看作一切哲学研究应当具有的基本原则和前提。这在欧洲大陆哲学中也有明显的表现。如胡塞尔的《逻辑研究》包含的对思想清晰性的追求始终是胡塞尔哲学讨论的基础，德里达和哈贝马斯等哲学家对分析方法的运用并非直接表现在他们的语言表达上，而是反映在他们阐述自己思想的逻辑之中。

其次，分析哲学运动中的三大转变重新确定了哲学与科学的互动关系，从科学的最新发展中寻找哲学发展的内在动力，并以科学给人类带来的双重影响重新认识哲学在当代科学和社会发展中的独特作用。从科学的角度看，早期的分析哲学家们都是自然科学家或社会科学家，他们都在自己的科学研究领域做出了突出贡献，因此，他们自觉意识到科学研究方法对哲学改造具有关键性作用，由此造就了真正意义上的科学的哲学。在这种意义上，自然科学本身成就了分析哲学运动发展。但从更深层次上看，分析哲学运动不仅来自其自身与自然科学发展的密切联系，而且对当代科学的发展本身产生了积极的影响。现代人工智能和认知科学研究就是建立在对身心问题的哲学思考的基础之上，认知、语言、心灵、智能、信息等早已成为当代哲学和科学共同讨论的领域。

从现实性上看，分析哲学运动中的三大转变直接造就了当代哲学中的三个重要问题，即科学地解释意识现象是否可以满足我们对意识问题的要求？形而上学问题在现代究竟意味着什么？分析哲学与传统哲学之间是截然对立还是有某种历史的延续？对这三个问题的回答就是当代哲学中的自然主义的物理主义、外在主义以及分析哲学史研究的主要任务。

自然主义的物理主义试图用物理解释去说明意识现象的特殊性质，并竭力对各种反物理主义主张给出符合科学的反驳。然而，迄今为止，物理主义始终受到更多反物理主义反例的挑战，而其自身并没有给出一个根本性的解决方案。外在主义者在处理形而上学问题上的立场与传统形而上学截然不同，他们坚信特殊事物是在时空中永存的对象，而属性或类不过是我们用于谈论这些对象的便利方式。这的确为形而上学问题的解决提供了一种现代唯名论的方式，但这依然存在着无法解释的诸如普遍概念的本体论地位等问题，因而形而上学问题至今仍然是西方哲学家们热烈讨论的话题。随着《牛津分析哲学史手册》和"分析哲学史系列丛书"的出版，对分析哲学史的关注也成为当今哲学家们的重要工作内容。哲学家们对历史的兴趣并非仅仅出于对分析哲学发展的关注，更是由于对当代哲学与传统哲学之间思想关系的重新定位。当然，由于对分析哲学运动本身性质理解的差异，哲学家们对分析哲学与传统哲学之间关系的理解也依然存在很大分歧。这意味着，如何重新认识当代哲学与传统哲学的关系，还会是未来哲学研究的重要话题之一。

三、分析哲学在 21 世纪的发展

进入 21 世纪后，当代分析哲学进入了一个新的发展时期。分析哲学家对分析哲学的性质、任务以及范围等关键问题做出了新的理解，强调分析哲学作为一种方法和风格的重要性。当代哲学家通过对分析哲学发展历史的研究，对分析哲学的性质、任务以及范围等关键问题提出了新的理解，由此改变了以往对分析哲学的认识，形成了新的分析哲学图景。根据这种新的图景，分析哲学不再是一种哲学理论或流派，而是用来支持对话和宽容的一种力量，它的明显标志是运用论证和辩明来处理哲学问题的方法。也正是根据对分析哲学方法的这种理解，哲学家们对西方传统哲学重新做出了分析，并由此对当代哲学研究的时代特征给出了截然不同于欧洲大陆哲学的理解。根据我的理解，当代分析哲学运动中出现的这些最新变化主要表现在两个方面：一是对传统哲学的重新理解，二是哲学研究范围的不断扩大。

分析哲学家们对西方传统哲学的研究取得比以往任何时候都更令人瞩目的成果，这主要依赖于分析方法在哲学文本考察和思想重构中的重要作用。无论是英国的达米特还是美国的布兰顿（R. Brandon），他们都把分析哲学看作与传统哲学有着密切思想联系的哲学，试图从西方哲学的思想资源中获取当代哲学发展的灵感。对分析哲学运动历史的完整梳理，不仅是对当代哲学发展历程的历史描述，更主要的是对近代以来的西方哲学变迁的逻辑说明。这种研究在 21 世纪显示出更强盛的势头。哲学家们对分析哲学运动史的梳理主要从两个方面展开。一方面，不少学者注重分析哲学与传统哲学的关系，特别是对德国唯心主义的重新理解。[①] 他们都试图从分析哲学的视角重新阐述德国古典唯心主义哲学的现代意义，说明用分析的方法同样可以理解传统哲学并能够更好地说明

---

① Tom Rockmore，*Hegel*，*Idealism and Analytic Philosophy*，New Haven，Yale University Press，2004；P. Redding，*Analytic Philosophy and the Return of Hegelian Thought*，Cambridge，Cambridge University Press，2010；T. Sorell and A. J. Roger，*Analytic Philosophy and History of Philosophy*，Oxford，Oxford University Press，2005.

它们的思想。事实上，近年来不少学者努力用分析的方法重新解读康德、黑格尔以及中世纪哲学。另一方面，也有哲学家力图从哲学史中寻找当代分析哲学中重要问题的历史根源，由此说明分析哲学问题的普遍性。[①]

所有这些表明，对分析哲学运动与西方哲学史关系的关注，已经成为当代哲学研究中的一个重要内容。根据我的分析，哲学家们产生这种历史关注主要基于两个原因：其一，分析哲学运动虽然起端于对传统哲学的批判，但由于西方哲学的发展本身就是一个不断否定的历史，因此，分析哲学的批判已经被看作属于西方哲学传统的一个正常情形，哲学家们由此就要讨论分析哲学的批判与传统哲学本身究竟是何种关系。其二，分析哲学家们讨论的问题虽然与传统哲学有很大不同，但由于分析哲学所采用的逻辑推理和语言论证的方法始终是西方哲学研究的主要方式，因此，分析哲学家们对自身问题的讨论完全符合西方哲学研究的方式，哲学家们由此就要考察分析哲学家们讨论问题的方式与传统哲学家们的方式在何种意义上是相同的。正是这两个原因，导致了当代哲学家们对分析哲学与哲学史的关系产生了浓厚兴趣，由此更加鲜明地表现出当代分析哲学研究的这样一个重要特征，即分析哲学是西方哲学历史发展的现代延续。这里所谓的"现代延续"，不是指分析哲学直接继承了传统哲学的问题和方法，而是指分析哲学所讨论的问题及其方式在根本上并没有完全脱离西方哲学的主要传统，在更广的意义上，更是对传统哲学的扩展和延伸。

---

① Cf. Vincenzo De Risi, *Geometry and Monadology*：*Leibniz's Analysis Situs and Philosophy of Space*, Basel, Boston, and Berlin, Birkhäauser, 2007；J. Miller, *Topics in the Early Modern Philosophy of Mind*, Springer, 2009.

当代分析哲学变化的另一个重要方面是哲学家们扩展了哲学研究的基本领域。这里所谓"基本领域"不仅是指传统哲学中的形而上学、认识论、方法论、道德哲学等领域，而且包括了通过对哲学性质的重新解释而形成的专门研究领域，也就是我们常说的"X 哲学"，比如，"语言哲学""心灵哲学""认知科学哲学"等。后面这些研究领域虽然在传统哲学中并没有被看作是基本的，甚至有的还没有出现在传统哲学之中，但在现代哲学语境中则已经成为基本的研究领域。

分析哲学家们在形而上学领域的研究已经改变了西方传统哲学对形而上学的基本认识。我们知道，传统哲学中的形而上学主要讨论存在问题，其中涉及的话题主要包括本质与现象、实在与表象、世界与对象、事物与结构、意志与自由、上帝与人类等问题，讨论的方式主要以思辨来寻求概念背后的思想内容。然而，当代哲学自"语言转向"之后发生了重大变化，哲学讨论的方式也发生了改变。在形而上学领域，哲学家们更加关心的是语言表达中的真理问题，讨论的话题也主要包括关于抽象物的语言学地位、意义与真理的关系、因果概念的实在性、变化中的事物同一性、知识的范畴基础等问题，讨论的方式则变成了通过逻辑的或语义的分析揭示语言表达式的含义。这种变化不仅体现了分析哲学家们对形而上学问题研究的兴趣所在，而且从根本上改变了形而上学研究领域的基本问题。进入 21 世纪后，当代英美哲学家们对形而上学问题的讨论，又出现了一些新的变化。这些讨论表现出两个重要方向：一方面是对传统形而上学问题的重新关注，如对时空问题、共相与殊相问题、死亡问题、部分与整体问题等的讨论。另一方面则是从纯粹的语言分析走向了对形而上学问题背后的人类存在本身以及人类与世界关系的密切关注。同时，哲学家们对形而上学与知识论问题的关系也给予了极大重视，这些都使得当代形而上学研究超越了"语言转向"本身带来的影响。

在认识论和方法论上，分析哲学家们的工作可谓有目共睹。近 20年来，分析哲学运动中发生的最为重要的变化，或许就是在认识论和方法论的领域中，这主要表现在知识论的重新奠基和逻辑性质的重新定位。这里的"重新奠基"是指，现代知识论不仅取代了传统的认识论而成为哲学家们争相热议的主题，传统认识论中关于认识的性质、来源、范围以及评价标准等问题都已经被替换为现代知识论中的知识的性质、分类、证明及其与心灵的关系等问题，知识的外在表达形式比认识的内在心理内容更为重要；而且，知识论被哲学家们看作处于哲学的中心位置，这个中心不是指一切哲学都以知识论为基础，而是指知识论的讨论总是会涉及哲学上的一些基础性的问题，如怀疑论、实在论、关于世界的知识、先天知识、德性知识、他人心灵、信念的本性、意志自由等等，这些问题在哲学研究中往往是与形而上学、道德理论以及宗教信仰等密切相关的。因此，现代知识论已经成为分析哲学在传统认识论研究领域中扩展的结果。

同样，从 20 世纪后半叶起，分析哲学运动中出现了许多新的研究领域。这些领域的出现部分是由于分析哲学运动自身发展的需要，如心灵哲学、知觉哲学、实验哲学、行动哲学等；部分是由于自然科学的最新发展促成了分析哲学研究领域的扩大，如认知科学哲学、神经科学、心理学哲学等。哲学研究新领域的出现不仅表明分析哲学运动的不断发展，更重要的是表明了哲学家们比以往更为自觉地意识到哲学研究与科学发展和人类行为之间的密切关系，并试图按照科学进步的模式反思哲学研究的基本框架，或者以哲学研究的方式理解和解释科学发展的最新成果。总体看来，哲学家们在这些领域中的问题讨论有两个重要特点：第一，问题研究出现了明显的回归传统的倾向，从哲学史中寻找思想资源并以哲学家们的经典论述作为问题讨论的出发点成为当前分析哲学研究中比较明显的趋势。第二，问题研究更多地结合当前科学研究的最新成果，并随时把哲学研究与科学研究结合起来，特别明显地显示出哲学家们试图为科学研究提供概念分析手段的主动意向。此外，在当前的分析哲学研究中，出现了各种理论主张并存并且相互批评的局面，这说明分析哲学正处于一个新的转变和发展时期。

　　从以上的分析中可以看出，当代分析哲学运动发展中的三大转变以及 21 世纪以来的变化，其根本原因在于分析哲学自身内部的不断反省和批判；在于哲学家们不断调整自己的研究方向，扩展自己的研究领域；更在于哲学分析方法的灵活运用。哲学的生命力就在于直接面对社会的变化和科学的发展，能够以哲学概念的方式回应这些变化和发展给哲学带来的挑战和问题，而这种回应本身却是被标志为哲学研究的方法。当代分析哲学能够顺应这些变化和发展，也正是以其清晰明确的分析方法为标志的。这些都是值得我们中国的哲学研究者学习和借鉴的。

第四章 | 分析哲学运动的历史特征与现实意义

在当代西方哲学中，分析哲学运动被称作这个时代最典型的精神风潮，这场运动为哲学研究引入了高度严格的标准，它的主要特征在于，"从一开始，它就与理性精神和科学结为结盟，并致力于推翻思辨的形而上学和消除哲学上的神秘性。在方法论上，它是与运用新的逻辑作为哲学洞见之来源相关联的，并且后来(在哲学的语言转向之后)与主要地和细致地关注语言及其用法相关联"[①]。这些特征描述都表明，分析哲学运动的确为当代哲学带来了崭新的变化。然而，这种变化在多大程度上改变了西方哲学的发展，

---

① ［英］P. M. S. 哈克：《分析哲学：内容、历史与走向》，见陈波、江怡主编：《分析哲学：回顾与反省》(第二版)，28页，北京，中国人民大学出版社，2018。

又在多大程度上直接塑造了当代哲学的思维方式和话语方式，却是引起众多争议且无定论的问题。本文将根据当代分析哲学家们的论述，通过分析西方哲学思维方式和话语方式的变化，试图从当代哲学的总体特征上揭示分析哲学运动的历史特征和现实意义。

一、分析哲学如何走进了历史

起初，分析哲学运动就被看作是非历史的。这一方面是因为维特根斯坦和维也纳学派都曾声称自己的哲学与传统哲学完全决裂，另一方面则是由于分析哲学的确体现出与传统哲学截然不同的特征。然而，到了20世纪90年代，对分析哲学运动的非历史解释受到达米特等人的挑战。在1993年出版的《分析哲学的起源》中，达米特明确提出要从哲学史的角度研究分析哲学运动的历史意义。[①] 该书掀起了西方哲学界对分析哲学历史的强烈关注，围绕分析哲学运动自身的历史发展和它与西方哲学史上不同哲学传统之间的关系等问题，哲学家们发表了大量论著，展开了热烈的讨论。2013年，牛津大学出版社推出英国哲学家比尼主编的《牛津分析哲学史手册》，全面反映了当代哲学家们对分析哲学史的最新认识，被看作任何从事现代哲学史研究的人都需要了解的重要思想资源。同时，由比尼主编并已出版20本的"分析哲学史丛书"更是全面探

---

① ［英］迈克尔·达米特：《分析哲学的起源》，1页，上海，上海译文出版社，2005。

究了分析哲学发展过程中的重要人物思想演变和重要主题，为当代哲学家们深入研究这个历史过程提供了重要思想材料。所有这些都在向我们表明，分析哲学已经走进了历史。

然而，这并不意味着分析哲学已经成为过去，而是表明分析哲学已经走进历史的视野，对分析哲学历史的反思正在成为西方哲学家的话题。在这里，分析哲学"走进历史"具有双重含义：其一是指分析哲学家更加关注对自身历史的研究，因为在他们看来，只有挖掘了分析哲学的发生、发展的历史，才会使人们更清楚地理解分析哲学产生的重要历史意义，从而理解分析哲学问题的重要价值；其二是指分析哲学家更加关注对分析哲学与西方哲学史关系的研究，试图通过揭示这两者之间在思想上的血缘关系，由此表明西方哲学发展的连续性以及分析哲学对西方哲学传统的继承性。当然，我们可以从历史中找到分析哲学的起源和发展，我们也可以用分析的方法解释分析哲学的性质，但我们似乎越来越感觉到，在当今的哲学语境中，分析哲学已经不再被看作一种历史的运动，也不再被看作一种可以普遍适用的哲学方法，而是一种真正能够让我们的思想寻求明晰性，让我们的表达具有逻辑性，让我们的讨论更具说服力的精神力量，这种力量使得我们更加确定地理解哲学在处理一切问题中的作用。

的确，历史地看，分析哲学运动经历了从弗雷格、罗素、维特根斯坦和维也纳学派的创立阶段，走过了牛津哲学的辉煌时期，得到了在美国哲学中占据主流的历史地位，如今又成为当今西方哲学的主要内容。分析哲学家们不断尝试着从逻辑到语言再到心灵的研究历程，竭力说明分析的方法如何能够作用于不同的对象。分析哲学的发展历程也走过了物理主义、现象主义、自然主义的不同道路，哲学与科学的密切关系在分析哲学那里从来就被看作哲学研究的预设前提。所有这些都表明，分析哲学理应被看作特有的哲学研究方法，或者说，正是这种方法为哲学研究带来了前所未有的成果。但在经历了百年历史后的今天，我们反省分析哲学的历史会发现，这种哲学真正留给我们的遗产并非仅仅是分析的方法，更为重要的是看待这种方法的态度，或者是回归德国古典哲学之前的西方哲学传统的精神，是如何处理一切哲学问题的清晰路径。

在当今的哲学研究中，分析方法不断地被看作是分析哲学的主要标志，哲学家们的确把分析方法与分析哲学紧密地联系起来，用"分析的时代"来确定 20 世纪英美哲学的主题。然而，我认为，分析哲学所提倡的方法更应当在"治疗"的意义上加以使用。正如维特根斯坦所说的，只有把哲学看作一种思想的疾病加以治疗，我们才能真正理解哲学的意义。有趣的是，当代哲学家们在讨论分析哲学的时候，主要采取这样两种态度：一种是出于历史的兴趣，从分析哲学的起源和发展中考察分析方法的具体使用；一种是对分析方法与欧洲大陆思想方法之间差别的兴趣，特别是从现象学和诠释学的研究中寻找分析方法如何可以适用于解读海德格尔和伽达默尔等人的思想。这两种态度都表明了"分析哲学"在当今哲学家们心目中的意义：它并非是可以用于谈论的历史故事，也不是可以直接使用的研究工具，而是一种处理哲学问题的态度，一种能够帮助我们更好理解哲学作用的态度。或许，"理智治疗"就是这样一种态度的最好体现。

不仅如此，分析哲学还更多地体现为一种清晰表达思想的方式。例如，比尼在《牛津分析哲学史手册》中就把这样的方式表达为论证、清晰性和严格性，指出弗雷格的逻辑是哲学论证的典范，清晰性是哲学思考和写作的最重要优点之一。这种严格性和清晰性也同样表现在胡塞尔(E. G. A. Husserl)对狄尔泰的历史解释学的批判中，因为胡塞尔也强调哲学是一门严格的科学。比尼认为，虽然我们无法把这些完全归于分析哲学的特征，但至少可以确定的是，分析哲学的确比以往任何一种哲学更为强调这些方式。① 当我们以历史的方式和方法论的方式谈论分析哲学的时候，其实还有一种比它们更能说明分析哲学特征的方式，这就是思想上的民主和论证上的完美。前者体现了一切能够在哲学上讨论的话题都可以在分析哲学的语境中找到自己的位置：不仅包括了传统哲学问题的讨论，而且包括了当代欧洲大陆哲学的问题。后者则宣布了哲学上的理想追求，或许正是因为这样一种理想，分析哲学家们不断追问思想的论证如何能够以更为严格的方式加以细化，所以，分析哲学总是给人留下"零打碎敲"的印象。

然而，事实上，维特根斯坦和维也纳学派的逻辑分析活动背后仍然隐藏着一个巨大的先验根据，这就是他们对逻辑形式和逻辑规则的先天确证。对此，奥地利哲学家斯塔德勒就明确指出，在早期分析哲学的历史中我们总能看到哲学家们如何摧毁对理论构造的传统理解，他们由此认为，理论可以表达为一种使用规则的观察语言。② 这正是维特根斯坦

① Michael Beaney, *The Oxford Handbook of the History of Analytic Philosophy*, Oxford, Oxford University Press, 2013, pp. 24-25.

② Friedrich Stadler, *The Vienna Circle：Studies in the Origins, Development and Influence of Logical Empiricism*, Wien and New York, Springer, 2001, pp. 16-17.

所断言："我们必须先天地回答有关基本命题的所有可能的形式的问题。
……如果不考虑基本命题的独特的逻辑形式，那么我们对它们还是有一
个概念的。不存在一种由诸基本命题的诸形式构成的等级系统。我们只
能预言我们自己所构造出来的东西。"（TLP，5.55-5.556）这些表明，至
少早期分析哲学家们在提出他们的哲学主张和逻辑分析时，心中已经有
了对逻辑性质的先验理解，这就是要从逻辑形式和逻辑规则先天性出
发，由此分析语言的表达形式是否符合先天的逻辑形式和规则。如果从
哲学性质理解的前提出发，我们必须承认，分析哲学对哲学性质和任务
的规定在一定程度上符合近代哲学对哲学性质的理解，即把哲学作为一
种理解人类理性与世界关系的活动。这样，我们就可以理解当今的分析
哲学可以走进历史的必然性。

二、分析哲学运动的历史特征

然而，看到了分析哲学走进历史的必然性，并不意味着可以理解分
析哲学运动的历史特征。这种历史的必然仅仅说明了分析哲学自身发展
的历史逻辑，并没有直接反映分析哲学的历史特征。这里所谓的"历史
特征"，主要是指分析哲学家的思想与西方哲学发展过程中的各种思想
之间的密切联系，同时也包括了分析哲学运动在当今世界中的时代特
征。这就需要我们从当代分析哲学家们的工作中去寻找和概括。

进入 21 世纪后，当代分析哲学进入了一个新的发展时期。分析哲
学家对分析哲学的性质、任务以及范围等关键问题做出了新的理解，强

调分析哲学作为一种方法和风格的重要性。当代哲学家通过对分析哲学发展历史的研究，对分析哲学的性质、任务以及范围等关键问题提出了新的理解，由此改变了以往对分析哲学的认识，形成了新的分析哲学图景。蒯因的学生、美国斯坦福大学和挪威奥斯陆大学教授弗莱斯达尔（Dagfinn Føllesdal）认为，分析哲学不再是一种哲学理论或流派，而是用来支持对话和宽容的一种力量，它的明显标志是运用论证和辩明处理哲学问题的方法。正是根据对分析哲学方法的理解，哲学家们对西方传统哲学重新做出了分析，并由此对当代哲学研究的时代特征给出了截然不同于欧洲大陆哲学的理解。

无论是当代著名哲学家达米特还是后起哲学新秀布兰顿，他们都把分析哲学看作与传统哲学有着密切思想联系的哲学，试图从西方哲学的思想资源中获取当代哲学发展的灵感。对分析哲学运动历史的完整梳理，不仅是对当代哲学发展历程的历史描述，更主要的是对近代以来的西方哲学变迁的逻辑说明。这种研究在 21 世纪显示了更强盛的势头，哲学家们主要从两个方面展开。一方面是注重分析哲学与传统哲学的关系，特别是对德国唯心主义的重新理解，如罗克莫尔的《黑格尔、唯心论和分析哲学》、瑞丁（P. Redding）的《分析哲学与回到黑格尔思想》以及索瑞尔（T. Sorell）和罗杰尔（A. J. Roger）的《分析哲学与哲学史》等。这些著作都试图从分析哲学的视角重新阐述德国古典唯心主义哲学的现代意义，说明用分析的方法同样可以理解传统哲学并能够更好地说明它们的思想。事实上，近年来不少学者努力用分析的方法重新解读康德、黑格尔以及中世纪哲学。另一方面，也有哲学家力图从哲学史中寻找当代分析哲学重要问题的历史根源，由此说明分析哲学问题的普遍性，如李斯(V. D. Risi)的《几何学和单子论：莱布尼茨的拓扑学和空间哲学》、米勒(J. Miller)的《早期近代心灵哲学的话题》等。

所有这些表明，对分析哲学运动与西方哲学史关系的关注，已经成为当代哲学研究中的一个重要内容。哲学家们产生这种历史关注主要基于两个原因：其一，分析哲学运动虽然起端于对传统哲学的批判，但由于西方哲学的发展本身就是一个不断否定的历史，因此，分析哲学的批判已经被看作属于西方哲学传统的一个正常情形，哲学家们由此就要讨论分析哲学的批判与传统哲学本身究竟是何种关系。其二，分析哲学家们讨论的问题虽然与传统哲学有了很大不同，但由于分析哲学所采用的逻辑推理和语言论证的方法始终是西方哲学研究的主要方式，因此，分析哲学家们对自身问题的讨论完全符合西方哲学研究的方式，哲学家们由此就要考察分析哲学家们讨论问题的方式与传统哲学家们的方式在何种意义上是相同的。正是这两个原因，导致了当代哲学家们对分析哲学与哲学史的关系产生了浓厚兴趣，由此更加鲜明地表现出当代分析哲学研究的这样一个重要特征，即分析哲学是西方哲学历史发展的现代延续。

这里所谓的"现代延续"，不是指分析哲学直接继承了传统哲学的问题和方法，而是指分析哲学所讨论的问题及其方式在根本上并没有完全脱离西方哲学的主要传统，在更广的意义上，更是对传统哲学的扩展和延伸。这种扩张和延伸主要表现在以下几个方面：

1. 深化了西方传统哲学家们对哲学本性的理解

虽然除了早期分析哲学家之外分析哲学家们很少专门讨论哲学的性质，但哲学家们对经验问题、语言问题、逻辑问题的讨论却处处体现出他们对哲学性质的深刻理解，这些理解正是对西方传统哲学观的深化和拓展。这在斯特劳森、达米特以及布兰顿等人的思想中表现得更为明显。

根据斯特劳森的理解，哲学应当是一种分析活动，哲学家的工作就是要对一般的概念结构给出系统的说明。虽然我们在日常生活中已经对概念的具体运用有了大量的实践理解，但这并不能代替我们对实践的理论说明。虽然我们的实践表明其背后存在某种理论根据，但这并不能代替我们对这种理论根据的寻求和建构。所以，斯特劳森认为，分析哲学的工作就是要寻找和建构实践背后的理论根据，由此更好地说明我们的一切实践是何以产生的。在此理解的基础上，斯特劳森还进一步提出了对哲学性质的更深理解，即把哲学看作一种对我们所具有的概念结构的形而上学描述。他说："形而上学长期以来往往是修正的，而很少是描述的。描述的形而上学满足于描述我们关于世界的思想的实际结构，……它旨在揭示我们的概念结构的最一般特征，能够比更有限的、局部的概念探究更具合理性，因而在方法上也有某种不同。在某种程度上，依赖于对语词实际用法的细致考察是哲学上的最好方法，也是唯一的确定方法。"①斯特劳森提出的"描述的形而上学"被看作是分析哲学运动中形而上学复兴的重要标志，但他实际上是想用这种形而上学重新解释哲学的性质和功能。

对达米特来说，哲学工作是通过分析思想表达的语言完成的，或者说，对意义和思想的分析构成了哲学研究的主要内容。达米特强调，哲学研究其实就是一种语言研究，但这种研究并非是简单地通过语言分析

① Peter Strawson, *Individuals*, London and New York, Methuen, 1959, p. 9.

完成的，而是要仔细地考察语言表达的思想内容。通过语言研究思想，这在早期分析哲学中被看作是一种纯粹的哲学理想，而在当代哲学中却已经变成了一种哲学研究的现实。由于思想活动都是通过语言表达，而分析语言就是分析思想。① 当哲学家们把语言作为哲学的研究对象时，其实他们并不是在关注语言的表面语言现象，或者语言的实际使用细节，而是把语言作为思想的表现形式，他们更关心的是语言表达的内容。这就把当代哲学家对语言的研究即语言哲学与语言学家的研究明确区分开来，后者正是讨论语言的构成方式，并以科学的方法确立语言使用的原则。无论是斯特劳森还是达米特，他们都更加关注语言背后的思想，试图通过分析语言揭示其背后的思想内容。斯特劳森的方式是通过分析概念的先天结构，而达米特的方式则是通过对意义理论的构成方式理解语言背后的思想。这些都表明，当代哲学的哲学研究方式以语言分析为主要特征。

当然，在对哲学性质的理解上，早期分析哲学家给出了许多与传统哲学截然不同的理解。通常认为，正是这种不同导致了分析哲学表现出与传统哲学的决裂。但如果仔细考察早期分析哲学的哲学观，我们会发现它与古希腊以来的哲学传统在深层上存在根本的一致。例如，维特根斯坦的哲学观被理解为指出哲学的无用性质，无论是在《逻辑哲学论》还是在《哲学研究》中，他似乎都在提倡一种如此独特的哲学观。然而，他对哲学的"独特理解"其实是继承着古希腊的思想传统，即强调哲学对人

---

① ［英］迈克尔·达米特：《语言的转向》，见陈波、江怡主编《分析哲学：回顾与反省》，135 页，成都，四川教育出版社，2001。

生意义和人类生活的基础作用，特别是把哲学看作是对生活的最好解释。维也纳学派并没有把哲学看作不同于科学的事业，他们更重视从科学的角度理解哲学的性质，而这正是古希腊哲学家们力图说明的哲学性质。

2. 扩展了哲学研究的基本领域

首先，对认知科学的研究是 21 世纪分析哲学家们特别关注的领域。虽然在 20 世纪 70—80 年代已经有不少哲学家关注意识活动的性质，但从认知的角度讨论意识与身体的关系问题却是在当代认知科学形成和发展之后的事情。围绕意识活动性质以及身体活动与意识活动的关系等问题的讨论，构成了当代心灵哲学的核心内容，其中意识（特别是感受质 qualia）和意向性对于当代自然主义的心灵哲学而言是最为困难的两个问题。在对这两个问题的思考中，布伦坦诺（F. C. Brentano）关于意识与心理意向性关系的思想，受到心灵哲学家们的重视。如果意识可以还原为意向性或者通过意向性得到解释，如果能够成功地将意向性自然化，意识的自然化问题也就迎刃而解了。近几年产生较大影响的意向论的提出，正是哲学家们通过意向性解释意识所做的一种尝试。此外，在对认知科学的哲学研究中，澳大利亚神经生物学家贝内特（M. R. Bennett）和英国哲学家哈克于 2003 年出版的《神经科学的哲学基础》在西方哲学界和科学界都引起了轩然大波，他们从科学和哲学的广博视角，对当代神经科学和心理学诸多理论中遇到的概念难题做了全面的批判性述评。作者指出，关于心脑关系的概念混淆影响了神经科学家所开展的研究的可理解性，包括他们对问题、结果的描述和解释以及他们得出的结论。①

---

① ［澳］贝内特、［英］哈克：《神经科学的哲学基础》，杭州，浙江大学出版社，2008。

其次，语言哲学在 20 世纪分析哲学运动中始终占有重要地位，甚至被达米特和塞尔等人称作"第一哲学"或"主要的哲学"。进入 21 世纪后，虽然哲学家们把更多的精力放到心灵哲学研究领域，但在语言哲学研究领域仍然涌现出了不少新的理论。其中最为突出的是"二维语义学"以及对指称和意义问题的研究。"二维语义学"是查默斯（D. J. Chalmers）等人提出的解释语义概念的实在性的理论，而围绕这个理论形成的争论则被看作是持反描述论的革命者与持描述论的反革命者之间的较量。语词和它所指称的对象是怎样联系起来的？这始终是语言哲学家们争论的话题。哲学史上有两种代表性的观点：弗雷格主义和反弗雷格主义。弗雷格主义者认为，每一正确的表达式都有其意义和指称，意义提供了识别指称的标准，也就是说，语词和它指称的对象是依靠思想对语词意义的认知或掌握被调解物联系在一起的。这种观点也被称为内在主义，因为意义是以思想的表象模式存在的，并且依赖于主体的内在要素。反弗雷格主义者认为，语词和对象之间没有称为"意义"的调解物，它们是直接联系在一起的，由于它们的联系依赖于外在的因果链条，这种观点也被称为外在主义。近年来，关于语境论（Contextualism）与语义的最低纲领论（Semantic Minimalism，或译反语境主义）的讨论也引起了许多哲学家和语言学家的关注。这场争论不仅局限于语言哲学和语言学的范围，而且渗透到了诸如伦理学、认识论、形而上学、心灵哲学等多个研究领域。

再次，心灵哲学研究是目前分析哲学领域中最为热烈的问题，出现了各种不同的理论。由于篇幅限制，我们这里只能介绍关于"无心人"的讨论。在心灵哲学中，"无心人"（Zombie）是人们设想出来的与人在物理和功能的方面没有区别但是却没有意识的生物体。"无心人"的可能性通常被看作是对物理主义的挑战：在直觉上，"无心人"是可能的，而且许多人将这种可能性看作是形而上学可能性。但是，如果"无心人"具有形而上学的可能性，那么物理主义就是错的。霍桑(J. P. Hawthorne)和布兰顿-米切尔(D. Braddon-Mitchell)曾经对这一反物理主义的论证做出回应。① 他们提出，物理主义者可以通过采取一种关于现象概念的特定看法而将无心人直觉容纳进来。这种特定看法是，表达现象性质的现象概念有一种条件结构：如果世界中包含非物理状态，我们的现象概念就指称这些非物理状态；但是如果不存在这样的状态(如果世界完全是物理的)，那么，现象概念就指称物理状态。阿尔特(T. Alter)则表明，霍桑和布兰顿-米切尔的策略是失败的，他们的主要论证是自相矛盾的。而且，条件分析与"无心人"直觉不相容：那种直觉的可能性本身就提示着他们两个人的分析是错误的。② 霍威尔(R. Howell)对杰克逊(F. Jackson)的知识论证(Knowledge Argument)做了新的解读。杰克逊为副现象主义(epiphenomenalism)所做的知识论证表明，就关于颜色的视觉经验而言，物理信息是不完全的，感受质等心理现象不是大脑中发生的物理过程或物理现象。尽管关于知识论证人们曾经做出各种不同的回应，但是这些回应都可以归结到一点，即当一个人得到一种经验时，

---

① J. P. Hawthorne, "Advice to Physicalists," *Philosophical Studies*, (2002) 108; "Blocking Definitions of Materialism," *Philosophical Studies*, (2002) 110; D. Brandon-Mitchell, "Qualia and Analytical Conditionals," *Journal of Philosophy*, (2003) 100.

② T. Alter, "On the Conditional Analysis of Phenomenal Concepts," *Philosophical Studies*, (2007) 134.

他一定有某种认知上的收获。霍威尔提出，杰克逊的知识论证不应当被看作是反物理主义的论证，而应当被看作是关于客观理论之不完全性的论证。他指出，知识论证实际上表明的是客观理论不能提供关于世界的完全的理解。在这种解读之下，客观的二元论和客观的物理主义都为知识论证所拒斥了。霍威尔认为，应当探讨一种"主观物理主义"的观点。①

最后，英美哲学家对形而上学问题的研究出现了新的复兴。他们开始重新评价上个世纪初哲学家们对形而上学的反对态度，试图从哲学史中寻找形而上学在哲学中的位置。这部分的工作主要围绕对具体哲学家的形而上学思想的研究，如欧文（G. E. L. Owen）对亚里士多德本体论的研究，科廷汉姆（J. Cottingham）对近代理性主义哲学家形而上学思想的研究、皮平（R. B. Pippin）对黑格尔哲学体系的研究等。② 这些研究成果直接导致了英美哲学界对形而上学问题的重新重视。哲学家们也开始注重把现代哲学的发展放到形而上学讨论的背景下，重新思考现代哲学与形而上学之间的密切关系。胡塞尔的第一哲学观念和维特根斯坦的神秘之域引发了当代西方哲学家们对当代哲学的形而上学意义的讨论，试图用形而上学问题重新诠释当代哲学的发展，由此说明当代哲学与整个哲

① R. Howell, "The Knowledge Argument and the Implication of Phenomenal Knowledge," *Philosophical Compass*, (2011) 6(7).

② Daniel W. Graham, "Language and Logos: Studies in Ancient Philosophy Presented to G. E. L. Owen," *Ancient Philosophy*, 5 (1): 140-143 (1985); Cf. John Cottingham, *Cartesian Reflections: Essays on Descartes's Philosophy*, Oxford, Oxford University Press, 2008; Cf. Robert B. Pippin, *Hegel on Self-Consciousness: Desire and Death in the Phenomenology of Spirit*, Princeton, Princeton University Press, 2010.

学传统的联系。这种研究方法已经成为当今英美哲学家处理形而上学问题的主要方式。同时，哲学家们开始注意对形而上学问题的整理和专题研究，许多传统的形而上学问题得到了重新诠释，如存在问题、共相与殊相问题、因果问题、时空问题以及自由意志问题等，还有一些新的形而上学问题得到了阐发，如可能世界问题、实在论与反实在论问题、科学中的形而上学问题等，比如英瓦根（P. V. Inwagen）和齐默尔曼（D. W. Zimmerman）主编的《形而上学：大问题》，塞德尔（T. Sider）、霍桑和齐默尔曼等人编的《当代形而上学争端》等著作。①

当然，进入 21 世纪后，西方哲学家们在分析哲学内讨论了大量问题，以上领域中的问题仅仅是他们所讨论问题的一小部分。哲学家们对这些问题的讨论有两个重要特点：第一，问题研究出现了明显的回归传统的倾向，从哲学史中寻找思想资源并以哲学家们的经典论述作为问题讨论的出发点成为当前分析哲学研究中比较明显的标志。第二，问题研究更多地结合当前科学研究的最新成果，并随时把哲学研究与科学研究结合起来，特别明显地显示出哲学家们试图为科学研究提供概念分析手段的主动意向。此外，在当前的分析哲学研究中，出现了各种理论主张并存并且相互批评的局面，这说明分析哲学正处于一个新的转变和发展时期。

3. 寻求不同哲学传统之间的共识

当代分析哲学的发展趋向之一就是与欧洲大陆哲学传统之间的接触

---

① P. V. Inwagen and D. W. Zimmerman, *Metaphysics: The Big Questions*, Oxford, Blackwell, 2000; T. Sider, John Hawthorne, Dean W. Zimmerman, *Contemporary debates in metaphysics*, Oxford, Blackwell, 2008.

和互动越来越多。20世纪70年代以来，由于分析哲学和欧洲大陆哲学各自发展中所面临一些具体哲学问题，一些开明的哲学家开始促进这两个传统之间的沟通和对话，愿意跨越二者之间的鸿沟。一些分析哲学家也发表了著作和文章，认真地研究欧洲大陆哲学传统中的一些主要人物，如胡塞尔、福柯（M. Foucault）和哈贝马斯（J. Habermas）。同样，在法国和德国也有一些哲学家对分析哲学的方法和问题很感兴趣，创立了新的分析哲学期刊和学会。近20年来这种趋向更加明显，越来越多的分析哲学家不满足于这两个传统之间的割裂，希望自己能够更多地了解欧洲大陆哲学的内容，如英国牛津大学的达米特、美国纽约新学院的克里奇利、英国里丁大学的格伦丁宁（S. Glendinning）。也有一些学者开始寻求沟通这两个传统之间的途径，如达米特就主张回到二者分裂之前来寻求它们融合和互动的可能性和方式。也有一些英国哲学家开始研究欧洲大陆哲学传统中的一些哲学家，如黑格尔、海德格尔、福柯、梅洛-庞蒂、列维纳斯等。而且一些学者不愿称自己的研究为欧洲大陆哲学或分析哲学，他们不愿再使用这样的标签，而宁愿称自己只是在做哲学研究，而不是欧洲大陆的或分析的，他们认为二者之间的这种区分已经没有意义。当然，这种想法的前提是，他们认为二者之间有了越来越多的交叉和互动，已经无法或很难将某种研究只归类为大陆哲学或分析哲学。如牛津的马尔霍尔（S. Mulhall）利用分析哲学的方法来解读海德格尔的《存在与时间》，这样的哲学就很难被称为欧洲大陆哲学或分析哲学。同样，克里奇利也在利用分析哲学的方法和技巧来分析欧洲大陆哲学传统的哲学家的思想，如福柯、列维纳斯等。在美国，分析哲学与欧洲大陆哲学的互动主要表现在罗蒂的哲学中。罗蒂在《哲学和自然之镜》

后又陆续出版了一些著作,进一步阐发他的"后哲学文化"的观点。虽然罗蒂的观点在美国学院派哲学主流中并不占有重要地位,但在美国的一般学术界和思想界中还是有相当的影响力。近些年来对罗蒂思想的批评和讨论,引发了英美哲学家对哲学的性质和作用的重新思考。还有一些美国哲学家对欧洲大陆哲学表现出了浓厚兴趣,出版了一些对这两种哲学传统进行比较研究的著作,譬如斯泰坦(H. Staten)的《维特根斯坦和德里达》、惠勒(S. C. Wheeler)的《分析哲学的解构》等。由于罗蒂等人的工作,后现代主义哲学成为当代英美哲学中不可忽视的重要哲学视角,在一定范围内甚至成为一种哲学话语的霸权,就是说,对一切问题的讨论都可以放到后现代的语境中,譬如有哲学家把蒯因之后的分析哲学就称作"后分析哲学"[威斯特等人编辑的《后分析哲学》(1989)一书],把以欧洲大陆哲学的视野解释的科学哲学称作"后现代的科学哲学"[如巴比奇等人编辑的《欧洲大陆和后现代视野中的科学哲学》(1995)]等。在这里,我们主要考察分析哲学家们在这两种哲学传统之间的比较研究方面所做的工作。

首先,确立分析哲学与现象学之间的逻辑联系。

弗雷格与胡塞尔之间的关系一直被看作是分析哲学与现象学思想交流的主要话题。这不仅是因为这两位哲学家之间有一些令人关注的个人交往,更主要的原因是他们在某些思想出发点上有着一些在后人看来惊人的相似,而这些看似相似的出发点却引发出了两种截然不同的哲学传统。这些显然都足以引起哲学家们的极大关注。在西方哲学界,较早关注到这两位思想家之间关系的是著名的挪威哲学家弗莱斯达尔,他在1958年的著作《胡塞尔与弗雷格》中就较为全面地考察了这两位哲学家思想之间的内在关联，特别强调了弗雷格的反心理主义对胡塞尔思想的深刻影响。在弗莱斯达尔的影响下，一些哲学家也开始从不同的角度研究弗雷格与胡塞尔之间的关系，例如，英国哲学家所罗门（R. C. Solomon）就在 1970 年的文章《含义和本质：弗雷格和胡塞尔》中强调了两者之间在意义问题上的重大分歧，同时表示，在胡塞尔与弗雷格之间有一场"痛苦的遭遇"。对胡塞尔与弗雷格思想的比较研究领域中最为重要的哲学家是印度裔美籍哲学家莫汉蒂（J. N. Mohanty），他从 20 世纪 70 年代开始发表文章，讨论这两位哲学家之间的思想联系。1982 年他出版了《胡塞尔与弗雷格：对阐明现象学哲学起源的贡献》一书，奠定了他在英美与欧陆哲学比较研究领域中的重要地位。对维特根斯坦与海德格尔哲学关系的研究也始终是哲学家们讨论的热点问题。哲学家们对这个问题的关注最早开始于 20 世纪 60 年代初，当时德国哲学家阿佩尔发表了一系列文章，专门讨论如何通过对这两个哲学家思想的比较研究，寻求在英美分析哲学与欧洲大陆现象学之间的共同话题。这些文章引起了哲学家们的重视，他们开始讨论维特根斯坦与海德格尔思想之间的某些相似性，并由此促使西方哲学家们试图填补这两个哲学家所代表的不同哲学传统之间的深刻鸿沟，从事此类研究的哲学家有冯·赖特、哈贝马斯、施太格缪勒（W. Stegmuller）和罗蒂等人。

当代西方哲学家们对弗雷格与胡塞尔、维特根斯坦与海德格尔之间关系的分析和解释，都表达出这样一个重要思想，即他们思想之间的相似性表明了分析哲学与现象学之间存在着深刻的一致，这种一致表现在历史和逻辑两个方面。从历史上看，弗雷格与胡塞尔之间有过思想上的交流，虽然他们对逻辑和数学的理解分歧明显，但他们在反心理主义以及追求思想表达的严格性上却是志趣相投；同样，维特根斯坦与海德格尔同处于一个时代，虽然他们之间并没有直接的思想交流，但维特根斯坦对海德格尔思想的理解却是入木三分。这些都使得现象学和分析哲学可以被理解为同一棵"大树"上生长出来的两个不同"果实"，阿佩尔和罗蒂都把这棵"大树"看作是对传统哲学的反叛，而查尔斯·泰勒（Charles Taylor）则将其看作是对人类生命意义的追求。从逻辑上看，早期分析哲学家关心的是科学理论术语的经验意义，他们希望通过直接的证实方法就能确定语词的意义，而胡塞尔现象学的出发点是要摆脱传统哲学的理论束缚，希望通过本质直观达到对事物的把握。他们的不同在于，维也纳学派希望得到对经验命题意义的澄清，而胡塞尔则希望得到关于意识活动的客观描述。当然，我们无法从逻辑上把这两种不同的哲学思想看作具有相同的哲学目的，否则就无法解释弥漫于整个 20 世纪的关于这两种哲学传统之间存在巨大鸿沟的公认说法。我们的目的仅在于，通过分析这两种哲学传统的共同思想根源以及它们之间可能存在的思想联系，寻找在 20 世纪 90 年代之后出现的这两种哲学传统之间开始交流乃至融合的逻辑原因。

其次，确立分析哲学与诠释学之间的互补关系。

越来越多的分析哲学家和诠释学家开始意识到，这两种哲学传统在理解和说明问题上的观点具有某种互补的作用。1968 年阿佩尔在维也纳的一次会议上提出了一种从认知人类学观点出发的科学理论构想，即在科学主义与诠释学之间存在着某种互补的可能性。他把科学理论不仅理解为科学主义传统中的科学概念，而且理解为包括了诠释学以及意识形态批判在内的精神活动产物。他所谓的"认知人类学"是指对认识可能性条件的探究，这样的条件不仅指对于意识来说是一种客观有效的、统一的世界观条件，而且是使一个科学探究有可能成为有意义探究的所有条件。在这里，前者可以被理解为科学主义传统始终倡导或追寻的条件，而后者则是诠释学致力于探究的条件。阿佩尔的工作激发了具有不同哲学背景的哲学家们的极大兴趣。在诠释学方面，伽达默尔和哈贝马斯竭力表明，把传统的精神科学与自然科学之间森严壁垒式的界限消解在理解和说明之中，的确为我们更好地解释意义和重建理性观念提供了良好的前提并扫清了道路。分析哲学家则更加关注如何以诠释学的方法探究对自然科学的解释和理解等问题。这些哲学家逐渐形成的一些基本观念是，在对自然科学的解释过程中，意义优先于技术，实践优先于理论，具体情况优先于抽象论述。他们特别强调库恩的不可通约性思想同蒯因的翻译不确定性思想与诠释学之间的相通之处，即两者都把科学哲学的研究看作是一种对历史文化结构的揭示，因而在这种思想背景中，意义、实践和具体情况就构成了科学解释活动的核心和出发点。弗莱斯达尔明确指出，自然科学研究的现象并非像人们通常认为的那样完全脱离精神活动，而诠释学和自然科学之间的界限也并非泾渭分明，自然科学、社会科学和人文科学在研究的主题上都是相似的，这个主题都与意义密切相关。

值得注意的是，英美哲学家与欧洲大陆哲学家不仅在诠释学理论研究上取得一些共识，而且在组织形式上也有合作。1993 年欧洲大陆成立"诠释学和科学国际学会"（The International Society for Hermeneutics and Science），该学会最初只是由一些专门研究诠释学和现象学传统的欧洲大陆哲学家联合组成的学术团体，但很快吸引众多来自美国以及其他英语国家的哲学家参加。该学会每年在世界各地召开学术研讨会，专门讨论诠释学与自然科学、人文主义与科学主义等之间的关系问题，主要目的是用诠释学的方法处理自然科学研究中的问题，这些讨论无疑推进了分析哲学家与诠释学家之间的思想交流。

三、分析哲学运动的现实意义

对分析哲学运动历史的完整梳理，不仅是对当代哲学发展的历史描述，更主要的是对近代以来西方哲学变迁的逻辑说明。"分析哲学已经走进历史"展现的是两种不同的维度：一方面，我们需要通过对分析哲学历史进程的描述才能真正看清当代分析哲学的逻辑和问题；另一方面，分析哲学本身也是通过对西方哲学发展的历史回溯，寻找自己未来发展的可能道路。这些都表明，分析哲学运动历史的逻辑与整个西方哲学思想之间具有深厚的思想脉络，而分析哲学运动的性质也正是通过这种历史的考察才得到更为清晰的展现。

从哲学性质上看，分析哲学关注的核心问题可以看作近代哲学在当代的延续：对语言和意义的考察正是对思想本身的逻辑研究；对真理和理解的解释直接反映了近代哲学追问思想客观性的要求；对科学性质的说明则在根本的意义上推进了近代哲学家们对思想逻辑的本质诉求。可以说，当代分析哲学的兴起恰好是哲学家们对德国古典哲学抽象思辨的反叛，也是对从笛卡儿到休谟的西方近代哲学推崇理性、追寻自然的传统的回归。所有这些都反映了分析哲学运动与西方近代哲学之间具有天然的思想联系。通过对分析哲学运动的历史梳理，我们可以更加清楚地看到分析哲学自身的独特性质。

分析哲学运动对当代哲学的深刻影响主要表现在两个方面：一方面，分析哲学的基本观念已经渗入当代哲学研究的众多方面，经历了"语言转向"后的西方哲学已经表现出了与传统哲学不同的思维方式；另一方面，由于科学理性精神始终贯穿于分析哲学方法，因而与当代科学最新发展密切相关的分析哲学运动必然把科学与哲学紧密地联系起来，由此推进了当代哲学自身的发展。

首先，在当代哲学中，无论是在语言哲学、心灵哲学、逻辑哲学领域或是在道德哲学、政治哲学、历史哲学等领域，对清晰性的要求始终被放到思想讨论的首位。对哲学家们来说，只有建立在意义明确的概念基础之上，哲学的讨论才会是富有成效的。正是这样一种观念，使得分析哲学不再被简单理解为只有在英美哲学中才具有的哲学立场和方法，而是被看作一切哲学研究应当具有的基本原则和前提。这在欧洲大陆哲学中也有明显的表现。如胡塞尔的《逻辑研究》包含的对思想清晰性的追求始终是胡塞尔哲学讨论的基础，德里达和哈贝马斯等哲学家对分析方法的运用并非直接表现在他们的语言表达上，而是反映在他们阐述自己思想的逻辑之中。

其次，分析哲学运动对当代哲学的深刻影响还表现在重新确定了哲学与科学的互动关系，从科学的最新发展中寻找哲学发展的内在动力，并以科学给人类带来的双重影响重新认识哲学在当代科学和社会发展中的独特作用。从科学的角度看，早期的分析哲学家们都是自然科学家或社会科学家，他们都在自己的科学研究领域做出了突出贡献，因此，他们自觉意识到科学研究方法对哲学改造具有关键性作用，由此造就了真正意义上的科学的哲学。在这种意义上，自然科学本身成就了分析哲学运动发展。但从更深层次上看，分析哲学运动不仅来自其自身与自然科学发展的密切联系，而且对当代科学的发展本身产生了积极的影响。现代人工智能和认知科学研究就是建立在对身心问题的哲学思考的基础之上，认知、语言、心灵、智能、信息等早已成为当代哲学和科学共同讨论的领域。

四、分析哲学运动对中国哲学发展的影响

当代中国哲学的发展与分析哲学运动之间存在着"双向重叠"关系：一方面，哲学学科从西方引进中国的历史正是分析哲学运动在中国发展的历史，当代中国哲学见证了分析哲学在中国的历程；另一方面，分析哲学运动从其肇始就被引入中国哲学界，甚至构成了当代中国哲学的逻辑起点，中国哲学学科的建立和发展同分析哲学有着密不可分的联系。分析哲学运动对中国哲学的直接影响显而易见。

首先，中国哲学学科的建立就是按照西方哲学的模式，而早期的当代中国哲学家则基本上是以分析的方式完成对中国哲学学科的建设的。胡适的《中国哲学史大纲》就是按照西方哲学的思路重新梳理了中国思想史，由此构成了一门新的哲学学科；冯友兰的《中国哲学简史》更是明确用逻辑分析的方法处理中国哲学中的基本问题；张岱年的《中国古典哲学概念范畴要论》也是用概念分析的方式解释了中国哲学概念的意义。

由此可见，中国哲学学科的确立是与西方哲学密切相关的，甚至可以说，如果没有西方哲学，特别是没有逻辑分析的方法，就不会有中国哲学学科的建立。分析哲学是中国哲学学科建立的逻辑起点。

其次，当代中国哲学是在与西方哲学的交流、较量和对话中发展壮大的，中国哲学发展的每一步都与西方哲学有着千丝万缕的联系。虽然中国社会的发展与西方哲学的影响没有完全形成正比关系，但中国哲学却始终从西方哲学那里得到重要的思想资源，并通过对西方哲学的学习和批判而逐渐发展壮大。从第一代实证主义者孔德(I. M. A. F. X. Comte)和密尔(J. S. Mill)开始，到第二代实证主义者马赫，再到第三代实证主义者维也纳学派，中国哲学界对这些哲学家的思想都耳熟能详，无论是通过什么方式获取他们的思想和对待这些思想。20 世纪 80 年代后的中国哲学发展基本上是在汲取分析哲学运动中的主要思想，从罗素、维特根斯坦到卡尔·波普尔，从早期科学哲学到库恩(T. S. Kuhn)、费耶阿本德(P. Feyerabend)，从日常语言学派到蒯因、普特南，这些哲学家的思想都在中国当代哲学的语境中反复出现，有的哲学家思想甚至一时成为社会思想的重要来源。事实上，分析哲学家们的思想和概念已经构成了当代中国哲学话语体系的一部分。

再次，随着中国与世界的关系愈加密切，中国文化和哲学愈加受到世界各国的重视，西方哲学家们更多地通过对话和交流同中国哲学建立更加紧密的联系。一方面，西方著名的分析哲学家纷纷与中国哲学家开展实质性的学术合作，如在中国和英美等国联合举行国际会议，共同出版双语学术文集，共同主办"中英美暑期哲学学院"，共同进行项目合作研究等。这些都将直接对中国哲学自身的发展产生深远影响。另一方面，当代中国哲学的发展必须以世界各国哲学的互动为前提，特别是中国哲学作为中国社会发展的思想反映必须能够为世界各国文化所理解，这就要求当代中国哲学家们要以具有更为广泛的普遍性的思想表达方式客观呈现自己的思想。把内在的思想转化为客观的呈现，这就需要中国哲学界更多地运用分析的方法处理中国传统哲学和当代哲学的思想资料，并以客观的方式与西方哲学界展开对话和交流。

最后，分析哲学运动对当代中国哲学的影响更主要表现在实现分析哲学话语的本土化转换。通过与分析哲学家们的思想交流和对话，中国哲学家们已经开始以自身特有的方式讨论当代分析哲学中的重要问题和前沿问题，并与西方哲学家们共同回答对当代哲学具有重要意义的问题。老一辈当代中国哲学家已经在这方面做出了榜样：胡适和冯友兰以逻辑分析的方式处理了中国思想史上的哲学资源，张岱年又以概念分析的方式阐述了中国古典哲学中的概念范畴的演变，这些都已经成为西方哲学家们理解中国哲学和文化的主要资料来源。随着中国与世界之间的联系愈加密切，中国哲学家与西方哲学家的直接交流愈加频繁和常态化，当代中国哲学中的重要思想也会逐渐进入西方哲学的话语，并成为分析哲学运动的一个组成部分。

综上所述，分析哲学运动与当代中国哲学的双向作用更加证明了分析哲学运动对当代哲学的深刻影响，也反映出中国哲学学科的形成和发展都同分析哲学运动有着直接的历史和逻辑联系。在这种意义上我们可以说，分析哲学运动可以看作是当代中国哲学的逻辑起点。

第五章 | 当代西方哲学中的新变化

一、"语言的转向"之后的西方哲学

"语言的转向"为西方哲学带来的不仅是分析哲学的产生,而且引导了哲学家们对语言的深刻关注。从总体上看,传统哲学家们对语言的认识基本上是持一种工具论观点,认为语言是一种表达思想的工具,关注语言是为了更好地表达思想。但经过了"语言的转向"之后,哲学家们不再把语言仅仅看作是一种表达工具,而是更多地关注语言表达与思想本身的密切联系。这在英美分析哲学与欧洲大陆哲学那里都有不同的表现。

在英美哲学中,哲学家们直接关注语言的逻辑性质,把思想看作是语言表达本身。这种认识开始于维特根斯坦。在《逻辑哲学论》中，维特根斯坦就明确地把思想看作是具有意义的命题，从命题和语言的层面揭示思想的性质。所以，石里克把维特根斯坦称作推进语言转向的第一人。"语言的转向"之后的英美哲学进入了分析的时代。这里的"分析"并不限于我们通常知道的"逻辑分析"，而且包括了对概念作用做出详尽刻画的"概念分析"以及对语言用法做出描述的"语用分析"等等。"语言的转向"为英美哲学带来的不仅是分析哲学，更重要的是带来了一门新的哲学学科，这就是"语言哲学"（philoso-phy of language）。如果我们把分析哲学理解为一种哲学思潮的话，那么，语言哲学就是由此诞生的哲学学科。一种哲学思潮的存在往往是暂时的，而哲学学科的存在则是恒久的。正是由于语言哲学的诞生，分析哲学家们的工作才得到更多人的了解，分析哲学的思想才得以为更多人所熟悉，分析哲学的方法也才会在更多的人那里得到应用。

在欧洲大陆哲学中，哲学家们对语言的关注是与他们的哲学立场密切相关的。他们的哲学立场虽然各不相同，但他们都自觉地意识到了语言问题在他们思想中的重要作用。总体来说，与英美分析哲学不同，欧洲大陆哲学对语言的理解更多地是融入他们的思想之中，把语言看作是他们思想的重要组成部分，而不是可以从旁观者的角度冷静观察的研究对象。这的确反映了欧洲大陆哲学与英美分析哲学不同的哲学旨趣。在英美哲学家那里，语言是如同科学研究的对象一样被看作是可以按照研究者的意愿进行处理的客观之物。正是出于对语言的这种冷静态度，弗雷格和罗素、维特根斯坦等人才会提出在哲学研究中放弃使用日常语言，建立一种完全人工的理想语言，并把建立这样一种语言看作是哲学的重要工作。也正是由于英美哲学家们对语言的这种科学式态度，才使得他们可以用纯粹形式的逻辑手段对原本活生生的思想本身做出冷静客观的"剥笋式"分解，试图由此找到思想的真正根源。与这种冷静态度和科学式处理方法相反，欧洲大陆哲学家始终把语言看作我们生活的一部分，看作我们思想的一部分。当胡塞尔以逻辑的方式探究意识活动的内在机制时，他心中的逻辑并不是亚里士多德式的形式逻辑，而是隐含在我们思想过程中的理性规律；当海德格尔把语言看作存在的居所时，他想到的语言当然不是我们通常使用的日常语言，更不是被逻辑学家构造出来的形式语言，而是存在自身的表现方式。同样，伽达默尔对语言解释的分析大多是哲学本体论上的，而不是方法论上；他的方法概念完全是为追求真理服务的。

当然，对英美哲学和欧洲大陆哲学的这种比较考察，目的并非指出两者之间的差异，因为它们在哲学传统上原本就表现出两种不同的哲学方向。我们这里需要指出的是，虽然这两种哲学传统在许多方面都旨趣迥异，但它们在以下重要方面却异曲同工，而这些方面恰好表现出它们对语言的共同兴趣。

1. 意义与真理

在英美分析哲学中，意义问题被看作是哲学的核心问题，对语言意义的讨论构成了整个分析哲学的主要内容。随着分析哲学的发展，这里的"意义"概念不是一个简单的语言概念，更多地是一种认识概念，即如何在语言的使用中确认命题内容的概念。这样，意义概念就与真理问题有了密切联系。事实上，早在分析哲学创立之初，诸如弗雷格和维特根斯坦这样的哲学家就明确地把意义与真理联系起来，用真值条件去定义命题的意义。这就意味着，意义是由真假确定的，但命题是否有意义则是由命题的逻辑形式决定的。应当说，正是对意义问题的追问，构成了当代英美语言哲学发展的主要动力。

在欧洲大陆哲学中，意义问题同样被看作是哲学的重要问题。虽然并不是所有的欧洲大陆哲学家都把意义问题与语言联系起来，但在 20 世纪初出现于欧洲大陆的胡塞尔的现象学却是明确地从语言入手讨论意义问题的，而且，我们知道，这种现象学直接影响了整个 20 世纪的欧洲大陆哲学。在《逻辑研究》中，胡塞尔首先讨论的是逻辑学的性质问题，从语词的定义出发考察了作为规范学科的传统逻辑学的局限性，由此提出了他的"纯粹逻辑学"思想。例如，他明确指出，意义的双关性导致了我们对逻辑规律的错误认识，以为逻辑上的矛盾就意味着认识上的矛盾。对此，他写道："实际上任何人在他的直观和他的明察的范围内都不可能发现相互矛盾的、亦即客观上不相容的事态共存——但这并不排除这种可能，即这些事态被视为是共存的。"[①]同样，胡塞尔对真理概念也给予了充分的讨论。在他看来，真理应当是一个观念，它的个别情况就是在明证的判断中的现时体验。他指出："对意指行为与被意指的自身当下之物之间的联系，对现时的陈述意义和自身被给予的实事状态之间联系的体验是明证性，而这种协调性的观念是真理。真理的观念性也就构成了它的客观性。"[②]这些都清楚地表明，胡塞尔的思想正是从澄清意义概念出发的，他对真理问题的讨论完全是为了清楚地说明意义概念在追问实事中的决定性作用。

---

① [德]埃德蒙德·胡塞尔：《逻辑研究》第一卷，79 页，上海，上海译文出版社，1994。

② 同上书，166 页。

作为胡塞尔的晚辈，当代哲学诠释学的创始人伽达默尔更是把真理问题作为他思想的出发点。他在《真理与方法》开篇就指明，他所关注的是，"在经验所及并且可以追问其合法性的一切地方，去探寻那种超出科学方法论控制范围的对真理的经验"①。在谈到诠释学循环时，伽达默尔明确地把对意义的解释看作是整个哲学诠释学的关键所在。他指出，诠释学的工作就是要在对整体和个别的统一理解中追求意义的统一性。根据他的论述，理解不是心灵之间的神秘交流，而是一种对共同意义的分有。哲学诠释学就是建立在这种分有基础上的理解理论。

严格地说，英美哲学家和欧洲大陆哲学家对"意义"和"真理"这两个概念的理解并不相同：前者更多地是从语言与世界的关系上讨论，而后者主要关注的是人类的思想过程。然而，由于这些哲学家都把概念内容看作哲学讨论的核心，把哲学理解为一种概念反思的活动，所以，在思想表达的层面上，他们对意义和真理的讨论都触及了语言，也就是触及了人类思想的最直接经验的方面。在这种意义上，无论是英美哲学还是欧洲大陆哲学，都表现出一种共同的哲学倾向，即把人类的思想活动还原为思想的表达方式或以某种表达方式确认思想观念的内容。这也正是20世纪末出现的英美哲学与欧洲大陆哲学合流趋势的重要原因之一。

2. 理解与解释

如今，越来越多的哲学家注意到，关注对语言的理解和解释，与其说是英美分析哲学的重要研究领域，不如说是欧洲大陆哲学中表现出的

---

①　［德］汉斯-格奥尔格·伽达默尔：《真理与方法》上卷，17—18 页，上海，上海译文出版社，1999。

重要哲学取向。当维也纳学派致力于运用严格的逻辑手段对语言进行重新建构并由此清除形而上学的时候，欧洲大陆的其他哲学家们则在试图努力地把语言问题放到形而上学的理解框架内重新思考。虽然逻辑经验主义和胡塞尔现象学都以逻辑研究为哲学的开端，但它们对语言的理解进路却是明显不同的。而正是这种差异导致了这两种哲学传统的不同走向：源自现象学的哲学诠释学从关注解释者的内在活动走向超越不同解释者的视界融合，而英美的分析哲学则把对语言意义的追问转换为了对说话者意向活动的解释。然而，这些都涉及对语言的理解和解释问题。

例如，海德格尔把理解问题看作是人类以语言方式的存在。在早期的《存在与时间》中，他写道："理解是此在本身的本己能在的生存论的存在，其情形是：这个于其自身的存在展开着随它本身一道存在的何所在。……作为展开活动，理解始终关涉到'在世存在'的整个基本状况。"①这里的"在世存在"就是在语言中的存在，是人类作为存在者以语言的方式展现出来的存在状态，或者说就是语言中的人的存在。关于理解与解释的关系，他说："我们把理解的造就自身的活动称之为解释（Auslegung）。在解释中，理解把其所理解的东西理解性地归给了自身。理解在解释过程中并不成为别的东西，而是成为它自身。从生存论上说，解释植根于理解，而理解并不生自于解释。解释并不是要对被理解的东西有所认识，而是把理解中所筹划的可能性加以整理。"②可见，海德格尔是把解释活动奠基于理解的基础，这里的"被理解的东西"和"理

————————

　　① ［德］海德格尔：《理解和解释》，见洪汉鼎主编：《理解与解释》，112—113 页，北京，东方出版社，2001。

　　② 同上书，117 页。

解中所筹划的可能性"其实就是我们的语言表达，因为对理解的一切解释活动都是通过对表达了理解内容的语言加以整理而完成的。没有对理解的表达，也就无从解释。在后期的《语言的本质》中，海德格尔更是把理解和解释完全看作是语言活动的组成部分，并且提出唯有语言才使得理解和解释成为可能。他说："如果我们要沉思语言之本质，语言必须首先允诺给我们，甚至已经允诺给我们了。语言必须以自己的方式向我们允诺其本身，亦即允诺其本质。语言作为这种允诺而成其本质。我们始终已经倾听着这种允诺，但我们没有思这种允诺。……语言作为这种允诺成其本质。语言之本质显示为诺言，即显示为语言之本质的语言。"①这里的"允诺"就是语言以道说的方式展现于我们面前，或者说，我们就存在于语言自身的道说之中。

对于戴维森来说，对语言的理解应当基于对语言的解释，因为只有通过解释活动，我们才能谈得上对语言的理解。他说："详细了解一个人的意向和信念不可能独立于了解他的话语的意义。如果情况如此，那么，罗列出的一系列说话者的复杂的信念和意向便不可能为一种旨在解释其言语行为的理论之真实性提供证据。"②

从以上两位哲学家的基本思路看，他们对待理解和解释的方法显然有很大的差别。海德格尔把理解看作是解释活动的基础，而戴维森则把理解本身看作一种解释过程，所以就不存在没有经过解释的或无法在解

---

① ［德］海德格尔：《语言的本质》，见《在通向语言的途中》，171 页，北京，商务印书馆，2004。

② ［美］唐纳德·戴维森：《真理、意义、行动与事件》，85 页，北京，商务印书馆，1993。

释中出现的所谓理解。尽管如此，毫无疑问的是，他们都把理解和解释看作是语言本身的活动。虽然在海德格尔的思想中，这样的理解本身并非完全是依靠语言完成的，但理解要得到解释则必须或不得不是以语言的形式表现出来的，用他的话来说就是，"语言在说"，也就意味着一切的存在都栖居在语言之中。正是受到海德格尔思想的影响，由伽达默尔等人建立的哲学诠释学完全摆脱了传统诠释学对心理学的极度依赖，而把文本解释活动看作其他所有解释的基础。这种诠释学在强调方法的重要性时，也就把语言活动本身确立为具有了本体论地位。在一定意义上可以说，强调对语言的理解和解释活动的研究，正是现代西方哲学出现了"语言的转向"之后表现出的一个共同特点。

3. 思想与世界

对思想的关注始终是西方哲学的一条主线，但不同时代的哲学家对思想有不同的理解和论述。"语言的转向"之前的哲学家基本上按照内省心理学的方式把思想看作是思想者的内在过程，对思想的研究主要依赖于对人类可能具有某种共同的理性能力的猜测，依赖于对各种不同观念之间的联结，由此产生的对世界的认识也就只能是不同视角的"世界观"。从根本上说，这是一种基于二元论的世界概念。然而，"语言的转向"之后的西方哲学则出现了一个重大的变化：对思想的研究需要依赖于外在的语言活动，只有通过对于语言的研究，我们才能真正进入思想的领域；这样，思想就不再是个人的主观活动过程，而是可以交流的、可以共享的共同的客观内容。同样，根据这种思想观念理解的"世界"概念也不是囿于自我的门户之见，而是一个不断克服自我限制而获得共识的公共领域，这样的世界概念就变成了一个开放的公共平台。

我们知道，英美哲学家和欧洲大陆哲学家对思想和世界的理解有着很大的不同，他们对"思想的哲学"（philosophy of thought）以及"世界观"（view of the world）提出了不同的理论。但他们都摆脱了近代哲学的二元论模式，竭力把思想建立在我们可以交流和共享的基础之上，并以互动的方式理解和解释思想与世界的相互联系。《逻辑哲学论》和《世界的逻辑构造》为我们提供了一个逻辑的世界，这是按照思想的逻辑对世界的重新建构；《逻辑研究》和《真理与方法》为我们提供的是一个思想的世界，这是根据思想的形式对世界的全新阐明。当蒯因在《词与物》中为我们解释存在的意义的时候，利科（P. Ricoeur）和德里达也在向我们展现另一个世界，这是一个通过解释甚至是消解而显现出来的世界。

当然，以上这三个方面并不能完全说明"语言的转向"之后西方哲学发生的重大变化，也没有完全包括英美哲学与欧洲大陆哲学共同关注的问题。我们在这里只是要表明，经过了"语言的转向"，西方哲学已经表现出了与以往哲学迥然不同的一些特征。我们今天来了解和研究当今的西方哲学，就必须首先要了解西方哲学的这种具有根本性的变化。只有摆脱了近代哲学的视角而从语言哲学的角度去分析和研究当今的西方哲学，我们才能真正进入当代西方哲学，才能真正抓住当代西方哲学的关键所在。这也正是本书所要解决的关键问题。

二、哲学视野的重大转变：从理论到实践

有的西方哲学家曾经把整个西方哲学的发展历程分作几个不同阶

段，例如，古希腊时期为"本体论阶段"，近代哲学为"认识论阶段"，现代哲学为"语言哲学阶段"。也有的哲学家把整个哲学史划分为不同的历史时代，例如，古希腊为"蒙昧的时代"，中世纪为"黑暗的时代"，文艺复兴时期为"启蒙的时代"，17—18 世纪为"理性的时代"，19 世纪之后为"分析的时代"等。无论这些划分方式是否合理，它们至少表明了不同时代的哲学家关注的问题是各不相同的，或者说同一时代的哲学家有某些较为共同的研究兴趣和关注焦点。如果我们把现代哲学的主要特征看作是分析和语言，那么当代哲学的主要兴趣和焦点就是生活和实践。

20 世纪下半叶以来，西方哲学中出现了一个重要变化，越来越多的哲学家把研究视角转向了与人类现实生活密切相关的问题。这主要表现为两个重要方面。一方面，一些现实问题不断地引发哲学家们的哲学思考，由此形成了一些与现实问题的解决密切相关的应用哲学。例如，对市民社会与福利国家、民主与政治制度、公平与正义、个人与社会、国际政治关系等问题的思考，促成了当代政治哲学的产生；对科技发展中提出的一些涉及生命价值和伦理观念变化的问题的解答，最终形成了生命伦理学；同样，对人类生存环境以及人类与环境的关系的伦理思考，产生了另一门新的应用伦理学即环境伦理学。这些应用哲学学科的产生虽然具有明显的时代发展的印记，但并不是仅仅源于现实的考虑，也不是仅仅被看作时代的产物，相反，它们更多是源于对人类自身命运的反省，是对人类生存现状的深层忧患。所以，这些应用学科中讨论的问题表面上远离了传统哲学以及现代哲学中关注的纯粹理论问题，少了一些形而上学的意味，但从哲学抽象上看，它们都直接关系到人类的现实存在问题，特别是关系到作为类群的人与作为个体的人之间的关系问题。无论是正义和公平问题，还是生命伦理中的现实问题，它们都把人类的存在问题推到了哲学家的面前。从根本上说，如何解决这些应用哲学中的问题，实际上就是如何理解人的问题。

另一方面，时代的变化也促使西方哲学家们对自身所属的哲学传统提出怀疑并进行反思。这既是时代提出的要求，也是哲学自身发展的内在需要。从时代的角度看，科技的迅猛发展在为人类带来更为便利的生活条件的同时，也对人类的存在本身提出了严峻挑战。人类在工具方面的日益进步，使不同地区和国度的人们比以往任何时代都更为容易地交流和交往；科学的"双刃剑效应"同时也为更多的人所了解和警惕。不过，没有哪一个时代的人们会像今天的人类一样，在享受现代技术带给人们的快乐和便捷的时候，却感到更加的孤独和痛苦；在科学发明日益昌盛、科学发展日新月异的同时，人们却对自我的价值和生命的意义感到迷茫。早在 20 世纪 30 年代，胡塞尔就提出了欧洲面临文化危机的观点，在他看来，哲学上的实证主义不仅没有使人们清醒地认识到自我，反而使人类陷入了"遗忘人自身"的困境。后来，德国的法兰克福学派更是把批判的矛头直接指向了科学技术日益昌盛的现代社会，认为工具理性的猖獗使得人类完全变成了仅仅知道满足和享乐的机械的动物。当代世界经济的一体化进程日益加速，再次对人类文化的多样性提出挑战，这促使哲学家们反思社会发展中的一些具有悖论性质的问题，如个人的权利与社会的要求之间的矛盾、公平原则与国家利益之间的冲突以及自由与义务之间的关系等问题。当代政治哲学的复兴正是哲学家们把研究目光更多地投向现实中的人类并以此作为哲学反思重要基础的结果。

从哲学自身发展的内在需要看，传统哲学的理性主义精神受到了当代哲学的挑战。从古希腊开始，理性和逻辑就被看作是哲学的法宝；只有按照理性的方式思考问题，只有提出的哲学理论符合逻辑的要求，只有按照这样的方式思考的哲学家才被看作是重要的和有价值的。虽然也有哲学家并不按照这样的方式思考，如尼采等人，但他们的思想也往往被解释成一套理论学说，或者被纳入某种现成的学说流派中加以解释。这样，哲学思维就被固定为一种统一的模式，理性主义就成为哲学的唯一标准。但是自 20 世纪 60 年代开始，从法国思想家中涌现出来的哲学思想逐渐改变了传统哲学的这种唯一模式。

的确，历史地说，法国哲学始终与同在欧洲大陆的德国哲学以及其他欧洲国家的哲学有着明显的区别。正如卢梭等人早已指出的，法国人的浪漫和激情不仅为人类带来了美好的艺术和音乐，而且为人类的思想贡献了其他文化传统难以取代的精神财富，这就是无拘无束的自由状态、漫游式的思想主题、不拘一格的思想心态。阅读法国哲学史，我们会明显地感觉到，法国的哲学家都不是或很少是学院派的，他们都在不同的领域产生过重要影响，或者说他们不仅是哲学家，更是文学家、诗人、画家、艺术家，甚至是政客或报商，而正是他们的思想所具有的魅力才使得他们被看作哲学家。虽然经过了理性主义的洗礼，但在法国哲学家的心目中，这样的理性并不是逻辑的化身，而是自然心态的表露，是一种合理性的要求。也正是这样一种自然心态，使得法国哲学在西方哲学发展史上始终处于"另类"的地位，我们从蒙田（Michel de Montaigne）、帕斯卡尔（B. Pascal）、孟德斯鸠、伏尔泰、卢梭、狄德罗（D. Diderot）、爱尔维修（C. A. Helvétius）、霍尔巴赫（Holbach）等人的思想中就可以明显地感觉到这一点。

　　法国哲学的这种另类特征使得当代法国哲学家们能够打破西方哲学中占统治地位的逻辑理性，提出以思想的自然轨迹展现哲学的图景。这样一种哲学图景由于思想风貌的不同而千差万别，因而在思想的各种不同表现形态下就没有一种可以被看作统一的或支配性的思想观念。当代法国哲学的这种独特思维方式当然不仅来自它的思想传统，更是来自法兰西民族的务实精神。例如，法兰西民族对政治有天生的爱好，他们对政治的热情不亚于对贸易的追求。同样，对情感活动的青睐更是法国人特有的性格品质，对法国人来说，感性活动的重要性显然要超出理性的要求。这些都使得当代法国哲学表现出了非同寻常的特征，即摈弃单一性而追求多样性，放弃中心概念而偏爱边缘感觉，捍卫异质体验而反对文化认同。可以说，正是这些特征使得当代法国哲学不可避免地成为后现代主义的发源地。

　　如今我们谈论后现代主义的时候，通常把它理解为一种反传统的思维方式，于是，后现代主义中反复提倡的一些思想观念就成为人们关注的焦点，也由此形成了人们对后现代主义的一种模式化理解。但事实上，后现代主义在法国的兴起是直接与社会现实问题，特别是与现实政治密切相关的。我们熟知的"五月风暴"被看作是法国后现代主义思想最为直接的现实产物，而大学生们对社会现实的不满才是引发这场革命的直接导火索。如果说萨特因其自由主义观念成为学生们的思想导师，那么，学生们的现实运动则直接导致了像德里达这样的哲学家的反思。在法国，政治和哲学从来都是不分家的，由政治运动而引发哲学思考，这在法国人看来是再正常不过的了，而这种从现实政治运动中产生的哲学观念，又会为现实问题的解决提供有益的途径。正是在这种意义上，后

现代主义的兴起应当被看作是西方哲学家的研究视角从纯粹的理论问题
转向社会的现实问题的一个重要标志。

三、对哲学传统的不同态度：从反叛到回归

从哲学史上看，几乎每一种哲学在提出之初都宣称与以往的哲学有
很大的区别，甚至宣称自己的哲学是哲学史上的一场革命。这可以从两
个方面加以分析。一方面，哲学家们在提出自己的哲学观念时都会对以
往的哲学重新审视，很少有哲学家对以往的哲学一无所知却能够提出对
后代具有深远意义的哲学思想。即使维特根斯坦也是在了解了康德、尼
采、弗洛伊德（S. Freud）、詹姆斯等人的哲学基础上形成自己的哲学理
念。应当说，在很大程度上，正是由于对以往哲学的不满，才引发了哲
学家们提出自己的哲学观念，并希望能够对以往哲学有所推进或改变。
所以，才会有哲学家宣称自己的哲学与传统哲学不同或与之决裂，这正
是哲学不断具有活力的重要表现。另一方面，从性质上来说，哲学中的
问题是永恒的，但是哲学家们对哲学问题的回答或者说他们的哲学探索
却是时常更新的。人们常说，哲学没有进步的概念，就是说哲学中讨论
的问题总是前人已经提出的问题，我们今天面临的哲学问题都是由以往
的哲学家提出的，甚至是由古希腊的哲学家提出来的。所以，美国哲学
家怀特海说，两千多年的西方哲学不过就是柏拉图哲学的脚注而已。但
即使如此，哲学家们还是在不断地以自己的方式提出对哲学中的永恒问
题的不同理解，这就使得哲学得以保持持久的生命。

　　当然，以上两个方面的分析都包含了哲学家们对待哲学传统的不同态度：或者是完全抛弃传统，另起炉灶；或者是兼容并蓄、合理吸纳传统；还有的是在前人工作的基础上继续努力，向前推进。其实，哲学家们无论采取的是哪一种态度，他们都会首先了解传统，学习传统。即使是那些宣称与传统完全决裂的哲学家，他们在提出自己的哲学观念之前也需要对传统有深刻的认识。这样，哲学家们与传统的关系就不是有无传统的问题，而是对传统究竟采取什么态度的问题。以这样的思路来看待 20 世纪的西方哲学，我们就会看到当代哲学家们在对待传统的问题上走过了一段曲折的道路。

　　20 世纪初的西方哲学基本上处于百家争鸣的状态：各种不同的哲学理论和思想纷纷涌现，而且每一种哲学都宣称自己是批判传统哲学的结果或者是前无古人的"最新发现"。这不仅表现在世纪转折时期的实证主义思想的形成过程中，也出现在欧洲大陆哲学家的思想中。数学家们在现代数论以及公理化研究中取得的成就极大地推动了现代逻辑的产生，而现代逻辑的出现又极大地鼓舞着始终以实证主义方式从事研究的哲学家们，使他们满怀希望地相信，使用现代的逻辑分析手段，他们就可以"一劳永逸地"解决一切传统哲学问题。1936 年，卡尔纳普还撰文宣布，他们可以"通过语言分析清除形而上学"。这种热情一直保持到了 20 世纪中叶。对传统哲学形而上学的清算，在以逻辑经验主义为先导的整个分析哲学运动中始终被看作是一个重要的任务，这自然就伴随着分析哲学家对传统哲学的拒斥态度。同样是在 20 世纪初，德国哲学家胡塞尔和弗洛伊德各自提出了自己的哲学观念，并以自己的观念作为解决传统哲学问题的有效途径。胡塞尔的《逻辑研究》第一卷发表于 1900

年，开创了当代现象学的先河，成为 20 世纪欧洲大陆哲学的思想先驱；而就在同一年，弗洛伊德也出版了他具有划时代意义的《梦的解析》，把整个人类的意识活动都建立在了"本我"的基础之上，彻底撕掉了人类理性的庄严面具，这同样是在哲学中引发了一场不亚于哥白尼的日心说的革命。

胡塞尔宣称，他的现象学是一种关于本质的学说，而核心就在于对理性活动的批判，即他所谓的"认识的批判"。他在 1907 年的哥廷根讲座中明确表示："在认识批判的开端，整个世界、物理的和心理的自然、最后还有人自身的自我以及所有与上述这些对象有关的科学都必须被打上可疑的标记。它们的存在，它们的有效性始终是被搁置的。"[1]正是以笛卡儿的第一怀疑为起点，胡塞尔确立了自己的现象学还原的基本思想。胡塞尔现象学的目的，正如他自己所言，就是要重新确立人类认识的前提，这个前提就是他所谓的"本质直观"。他说："现象学的操作方法是直观阐明的、确定着意义和区分着意义的。……在现象学最严格的还原之中的直观和本质直观方法是它的唯一所有的东西。这种方法本质上属于认识批判的意义，因而也属于所有的理性批判（即包括价值的和实践的理性批判），就这点而言，它是一种特殊的哲学方法。"[2]可见，胡塞尔是把他的现象学看作完全不同于传统哲学形而上学以及传统认识论的全新理论体系，事实上，他也的确是把现象学确立为一种新的哲学。

弗洛伊德的精神分析方法是建立在他的神经病学和精神病理学的基

---

① ［德］埃德蒙德·胡塞尔：《现象学的观念》，28 页，上海，上海译文出版社，1986。

② 同上书，51 页。

础之上的，但他并不是单纯地从病理学的角度解释精神病人的异常表现，而是更为注重挖掘病人的心理奥秘，由此形成了他的关于人类潜意识活动的思想。无论是他早期的关于梦境的心理分析，还是他晚年对自我与"本我"的论述，这些无不显示出弗洛伊德超越传统的极大勇气。应当说，弗洛伊德的精神分析思想完全是他独立探索的结果，这个结果不仅是对人类以往的未知领域的探索，更是对传统哲学观念的重大挑战，特别是对建立在理性优先观念之上的传统认识论的重大挑战，这就是他建立的关于无意识的学说。他在于晚年发表的《自我与本我》(1923)中写道："将心理区分为意识和无意识，这是精神分析学的基本前提；而且只有这个前提才使精神分析学有可能解释心理生活中的病理过程——这些病理过程的普遍性像它们的重要性那样值得重视——并把它们安置在科学的结构之中。"①弗洛伊德对精神分析学的这种挑战性有着清楚的认识。他曾这样表达过自己的理论所面临的危险："精神分析有两个信条足以触怒全人类：其一是它和他们的理性成见相反；其二则是和他们的道德的或美育的成见相冲突。这些成见是不可轻视的，它们都是人类进化所应有的副产物，是极有势力的，它们有情绪的力量作基础，所以要打破它们，确是难事。""人类的本性喜欢把不合意的事实看作虚妄，然后毫无困难地找些理由来反对它。因此，社会宣布它所不能接受的东西为不真实的，用来源于感情冲动的一些逻辑的、具体的理由来诋毁精神分析的结果，并坚持偏见，借以抵抗我们强有力的反驳。"②

　　①　[奥]西格蒙德·弗洛伊德：《弗洛伊德后期著作选》，160页，上海，上海译文出版社，1986。
　　②　徐信华：《弗洛伊德传》，217、219页，石家庄，河北人民出版社，1998。

从以上的简单分析中可以看出，无论是在掀起了分析哲学浪潮的逻辑经验主义者那里，还是在带来欧洲大陆哲学现象学运动的胡塞尔那里以及弗洛伊德那里，他们的共同特点是都以根据自己的哲学立场和方法建构出来的理论观点去解释乃至重建人们从以往哲学中获得的基本认识。从哲学性质上看，他们都应当属于"建构性的"或"规范性的"。所以，毫不奇怪，他们对传统哲学采取了完全敌对的态度。传统形而上学不仅在维也纳学派那里遭到了严峻挑战，在海德格尔那里同样受到了前所未有的批判，虽然他们批判形而上学的出发点以及由此得出的结论是大相径庭的。

然而，到了 20 世纪下半叶，这种截然对立的情况有了很大的变化。英美分析哲学中明显出现了重新讨论形而上学问题的迹象，而在欧洲大陆哲学中，由于海德格尔等人对形而上学的批判并不是为彻底消解形而上学，而是对它重新解读以弥补传统形而上学的不足，因此，欧洲大陆哲学家从来没有停止过对形而上学的研究，但现在的研究也明显表现出了回归传统的倾向。例如，当代欧洲大陆哲学家比以往更多地关注康德哲学，试图从康德形而上学中获取新的思想资源。他们非常重视康德在《实践理性批判》中对纯粹理性与实践理性的区分，希望能够以实践理性为根据来解释当代现实活动的哲学意义。

当然，当代哲学家在对待哲学传统的态度上的变化，也表现在他们对哲学史的重新关注。在由当代法国哲学家利科主编的《哲学主要趋向》中，西方哲学家是这样来描述 20 世纪 70 年代的分析哲学家与欧洲大陆哲学家对待哲学史的不同态度。他们说："分析哲学家在论述过去的哲学的范围内可以被认为是采取了更为开放的，而较少怀疑的态度。对于过去的研究具有这种更广泛的和更富同情的理解是由于很多因素的共同作用，这些因素影响了对于哲学家的整个任务的理解，即：对于意义和可理解性的界限持更有宽容的观点；不再那么严格地坚持'日常语言'的教条；日益增加对我们理解图式的整个基本结构的注意，这个基本结构是与显示于特殊话语领域中的实际用法的'表面现象'相对立的；对于基本概念和基本概念固着于其中的社会生活方式的历史演变，具有了更清楚的认识。表现这种变化的一个方面是康德研究的发展，强调康德学说的逻辑的和概念研究的意义，这与康德唯心主义的更富思辨性的引申是正相对立的。……近来有很多作者公开把形而上学的研究看作是由于对现存的概念结构的局限极其注意的结果：提出了描述现实的新途径，这在某种程度上放松了对已接受的范畴和区别的限制，从而开辟了出乎意料的思路，这些新思路后来证明对于经验研究领域是很有成效的。另外的研究突出了很多形而上学文献资料的'修正'性质，或者强调那些引导哲学家对描述世界的既定方式提出疑问和打算采用全面的替代学说的动机。"[1]正是由于对待传统哲学态度的改变，当代英美哲学家开始重新关注 19 世纪的思想家，这些思想家在英语世界中曾经受到了极大的贬低，譬如黑格尔、马克思、叔本华、尼采、布拉德雷（F. H. Bradley）等人。同样，也正是由于对传统哲学态度的改变，当代英美哲学家也开始关注现代欧洲大陆哲学，因为流行于欧洲大陆的现象学、存在哲学等与近代哲学有着更为密切的关系。同时，英美哲学家对分析哲学自身的发展历史也给予了更多的关注，注意从分析哲学的根源上寻找这种哲学进一步

---

① ［法］保罗·利科主编：《哲学主要趋向》，67—68 页，北京，商务印书馆，1988。

发展的动力。

在欧洲大陆哲学家方面，"当代时期似乎与大约从十九世纪末到二十世纪中这段时期不同，后者倾向于否定地评价哲学研究本身，认为它的意义内容是有缺欠的"①。而在当代欧洲大陆的哲学家看来，"哲学史的哲学本身不可避免地也是哲学，是一种特殊的哲学，它在其它哲学中并以其它哲学为背景而出现。这就使把哲学史理解为扬弃（Aufhebung）的努力具有重要意义，或者说具有新的重要意义。扬弃把这两项调合起来，也就是说扬弃把哲学与其过去相结合，并使它与历史现实集合体的一切现存复杂事物联系起来，这种复杂事物被认为是可理解的，而且应当看作是理性现象"②。应当说，从 20 世纪中叶起，欧洲大陆哲学家就把对哲学史的研究作为一门独立的学科，特别注重从哲学观念的发生学以及哲学与其他学科之间的关系方面去挖掘哲学史研究的主导思想，由此形成了一门"哲学史编撰学"或"学说史学"。与英美哲学家对哲学史的关注不同的是，欧洲大陆哲学家更为注意将哲学作为一种观念体系的研究，力图从观念形态方面寻求哲学史的哲学价值；而英美哲学家则更注意哲学史上的某个哲学家的具体观点对后来哲学发展的影响。从研究方式上看，英美哲学家大多做哲学断代史研究或人物研究，而欧洲大陆哲学家则更喜欢按照历史发展的线索全面展现哲学观念的发展历程，注重哲学史的研究问题和研究方法。

当代西方哲学家对待哲学传统的态度的这种重要转变，在一定程度

① ［法］保罗·利科主编：《哲学主要趋向》，69 页，北京，商务印书馆，1988。
② 同上书，76 页。

上表明了当代西方哲学本身的重要变化。一方面，经过了 20 世纪初以及 20 世纪上半叶的哲学变革和观念转变，哲学家们越来越清楚地看到自己的哲学之根仍然深深地植根于古希腊以来的哲学传统之中，现代哲学中逐渐形成的科学主义与人本主义之间的纷争本来就是近代哲学理性主义与经验主义之间尚未清晰的相互关系的延续，而它们又都是出自西方文化的共同传统。这样，在 20 世纪的后期，哲学家们就竭力挖掘他们的哲学观念背后的这种共同传统，并希望通过这样的回归式研究，重新使处于不同哲学背景之中的哲学观念得到统一的理解。另一方面，当代哲学家们对传统的回归和对哲学传统的重新认识，这本身就是一种哲学研究的延伸，或者说，这一定是以新的方式或视角对哲学自身的进一步解释和阐释。可以说，在这种意义上，无论是哲学史还是哲学本身，都面临着一种新的挑战，即把一切哲学的思考重新还原为智慧的形式。这种变化首先要归功于现代哲学家们早已放弃了主体与客体二元对立的思维方式，同时也要看到，现代科学的发展使得人类对自我的认识变得更为清晰了，人们对于"人是不是机器"这样的问题再也不会给出一个简单的肯定或否定的回答。而这恰好说明了当代哲学家们更为理性的思考。

四、对哲学性质的重新定位：从科学到学科

　　直到 20 世纪 70 年代，西方哲学家们对于哲学的科学性质似乎从来都没有真正地怀疑过，无论是对逻辑经验主义者还是对欧洲大陆的胡塞

尔或海德格尔来说。在维也纳学派看来，按照科学的模式重建哲学应当是他们工作的最大目标。把哲学理解为科学正是石里克、卡尔纳普等人从事哲学研究的出发点，在他们的心目中，只有把物理学作为科学研究的楷模，我们才能对哲学中的理论术语和概念做出基于经验观察的合理解释。当然，在今天的哲学家看来，这样的规定完全把哲学限定在了能够给出经验解释的范围，这就排除了哲学的更为重要的形而上学意义和价值层面的意义，乃至哲学应当具有的认识论的意义。

把哲学理解为科学，这并不是维也纳学派独有的观念。虽然哲学家们对科学概念有着各自不同的理解，但他们有一种共同的取向，就是把科学看作具有某种普遍性，能够超越不同研究者的方法和理论观点的，具有共同特征的思想领域。正是在这种观念支配下，包括胡塞尔和海德格尔这样的欧洲大陆哲学家都在不遗余力地寻求具有普遍意义的观念。譬如，胡塞尔就明确地把自己的纯粹现象学规定为一个"中立性研究的领域"，认为在这个领域中有着各门科学的根基。他始终把"现象学"理解为一门"严格的科学"。他在 1927 年为《大英百科全书》撰写的"现象学"条目中开宗明义地写道："'现象学'标志着一种在 19 世纪末、20 世纪初在哲学中得以突破的新型描述方法以及从这种方法产生的先天科学，这种方法和这门科学的职能在于，为一门严格的科学的哲学提供原则性的工具并且通过它们始终一贯的影响使所有科学有可能进行一次方法上的变革。"①这就表明胡塞尔把现象学置于各门科学之上，并希望将

----

① 转引自[德]埃德蒙德·胡塞尔：《现象学》，见倪梁康主编：《面对实事本身》，83 页，北京，东方出版社，2000。

其作为一门普遍适用的方法。早在他发表于 1911 年的《哲学作为严格的科学》中，胡塞尔就宣称，如果哲学只是停留在追随自然科学为摹本，那么它就还没有成为真正的科学。因为作为严格的科学的哲学必须是能够作为其他一切科学的基础和前提。他这样写道："人类文化的最高兴趣在于要求造就一门严格科学的哲学；因此，如果在我们这个时代的一种哲学变革是合理的，那么它无论如何必须从这样一个意向中获得活力，即：对一门在严格科学意义上的哲学进行新论证。"①可以说，胡塞尔的毕生精力都是在完成这样的工作，即他所谓的"面对实事本身"。

海德格尔虽然在哲学的基本理念上与他的老师胡塞尔分道扬镳，但在追求哲学的科学性质上却是与他的老师一脉相承的。早在写于 1924 年的《存在与时间》中，海德格尔就把追问存在者的存在规定为哲学形而上学的主要任务，而要完成这个任务首先就必须确立这样的哲学是超越于经验科学的。他这样写道："一门科学的所有老问题对象都以事情区域为其基础，而基本概念就是这一事情区域借以事先得到领悟（这一领悟引导着一切实证探索）的那些规定。所以，只有同样先行对事情区域本身作一番透彻研究，这些基本概念才能真正获得证明和'根据'。……这种研究必须跑在实证科学前头；它也能够做到这一点。"②这里的"事情区域"其实就是他的老师胡塞尔所谓的"实事本身"。在他晚年的著作和讲座中，海德格尔多次强调了他关于"面向思的事情"的思想与胡塞尔

---

① ［德］埃德蒙德·胡塞尔：《哲学作为严格的科学》，6 页，北京，商务印书馆，1999。

② ［德］海德格尔：《存在与时间》，13—14 页，北京，生活·读书·新知三联书店，1987。

的"面对实事本身"的思想之间的直接血缘关系。在他看来，近代以来的哲学都关注存在者的存在，也就是通常理解的"事情本身"或"实事本身"。但这样的关注随着近代科学的不断发展而发生了改变，科学在规定了事情的样态之后却遗忘了事情本身，而哲学也正是在这种遗忘中消失了自身存在的价值。所以，只有在这样的哲学终结之处，我们才能重新唤起对事情本身的关注，这就是所谓的"思"的开端。如果从胡塞尔的严格科学的意义上说，海德格尔的这种"思"正是一种新的哲学科学的诞生："思的任务就应该是：放弃以往的思想，而去规定思的事情。"①显然，这仍然是一种对哲学的科学性质的规定。

然而，这种按照科学的方式去理解哲学的愿望，在20世纪70年代后却遭到了西方哲学家们的抛弃。哲学家们普遍意识到，在他们之前的所有哲学都是在试图把哲学看作一种非常神圣的事业，这样的事业具有最高的普遍性，可以用来解释一切科学原则和理论，无论是像胡塞尔那样把它看作是"严格的科学"，还是像维也纳学派那样直接根据科学的模式重建哲学。所以，在当代哲学家看来，虽然胡塞尔的现象学是作为实证主义和历史主义的对立面出现的，但在思想方式上，它们都秉承相同的传统，这就是强调哲学的唯一性和普遍性特征。这种传统意识受到了当代西方哲学家的批评，这在英美哲学中以罗蒂为代表，而在欧洲大陆哲学中的代表则是伽达默尔。

早在20世纪60年代他编辑的文集《语言的转向》的长篇导言中，罗蒂就明确表示了对传统哲学的挑战。虽然他并没有将这样的挑战与把哲

---

① ［德］海德格尔：《面向思的事情》，89页，北京，商务印书馆，1999。

学理解为科学的思维方式联系起来，但他对由于语言的转向所导致的科学哲学和语言哲学的不满，就直接表明了他对现代分析哲学中占主导地位的科学主义倾向的拒斥。他这样写道："哲学中的语言转向，是针对下述观念做出的反应：哲学是一门试图解决某些传统问题的学科——这些问题（明显地）是由某些常识性信念生成的。假如哲学将来变成了海德格尔式的沉思，或者更一般地，变成了为纯粹的快乐而去建构新的语言游戏的活动……简而言之，假如哲学家们抛弃了关于他们的学科的性质的传统观念——那么，就没有什么东西可供语言哲学家去批评了。在当代哲学中，语言学运动的批判锋芒所针对的是作为一门伪科学的哲学，它无意反对去创造一门新的学科形式——在其中，通过有意识地拒绝'解决问题'的目标，我们可以公开地进行一种活动，它先前是掩藏在伪科学论辩的外表下进行的。"① 罗蒂的这个观点后来发展成为对作为科学的哲学的彻底批判。现在我们都熟悉了罗蒂把哲学与其他学科等量齐观的观点，但我们必须了解，他提出这个观点的出发点正是为了放弃把哲学理解为一种具有普遍意义的科学的传统。他把杜威、后期维特根斯坦、蒯因、塞拉斯、戴维森等人视为自己的同道，因为在他们的哲学中都存在着明显的反对基础主义的实用主义立场。而正是这种实用主义立场，使得罗蒂把反对传统哲学看作是对哲学性质的重新确定。在《哲学和自然之镜》中，罗蒂就开始把哲学理解为一种"学科"，而不是一种"声音"。它们的区别就在于，后者希望能够成为一切理性的代言人，而前

---

① ［美］理查德·罗蒂：《理想语言哲学与日常语言哲学》，见陈波、江怡主编：《分析哲学：回顾与反省》（第二版），148—149 页，北京，中国人民大学出版社，2018。

者则仅仅作为所有学科的一部分。他这样写道:"学科间的界线将趋于模糊和改观,新的学科将产生,……目前所使用的'哲学意义'和'纯哲学问题'等概念,只是在大约康德的时代才被理解。……抛弃了哲学家对认知的认识比任何其他人都更清楚的概念,也就是抛弃了这样一种看法,即哲学家的声音永远居高临下地要求谈话的其他参加者洗耳恭听。同时也相当于抛弃了这样的看法,即存在有所谓'哲学方法'、'哲学技术'或'哲学观点'的东西……"①在《哲学作为科学、作为隐喻和作为政治》一文中,罗蒂则直接把胡塞尔和卡尔纳普看作是推崇哲学作为科学这一观念的主要代表。他写道:"胡塞尔和卡尔纳普都具有传统的柏拉图主义的期望,即达到一个可以看到一切事物之间的相互联系的观点。对他们来说,哲学的目的就是要提出一种可以把文化的每个方面都置于其中的形式框架。"②正是从反对这种哲学观念出发,罗蒂一再强调把哲学看作是与文学、历史、政治乃至宗教具有相同地位的一门学科。在他看来,只有这样来看待哲学的性质和地位,我们才能继续保持哲学在人类文化中的位置和作用,不会因为传统哲学的崩溃而有哲学走向终结的担忧。可见,当罗蒂把哲学"混同于"普通学科的时候,他并不是在消解或终结哲学,相反,他是以一种新的方式保留了哲学。这种方式就是他所谓的"人类的对话"或"教化"。所以,在他看来,哲学只有作为一种教化才能在当代以及未来社会中获得一席之地。

虽然在 20 世纪的大部分时间里,英美哲学与欧洲大陆哲学一直处

---

① [美]理查·罗蒂:《哲学和自然之镜》,340—341 页,北京,生活·读书·新知三联书店,1987。

② [美]理查德·罗蒂:《后哲学文化》,26 页,上海,上海译文出版社,1992。

于一种隔阂甚至对峙的状态，但罗蒂却把他的思想来源主要地归于德国哲学家伽达默尔的诠释学。的确，伽达默尔在他的《真理与方法》(1960)中对于把哲学理解为科学的观念给予了严厉批判。他在该书的导言中就明确写道："理解的现象不仅遍及人类世界的一切方面，而且在科学范围内也有一种独立的有效性，并反对任何想把它归为一种科学方法的企图。本书探究的出发点在于这样一种对抗，即在现代科学范围内抵制对科学方法的普遍要求。因此本书所关注的是，在经验所及并且可以追问其合法性的一切地方，去探寻那种超出科学方法论控制范围的对真理的经验。这样，精神科学就与那些处于科学之外的种种经验方式接近了，即与哲学的经验、艺术的经验和历史本身的经验接近了，所有这些都是那些不能用科学方法论手段加以证实的真理借以显示自身的经验方式。"①在晚年的一些文章和讲座中，伽达默尔进一步阐述了关于哲学如何应对从一种科学而成为一门学科的观点。他在《科学时代的理性》中就明确地宣称："我们生活在这样一个时代，它更愿把哲学算做旧时代神学的遗物，或者它从不怀疑那些依赖于神秘或无意识兴趣的东西，反而怀疑对纯理论和为知识的知识的理想。"②他还说："与其相应的，在德语国家中所谓的人文科学一词得到了发展，并发挥了作用，对这些国家来说，该词继承了形而上学的遗产。在法国文化范围内，哲学归入了文学(letters)——你能强烈地感觉到它和诗歌的接近，这样单独的一个词

---

① ［德］汉斯-格奥尔格·加达默尔：《真理与方法》上卷，导言 17—18 页，上海，上海译文出版社，1992。

② ［联邦德国］伽达默尔：《科学时代的理性》，123 页，北京，国际文化出版公司，1988。

就包括了哲学和文学这两个方面。在盎格鲁-撒克逊语言中，humaniora旧有的人文主义概念已被转换成以'人文科学'为标志的语义学语境。这表明，在这些科学中，被研究的对象不是客体的世界而是人对自己、对他的创造物世界的认识，在这个世界中他存储了知识。"①这些话都清楚地表明，伽达默尔以毕生精力创建了哲学诠释学，其目的在很大程度上，与其说是使真理找到自己的归宿，不如说是使人类更清楚地认识自己。这就是把人类看作是有限的动物，人不具有神的性质，因而无法像神那样可以高高在上地宏观把握人类的事务或者以神的眼光去审视人类。正如他所说的，阿波罗神殿上的话"认识你自己"，其实是指"要知道你是一个人，不是神"。"这句名言对所有控制和支配的幻想无疑是一种警告。自由不仅受到各种统治者的威胁，而且更多地受着一切我们认为我们所控制的东西的支配和对其依赖性的威胁。能够解脱、获得自由的方式只能是自我认识。"②有趣的是，我们在当代美国的分析哲学家普特南那里也可以找到类似的说法。③

正是哲学家们对哲学的科学性质的反思和批判，导致了哲学在当代西方文化中的地位发生了重要变化，即从科学之科学蜕变成了一门与其他人文科学并驾齐驱的学科。在某些哲学家眼里，甚至作为一门学科的哲学都不复存在，取而代之的应当是作为一种生活方式和实践方式的哲

---

① ［联邦德国］伽达默尔：《科学时代的理性》，129页，北京，国际文化出版公司，1988。

② 同上书，132页。

③ H. Putnam, *A Realism with A Human Face*, Cambridge, Harvard University Press, 1990.

学。应当说，这种变化虽然使哲学脱掉了神圣的外衣，使哲学更为贴近现实生活，贴近每个人的思想活动，但同时也使哲学失去了作为人们一般思维方式的重要性。从现实的层面上看，哲学在贴近现实的同时，也就不再拥有受人尊敬的崇高地位；哲学家们作为专家在与各门学科的专家们共同讨论的同时，也就失去了能够产生深厚思想的可能。这正是20世纪下半叶以来西方哲学的整体现状。

非同寻常的维特根斯坦

　　2019 年是维特根斯坦一百三十周年诞辰；2021年是《逻辑哲学论》发表的一百周年。维特根斯坦被认为是 20 世纪极为重要的西方哲学家之一，其思想对当代哲学发展产生的深远影响在本书中已经得到充分体现。虽然当代哲学家们大多把维特根斯坦哲学放到分析哲学史的研究背景之中，但笔者还是更愿意强调维特根斯坦的非同寻常。

　　这种非同寻常首先表现在维特根斯坦的思想方式与他的个人生活有着密不可分的关系。他的前期著作《逻辑哲学论》完成于第一次世界大战的战壕之中。战争结束之时，正是他的思想定型之日。战争不仅给了他战胜孤独和痛苦的勇气，更给了他体察人生之意义的机会。"世界的意义必定在世界之外。在世界中一切都如其所是地是，一切都如其发生地发生；在世界中不存在任何价值——如果世界中存在价值，那么这种价值也不会有任何价值。"(TPL，6.41)"如果善的或恶的意志活动改变世界，那么它只能改变世界的界限，而不能改变事实，不能改变可为语言所表达的东西。"(TPL，6.43)"死不是人生的一个事件。人不可能体验死。……我们的人生之为无限，正如我们的视野之为无限。"(TPL，6.4311)"神秘的东西不是世界如何，而是世界存在。"(TPL，6.44)"的确有不可说的东西，它们显示自己，它们说神秘的东西。"(TPL，6.522)"凡是不可说的东西，必须对之沉默。"(TPL，7)我相信，对于所有这些命题，只有经历了人生极限挑战之后的人才能领悟它们的真谛。所以，他在该书的序言中这样写道："本书或许只能为那些自己就曾思考过这里所表达的思想或类似的思想的人所理解。……如果它能给一个读懂它的人以快乐，本书的目的就达到了。"(TPL，P.3)这是一种什么样的快乐呀！这是一种只有那些经历过如此思想历程的人才能得到的快乐！

不仅如此，维特根斯坦思想从早期到后期的转变，据称源于许多戏剧性的场景，包括他在奥地利南部地区的小学校教书的经历，他听过的一场学术讲座，他读到的一条新闻，或者是他现场观看过的一场球赛，等等。但无论是什么，这些都说明他的思想转变来自他的个人生活经历中的启发，而不是源于他思想自身的逻辑演变结果。换个角度说，要真正了解维特根斯坦的思想及其变化，就必须了解他的生活，包括了解他的性格特征和为人处世的方式，他的生活方式和生活世界。只有这样，我们才能为发生在他身上的一切看似怪癖的事情找到合理的解释，才能对他的某些不合情理的行为感到释然。

维特根斯坦的思想与其生活经历之间的高度契合恰好表现出他的做人原则，即言行合一的品格。这里的言行合一，不仅是指他的文字思想与他的生活轨迹之间的密切联系，而且是指他的思想产生就是对他的生活经历中所发生的一切的反思和发挥。我们不得不说，这是一种有意识的、主动的反映，是他的生命意志的外在体现。他的思想完全出自他的生命感悟，或者说，他的逻辑与他的伦理是完全一致的。这样，我们就可以理解他所说的话，《逻辑哲学论》不是一部逻辑学或哲学著作，而是一部伦理学著作。对于这本书而言，重要的不是书里所说的内容，而是书里没有说出来的东西，这些没有说出来的东西比说出来的东西更为重要。按照维特根斯坦的思路，凡是能够说出来的东西都是可以说清楚的，而且都是不重要的，而凡是不能说出来的东西反倒是更为重要的，因为无法说出来，所以也就是无法表达的，因而也就是无法思想的。无法表达的东西和无法思想的东西，却可以被用显示的方式揭示出来，并变得更为重要，因为它们才是那些能够说出来的东西中所隐含的存在。这就是维特根斯坦的非同寻常之处：他不是以行践言，或言必行、行必果，而是以言践行，或行在先、言为果。事实上，维特根斯坦在他前期思想中提出的不可说而只能显示的东西，正是他后期思想中提出的语言游戏所加以显示的东西。如果能够理解维特根斯坦思想的变化过程，就可以理解他的思想内在的一致性。这种一致性就表现为，他是用自己对语言游戏的描述去显示那些在他看来无法用语言去表达的内容。而对语言游戏的描述，其实就是一种语言活动，也是显示语言游戏的过程。在这个过程中，我们可以看到游戏规则是如何得到遵守的，我们也可以看到语言活动是如何进行的。维特根斯坦正是以对语言游戏的描述活动向我们揭示了隐藏在语言活动背后的生活形式。其实，这并非是一种隐藏，只不过是把我们熟视无睹的东西显示出来而已。这就是维特根斯坦的非同寻常之处。

维特根斯坦的这种显示方式也是非同寻常的，这就是他的敏锐的透视感和对事物把握的整体感的体现。所谓的"透视感"是指他能够透过我们熟视无睹的现象，看到现象中所呈现出来的事物样式，看到能够激发我们关注的事物的最为重要的方面。例如，他明确表示，《逻辑哲学论》中的所有逻辑命题都是重言式的，这就意味着他所说的一切都是以其形式为真，与命题所描述的事实无关；相反，命题所描述的事实也是由于命题的存在而得到理解的。这样，他就把一切可说的东西都明显地说出来了，因此，《逻辑哲学论》的思想是透明的。同样，他对语言游戏的描述不是仅仅向我们提供了各种语言活动，而是借助于语言游戏去显示那些存在于语言游戏中的东西，这些东西本身是不可说的，只能用语言游戏去显示出来。其实，这些东西就是维特根斯坦所说的"生活形式"。的确，当我们谈论生活形式的时候，我们只能是在它们之外的，但由于我们无法超越生活形式，因此就无法去谈论它们。我们只能用语言游戏去显示它们的存在，如同我们只能用呼吸和生命的存在去显示空气的存在一样。这看似悖论的现象却恰好说明了语言游戏作为生活实践的重要意义：语言游戏就是我们生活的一部分，如同我们行走、吃饭、睡觉一般。维特根斯坦看到，我们一切理论的缺陷恰好是忘记了行动才是一切思想的起点，人类的一切活动都是对理论说明的显示，而不是相反的。这种对行动与理论关系的理解可谓透彻地表明整个哲学的真正目的，即哲学不过是澄清命题意义的活动，哲学不提供任何解释，也不提供任何理论,哲学就是把一切都摆在明处。这样的哲学观也只有维特根斯坦才能够提出来,因为他的一生就是如此透明,毫无遮掩,乃至于人们不得不给他的生活编排一些调料,让他的生活显得更加富有传奇色彩,比如他的同性恋情结、他在挪威山区的小木屋、他在都柏林的小酒店以及他在苏格兰的驿站等。

但在我看来,维特根斯坦的非同寻常之处更在于他关于"综观"的看法。这里的"综观"就是要看到事物之间的相互联系,也就是要整体地看问题,要见森林而不是只见树木。他在《哲学研究》中这样写道:"我们对某些事情不理解的一个主要根源是我们不能综观词语用法的全貌。——我们的语法缺乏这种综观。综观式的表现方式居间促成理解,而理解恰恰在于我们'看到联系'。因而,发明或发现中间环节是极为重要的。综观式的表现这一概念对我们有根本性的意义。它标示着我们的表现形式,标示着我们看待事物的方式。(这是一种'世界观'吗?)"(PI,§122)其实,这里的"综观"就是"一目了然"的意思。他在剑桥的一次演讲中这样说:"哲学的一个困难是我们缺乏一种综览的视角(synoptic view)。一个村庄,我们没有地图,或只有一张有关一些孤立的部分的地图,对于这个村庄的地形,我们就会遇到那种困难。我们现在说的这个村庄就是语言,地形就是它的语法。我们可以在村庄里走来走去,但是当被迫给出一幅地图时,我们就会弄错。"①哈克则把这种综观的观点解释为一种类似概念地形的东西。他这样写道:"一种综观就是某人从

---

① Ludwig Wittgenstein, *Wittgenstein's Lectures*: *Cambridge 1932-35*, Oxford, Blackwell, 1967, p. 43.

高处查看一片田地或一片由概念及其相互关系构成的宽广领域时具有的东西。当人们有了一种综观，就可以说出视野中的事物处于一种什么样的相互关系中。……当人们获得一种综观，当人们清楚地把握了这片田地，人们就可以用一张地图的形式——或者，不那么比喻性一些，用描述成问题的表达式或语言的某个部分的主要语法特征的形式——来呈现视野中的东西。"①可见，维特根斯坦把我们对事物的理解看作一种类似鸟瞰的过程：只有从整体上把握了事物之间的联系，我们才能说自己对事物有了真正的理解。对此，我更愿意用"拓扑学"这个概念去说明维特根斯坦看待事物的这种方式。这里的"拓扑学"是一种类似地形学的概念，是把各种事物放到一个网络结构中，通过对网络中各种关系的描述去理解其中各个事物的定位和性质。这是一种典型的整体主义的观点。但正是这样一种整体感，使得维特根斯坦能够对任何事物都可以给出与众不同的理解方式，这就是维特根斯坦的非同寻常之处。

①　P. M. S. Hacker, *Wittgenstein*: *Understanding and Meaning Part I*: *Essays*, Oxford, Blackwell, 2005, pp. 309-310.

主要参考文献

一、英文著作：

1. Anscombe, G. E. M. and P. T. Geach, *Three Philosophers*, Oxford, Blackwell, 1961.

2. Anscombe, G. E. M. , *An Introduction to Wittgenstein's Tractatus*, Chicago, St. Augustine Inc. , 1959.

3. Anscombe, G. E. M. , *From Plato to Wittgenstein*, eds. by Mary Geach and Luke Gormally, New York, Imprinted Academic, 2011.

4. Anscombe, G. E. M. , *From Parmenides to Wittgenstein: Collected Philosophical Papers*, Vol. I, Oxford, Blackwell, 1981.

5. Apel, Kar-Otto, *Charles S. Peirce: From Pragmatism to Pragmaticism*, Amherst, University of Massachusetts Press, 1981.

6. Beaney, Michael, ed. , *The Oxford Handbook of The History of Analytic Philosophy*, Oxford, Oxford University Press, 2013.

7. Bellucci, Francesco, and Pietarinen, Ahti-Veikko, Stjernfelt, Frederik , eds. , *Peirce*: 5 *Questions*, Boston, Automatic Press, 2014.

8. Biletzki, Anat and Matar, Anat , eds. , *The Story of Analytic Philosophy*, *Plot and Heroes*, New York, Routledge, 1998.

9. Brent, Joseph L. , *Charles Sanders Peirce*: *A Life*, Bloomington, Indiana University Press , 1998.

10. Cobley, Paul, ed. , *The Routledge Companion to Semiotics*, London and New York, Routledge, 2010.

11. Cottingham, John, *Cartesian Reflections*: *Essays on Descartes' s Philosophy*, Oxford, Oxford University Press, 2008.

12. Critchley, Simon, *Continental Philosophy*: *A Very Short Introduction*, Oxford & New York, Oxford University Press, 2001.

13. De Risi, Vincenzo, *Geometry and Monadology*: *Leibniz's Analysis Situs and Philosophy of Space*, London, Springer, 2007.

14. Diamond, Cora, *The Realistic Spirit*: *Wittgenstein*, *Philosophy and the Mind*, Boston, MIT Press, 1991.

15. Dummett, Michael, *The Logical Basis of Metaphysics*, Cambridge, Mass. , Harvard University Press, 1991.

16. Fisch, Max, *Peirce*, *Semiotics*, *and Pragmatism*, Bloomington, Indiana University Press, 1986.

17. Forster, Michael, *Wittgenstein on the Arbitrariness of Grammar*, Princeton, N. J. , Princeton University Press, 2004.

18. Grayling, Anthony, *Wittgenstein*, Oxford, Oxford University

Press, 1988.

19. Hacker, Peter M. S. , *Wittgenstein: Understanding and Meaning Part I: Essays*, Oxford, Blackwell, 2005.

20. Hacker, Peter M. S. , *Wittgenstein's Place in the 21th Analytic Philosophy*, Oxford, Blackwell, 2007.

21. Hallet, Garth, *A Companion to Wittgenstein's Philosophical Investigations*, Ithaca and London, Cornell University Press, 1977.

22. Hookway, Christopher, *Peirce*, London, Routledge and Kegan Paul, 1985.

23. Inwagen, P. V. and Zimmerman, D. W. , *Metaphysics: The Big Problem*, Oxford, Blackwell, 2000.

24. Jourdian, Philip E. B. , Preface to *The Algebra of Logic* by Louis Couturat, Boston, Open Court Co. , 1914.

25. Kripke, Saul, *Philosophical Troubles: Collected Papers*, Vol. 1, Oxford, Oxford University Press, 2011.

26. Luckhardt, C. G. , *Wittgenstein: Sources and Perspectives*, London, Routledge, 1996.

27. Malcolm, Norm, *Ludwig Wittgenstein: A Memoir*, Oxford, The University of Oxford Press, 1958.

28. Malcolm, Norm, *Nothing Is Hidden: Wittgenstein's Criticism of His Early Thought*, Oxford, Blackwell, 1986.

29. McGuinness, Brain, *Wittgenstein: A Life*, *Young Ludwig* 1889-1921, Berkeley, Los Angeles, London, The University of California

Press，1988.

30. Miller，Jon，ed. ，*Topics in the Early Modern Philosophy of Mind*，London，Springer，2009.

31. Neurath，Marie and Cohen，R. S. ，eds. ，*Empiricism and Sociology：Vienna Circle Collection*，Vol. 1，Dordrecht：Springer，1973.

32. Peirce，Charles Sanders，*Collected Papers of Charles Sanders Peirce*，Vol. VI，eds. by Charles Hartshorne and Paul Weiss，Cambridge，MA. ，Harvard University Press，1935.

33. Pippin，Robert B. ，*Hegel on Self-Consciousness：Desire and Death in the Phenomenology of Spirit*，Princeton，N. J. ，Princeton University Press，2010.

34. Putnam，Hilary，*A Realism with A Human Face*，Cambridge，Mass. ，Harvard University Press，1990.

35. Quine，W. O. V. ，*Word and Object*，Cambridge，Mass. ，Harvard University Press，1960.

36. Redding，Paul，*Analytic Philosophy and the Return of Hegelian Thought*，Cambridge，Cambridge University Press，2010.

37. Rockmore，Tom，*Hegel，Idealism and Analytic Philosophy*，New Haven，Yale University Press，2004.

38. Rorty，Richard，*Philosophy and the Mirror of Nature*，Princeton，N. J. ，Princeton University Press，1981.

39. Russell，Bertrand，*My Philosophical Development*，London，Allen and Unwin，1959.

40. Sider, Theodore and Hawthorne, John, Zimmerman, Dean W. , eds. , *Contemporary debates in metaphysics*, Oxford, Blackwell, 2008.

41. Soames, Scott, *Philosophical Analysis in the Twentieth Century*, Princeton, N. J. , Princeton University Press, 2003.

42. Sorell, Tom and Roger, A. J. , eds. , *Analytic Philosophy and History of Philosophy*, Oxford, Oxford University Press, 2005.

43. Stadler, Friedrich, *The Vienna Circle: Studies in the Origins: Development and Influence of Logical Empiricism*, Wien and New York, Springer, 2001.

44. Strawson, Peter, *Individuals*, London and New York, Methuen, 1959.

45. Strawson, Peter, *The Bounds of Sense: An Essay on Kant's Critique of Pure Reason*, New York, Methuen & Co. Ltd. , 1966.

46. Strawson, Peter, *Analysis and Metaphysics: An Introduction to Philosophy*, Oxford, Oxford University Press, 1992.

47. Thagard, Paul, ed. , *Philosophy of Psychology and Cognitive Science*, Amsterdam and Oxford, North-Holland, 2007.

48. Unger, Peter, *Empty Ideas: A Critique of Analytic Philosophy*, Oxford, Oxford University Press, 2014.

49. Waismann, Friedrich, *Philosophical Papers*, ed. by Brian McGuinness, Boston, D. Reidel, 1977.

50. Wittgenstein, Ludwig, *Tractatus Logico-Philosophicus*, tans. by D. F. Pears & B. F. McGuinness, London, Routledge & Kegan

Paul，1961.

51. Wittgenstein, Ludwig, *Ludwig Wittgenstein und Der Wiener Kreis*, ed. by B. F. McGuinness, Oxford, Blackwell, 1967.

52. Wittgenstein, Ludwig, *Remarks on Colour*, ed. by G. E. M. Anscombe, trans. by Linda L. McAlister and Margarete Schättle, Oxford, Basil Blackwell, 1977.

53. Wittgenstein, Ludwig, *Wittgenstein's Lectures：Cambridge* 1932-1935, Oxford, Blackwell, 1979.

54. Wittgenstein, Ludwig, *Philosophical Occasions*, eds. by James C. Klagge and Alfred Nordmann, London, Hackett Publishing Company, 1993.

55. Wittgenstein, Ludwig, *Philosophical Investigations*, fourth edition, trans. by G. E. M. Anscombe, P. M. S. Hacker and Joachim Schulte, Oxford, Wiley-Blackwell, 2009.

56. Wright, G. H. v. , *Wittgenstein*, Minneapolis, Minnesota University Press, 1982.

二、中文著作：

57. ［苏］阿尔森·古留加：《康德传》，北京，商务印书馆，1992。

58. ［英］David Edmonds、John Eidinow：《维特根斯坦的拨火棍：两位大哲学家十分钟争吵的故事》，长春，长春出版社，2003。

59. ［英］艾耶尔：《语言、真理与逻辑》，上海，上海译文出版社，1981。

60. ［英］艾耶尔编：《哲学中的变革》，上海，上海译文出版社，1985。

61. ［英］艾耶尔：《维特根斯坦》，北京，中国社会科学出版社，1989。

62. ［美］D. J. 奥康诺主编：《批评的西方哲学史》，北京，东方出版社，2005。

63. ［澳］贝内特、［英］哈克：《神经科学的哲学基础》，杭州，浙江大学出版社，2008。

64. ［英］迈克尔·达米特：《分析哲学的起源》，上海，上海译文出版社，2005。

65. ［美］唐纳德·戴维森：《真理、意义、行动与事件》，北京，商务印书馆，1993。

66. ［奥］西格蒙德·弗洛伊德：《弗洛伊德后期著作选》，上海，上海译文出版社，1986。

67. ［奥］鲁道夫·哈勒：《新实证主义》，北京，商务印书馆，1998。

68. ［德］海德格尔：《存在与时间》，北京，三联书店，1987。

69. ［德］海德格尔：《面向思的事情》，北京，商务印书馆，1999。

70. ［德］海德格尔：《在通向语言的途中》，北京，商务印书馆，2004。

71. ［德］黑格尔：《哲学史讲演录》，北京，商务印书馆，1983。

72. ［德］埃德蒙德·胡塞尔：《逻辑研究》，上海，上海译文出版社，1994。

73. ［德］埃德蒙德·胡塞尔：《现象学的观念》，上海，上海译文出版社 1986。

74. ［德］埃德蒙德·胡塞尔：《哲学作为严格的科学》，北京，商务印书馆 1999。

75. ［美］M. 怀特：《分析的时代》，北京，商务印书馆，1981。

76. ［联邦德国］加达默尔：《科学时代的理性》，北京，国际文化出版公司，1988。

77. ［德］汉斯-格奥尔格·加达默尔：《真理与方法》，上海，上海译文出版社，1999。

78. ［美］卡尔纳普：《卡尔纳普思想自述》，上海，上海译文出版社，1985。

79. ［英］L. 乔纳森·科恩：《理性的对话》，北京，社会科学文献出版社，1998。

80. ［奥］克拉夫特：《维也纳学派》，北京，商务印书馆，1999。

81. ［美］威拉德·蒯因：《从逻辑的观点看》，上海，上海译文出版社，1987。

82. ［法］保罗·利科主编：《哲学主要趋向》，北京，商务印书馆，1988。

83. ［美］理查德·罗蒂：《后哲学文化》，上海，上海译文出版社，1992。

84. ［美］理查·罗蒂：《哲学和自然之镜》，北京，生活·读书·新知三联书店，1987。

85. ［美］汤姆·罗克莫尔：《康德与观念论》，上海，上海译文出版社，2011。

86. ［英］伯特兰·罗素：《我的哲学的发展》，北京，商务印书馆，1982。

87. ［美］诺尔曼·马尔康姆：《回忆维特根斯坦》，北京，商务印书馆，1984。

88. ［美］M. 石里克：《普通认识论》，北京，商务印书馆，2005。

89. ［美］王浩：《超越分析哲学》，杭州，浙江大学出版社，2010。

90. ［英］维特根斯坦：《论文化与价值》，上海，上海人民出版社，2019。

91. 洪谦主编：《逻辑经验主义》上卷，北京，商务印书馆，1982。

92. 陈启伟主编：《现代西方哲学论著选读》，北京，北京大学出版社，1992。

93. 江怡：《维特根斯坦传》（修订版），南京，江苏人民出版社，2018。

94. 江怡主编：《现代英美分析哲学》，南京，江苏人民出版社，2005。

95. 江怡：《维特根斯坦：一种后哲学的文化》（第二版），北京，社会科学文献出版社，1998。

96. 韩林合主编：《维特根斯坦文集第 1 卷：战时笔记（1914—1917）》，北京，商务印书馆，2019。

97. 徐信华：《弗洛伊德传》，石家庄，河北人民出版社，1997。

98. 张留华：《皮尔士哲学的逻辑面向》，上海，上海人民出版社，2012。

99. 涂纪亮、陈波主编：《蒯因著作集》，北京，中国人民大学出版社，2007。

100. 涂纪亮编：《皮尔斯文选》，北京，社会科学文献出版社，2006。

101. 涂纪亮主编：《维特根斯坦全集》，石家庄，河北教育出版社，2003。

102. 倪梁康主编：《面对实事本身》，北京，东方出版社，2000。

103. 韩林合：《维特根斯坦〈哲学研究〉解读》，北京，商务印书馆，2010。

104. 陈波、江怡主编：《分析哲学：回顾与反省》（第二版），北京，中国人民大学出版社，2018。

105. 洪汉鼎主编：《理解与解释》，北京，东方出版社，2001。

后　记

　　20 世纪的西方哲学呈现出许多与传统近代哲学不同的特点，其中最为重要的是哲学研究中的"语言转向"带来的深刻变化。无论我们今天是否赞同这个转向对哲学的意义，但一个不争的事实是，在英美的分析传统和欧洲大陆的现象学运动中，对语言的全面关注和解释已经成为当代哲学中不可替代的主要话题，"分析的时代"也成为 20 世纪哲学的明显标志。在当代哲学革命性变化的过程中，维特根斯坦毫无疑问地发挥了关键性作用。在这场哲学革命的每个阶段，我们都可以看到维特根斯坦的身影：20 世纪初期的逻辑实证主义运动伴随着《逻辑哲学论》的影响而展开，20 世纪中叶的牛津日常语言哲学则直接受到后期维特根斯坦的哲学教诲，20 世纪晚期出现的后现代主义哲学更是把维特根斯坦的思想作为自己的哲学来源之一。"凡是我们不能够说的东西，我们只能够保持沉默"，已经成为当代哲学的著名口号；"只要看，不要想"则是当代哲学家们反思哲学价值的重要标志；语言游戏、家庭相似、遵守规则等，也都成为当代哲学贡献给这个时代的思想符号。如本书导论所言，20世纪的西方哲学中处处游荡着维特根斯坦的幽灵。在这种意义上，把20世纪的西方哲学的时代称作"维特根斯坦的时代"毫不为过。本书试图阐释维特根斯坦的思想发展历程，描绘维特根斯坦在当代哲学中的思想者形象，揭示维特根斯坦与当代哲学转变之间的内在思想联系，由此表明20世纪的西方哲学的时代就是"维特根斯坦的时代"。

本书是笔者主持承担的国家社会科学基金2012年一般项目"维特根斯坦与当代西方哲学的发展研究"（批准号：12BZX055）的最终成果，2018年完成结项，鉴定结果为"优秀"（证书号：20182886）。书中大多内容都曾作为阶段性成果被发表在国内各类报纸杂志上，引起了国内哲学界的关注和反响。虽然这些成果在收入本书时做了不同程度的修订补充，但笔者还是要感谢发表这些成果的报纸杂志。它们是：

1.《传记文学》（《维特根斯坦在冬季》，2003年第12期）

2.《江西社会科学》（《重新勘定西方哲学地图》，2007年第3期）

3.《开放时代》（《维特根斯坦：在唯我与忘我之间》，2001年第1期）

4.《科学技术与辩证法》（《维也纳学派究竟从维特根斯坦那里得到了什么?》，2009年第1期）

5.《厦门大学学报（哲学社会科学版）》（《当代西方哲学中的"第二次革命"》，2006年第4期）

6.《世界哲学》(《维特根斯坦：一个西方哲学的幽灵》，2001 年第 2 期；《当代西方分析哲学史研究现状分析》，2014 年第 3 期)

7.《苏州大学学报(哲学社会科学版)》(《论分析哲学运动的历史特征与现实意义》，2017 年第 1 期)

8.《文景》(《维特根斯坦与六位哲学家的"遭遇"》，2007 年第 1 期)

9.《武汉大学学报(人文科学版)》(《论维特根斯坦后期思想在当代哲学发展中的位置》，2016 年第 3 期)

10.《学术月刊》(《论珀斯与分析哲学之关系》，2015 年第 7 期)

11.《哲学动态》(《从〈逻辑哲学论〉看西方哲学的实践转向》，2011 年第 1 期；《维特根斯坦论颜色》，2015 年第 7 期；《重新审视分析哲学与欧陆哲学的分野》，2018 年第 1 期)

12.《哲学研究》(《论维特根斯坦的"哲学语法"概念》，2012 年第 7 期)

13.《中国高校社会科学》(《走进历史的分析哲学》，2013 年第 4 期)

14.《中国社会科学》(《论分析哲学运动中的三大转变》，2016 年第 12 期)

15.《中国社会科学报》(《维也纳学派哲学的当代遗产》，2014 年 8 月 4 日第 6 版；《卡尔那普与蒯因：两个哲学家的友谊》，2014 年 8 月 18 日第 6 版；《作为科学—哲学家的石里克》，2014 年 8 月 25 日第 6 版；《意义与证实：实证主义的乌托邦》，2014 年 9 月 1 日第 6 版；《珀斯与分析哲学的起源》，2014 年 9 月 15 日第 6 版；《西方哲学史：批评的还是分析的》，2014 年 9 月 29 日；《语言与心灵：伯仲难辨》，2014 年 10 月 20 日第 6 版；《维特根斯坦：非同寻常的思想家》，2019 年 7

月 2 日第 2 版）

当然，我要特别感谢北京师范大学出版社把本书列入"走进哲学"丛书，感谢饶涛编审的大力支持和祁传华编辑的不懈努力，使得这本最初完成于 2018 年的著作终于得以问世。

最后，我要把本书题献给爱妻王璐。没有她的默默支持，就不会有我的专心写作，也就不会有本书的出版。相濡以沫三十载，无怨无悔一世情！

江 怡
2021 年 9 月 9 日于北京寓所

图书在版编目（CIP）数据

维特根斯坦与当代哲学的发展/江怡著. —北京：北京师范大学
出版社，2021.12
　（走进哲学丛书）
　ISBN 978-7-303-27284-6

Ⅰ.①维… Ⅱ.①江… Ⅲ.①维特根斯坦（Wittgenstein,
Ludwig 1889-1951）－哲学思想－研究　Ⅳ.①B561.59

中国版本图书馆 CIP 数据核字（2021）第 194098 号

营　销　中　心　电　话　010-58805385
北 京 师 范 大 学 出 版 社
主题出版与重大项目策划部　http://xueda.bnup.com

WEITEGENSITAN YU DANGDAI ZHEXUE DE FAZHAN

出版发行：北京师范大学出版社　www.bnup.com
　　　　　北京市西城区新街口外大街 12-3 号
　　　　　邮政编码：100088
印　　刷：鸿博昊天科技有限公司
经　　销：全国新华书店
开　　本：730 mm×980 mm　1/16
印　　张：18.5
字　　数：240 千字
版　　次：2021 年 12 月第 1 版
印　　次：2021 年 12 月第 1 次印刷
定　　价：78.00 元

策划编辑：饶　涛　祁传华　　　责任编辑：赵雯婧　尹　栋
美术编辑：王齐云　　　　　　　装帧设计：王齐云
责任校对：郑淑莉　　　　　　　责任印制：赵　龙